Wagner · Das absurde System

Das absurde System

Strafurteil und Strafvollzug
in unserer Gesellschaft

von

Georg Wagner

2., durchgesehene Auflage

C. F. Müller Juristischer Verlag
Heidelberg 1985

Recht — Justiz — Zeitgeschehen (RJZ)
Band 43

© 1985 C. F. Müller Juristischer Verlag GmbH, Heidelberg
ISBN 3-8114-7085-X

Vorwort

Als Autor freue ich mich, daß das Buch soviel Anklang gefunden hat und die erste Auflage nach weniger als einem Jahr vergriffen war. Die nun vorliegende zweite Auflage erscheint unverändert. Ich wünsche ihr eine ebenso gute Aufnahme, wie sie die erste erfahren hat, und bedanke mich für das Interesse der Leser.

Georg Wagner

Vorwort zur 1. Auflage

Kritische Äußerungen über den Strafvollzug — namentlich solche abolitionistischer Provenienz — sind allmählich Legion. Man hat nicht den Eindruck, daß sie den bekannten Argumenten neue hinzufügten. Zudem haben wir uns an unbequeme Auffassungen, die folgenlos bleiben, gewöhnt. In dieser Situation sind originelle An- und Einsichten rar. Zu solchen Arbeiten, die neue Perspektiven erschließen, zählt die vorliegende von Georg Wagner. Ungewöhnlich — und für viele ungewohnt —, wie die in ihr vollzogenen gedanklichen Schritte und ihre Schlußfolgerungen sind, ist auch der Werdegang dieser Studie. Sperrig, wie sie tradierten juristischen Vorstellungen erscheinen mag, haben sich auch ihrer Veröffentlichung immer wieder Hindernisse entgegengestellt. So wird diese in ihrer Substanz schon seit Jahren vorliegende Untersuchung, die in mehrfacher Hinsicht aus dem Rahmen fällt, erst jetzt veröffentlicht. Man darf vermuten, daß jener Umstand zumindest auch mit ihrem Inhalt zu tun hat.

Anders als sonst beschränkt sich der Verfasser nicht auf den Strafvollzug und dessen rechtlichen Kontext, sondern zieht den Rahmen weiter. Seine kritische Analyse gilt Strafurteil und Strafvollzug gleichermaßen. Die Charakterisierung beider als „absurdes System" — die nicht bloße Etikettierung, sondern inhaltlich zu verstehen ist — wird vor dem Hintergrund eines breiten — und zugleich reichen — soziologischen, sozialpsychologischen, kultur- und geistesgeschichtlichen Panoramas entfaltet. Mit Akribie und unverstelltem Sinn spürt Georg Wagner Widersprüche und Inkonsistenzen jenes Systems auf, das in den weiteren gesellschaftlichen Zusammenhang gerückt und von dorther auch gesehen wird. Geläufige juristische Begriffe und Kategorien — wie etwa Schuld — werden auf ihre Relevanz für die Strafrechtspflege im ganzen, vor allem aber für Strafzumessung und Strafvollzug befragt — und von daher in Frage gestellt.

Nicht immer und überall wird der Leser, vor allem wenn er in einer juristischen Denktradition steht, den Interpretationen von Strafverfahren, -urteil und -vollzug des Verfassers und seinem Gedankenablauf folgen wollen; manchmal ist er versucht, an die Analyse selbst Korrekturen anzubringen. Aber auch wer mit diesem unbequemen, widerständigen Werk schon vom methodischen Ansatz her Schwierigkeiten hat, sollte sich zunächst einmal ebenso geduldig auf die Beweisführung einlassen, wie der Verfasser sie selbst entwickelt hat. Es ist eine jener Arbeiten, die sehen lehren könnten, was durch mancherlei überkommene Doktrinen und Denkschablonen, vielleicht auch Tabus, wie sie sich ja selbst in der Wissenschaftsentwicklung immer wieder herausbilden, verstellt ist. Einmal mehr könnte es dafür sensibilisieren, was es heißt, Freiheitsstrafe zu verhängen, zu vollziehen – und zu verbüßen.

Dies alles verdankt sich der Bereitschaft des Verfassers, die eingefahrenen Einbahnstraßen theoretischer Konstrukte zu verlassen und neue Wege aufzusuchen, ja – um im Bilde zu bleiben –, auch einmal „querfeldein" zu gehen. Eine solche Zusammenschau, wie sie in dieser Studie unternommen wird, ist wohl nur auf dem Fundus praktischer Erfahrungen und umfassender geistes- und sozialwissenschaftlicher Bildung denkbar. Sie setzt aber auch eine geistige Unabhängigkeit voraus, die den Verfasser davor bewahren sollte, für gängige Tendenzen vereinnahmt und vor den jeweils passend erscheinenden kriminalpolitischen Karren gespannt zu werden.

Mit der Offenheit, die der Verfasser gegenüber neuen Ansätzen an den Tag legt, sollten auch die Leser an sein Buch herangehen. Es stellt keine leichte Lektüre dar; vielmehr stellt es Anforderungen und eine Herausforderung dar. Eben deshalb verdient es aufmerksame und behutsame Leser. Wenn es dazu beitragen könnte, mit größerer Unbefangenheit und Freiheit über jenes System nachzudenken, das der Verfasser als „absurd" charakterisiert, wenn es daran mitwirken könnte, daß jene da und dort schon erstarrte Diskussion wieder in Gang kommt – wäre diesem Buch mehr und Besseres zu wünschen!

Heinz Müller-Dietz

Inhalt

Vorwort V

1.	**Das Strafurteil — erkenntniskritisch nicht haltbar**	1
1.1	Verurteilung zur Freiheitsstrafe, ein dyskausaler Vorgang	3
1.1.1	Strafzumessung, die Projektion des Strafwunsches	4
1.1.2	Schuld, eine begriffliche Leerformel	13
1.1.3	§ 20 StGB oder die Herstellung wissenschaftlicher Gewißheit .	16
1.2	Ideologiegeschichte der strafrechtlichen Schuld	24
1.2.1	Schuld als Naturgesetz	25
1.2.2	Die Verlegung des Strafgrundes nach innen	34
1.2.3	Die Willensfreiheit oder die Rettung einer Ideologie	43
1.3	Vom Nutzen des strafrechtlichen Schuldbegriffs und seinen Grenzen	46
2.	**Strafrecht und Strafvollzugsgesetz, zwei gegenläufige Entscheidungsprogramme**	49
2.1	Das Strafvollzugsgesetz, ein Organisationsprogramm	56
2.1.1	Organisationsziel und -inhalt	57
2.1.2	Das normative Systemmodell	69
2.1.2.1	Der Grad der Internierung	71
2.1.2.2	Die Verhaltensregulierung	73
2.1.2.3	Die Existenzform der Insassen	73
2.1.3	Das widerspruchsträchtige Gesetz	78
2.2	Vom Nutzen und Schaden des Widerspruchs im Straf- und Vollzugsrecht	80
3.	**Das Biotop „Gefängnis" oder die normative Last des Faktischen**	84
3.1	Das sozio-architektonische System	85
3.2	Das ökonomische Subsystem in der Gesellschaft	91
3.2.1	Kostenfaktoren	92
3.2.2	Gefängnisindustrie	96
3.2.3	Die ökonomische Existenzform der Insassen	100
3.3	Das soziale Subsystem	103
3.3.1	Der gesellschaftliche Stellenwert kriminellen Verhaltens	104
3.3.2	Sozialisierung im Gefängnis	109
3.3.2.1	Die Zugangsphase	111
3.3.2.2	Sozialisierungsprozesse im Vollzugspersonal	116
3.3.2.3	Sozialisierungsprozesse bei Gefangenen	123
3.3.3	Gefängnisorganisation als Interessenprodukt	133
4.	**Systemparadoxie und mögliche Überwindung**	143
4.1	Problemfelder zwischen Gesellschaft und Strafjustiz	145
4.2	Die Suche nach Alternativen	149

4.2.1	Progressive Einzelleistungen indizieren keinen Strukturwandel	150
4.2.2	Säkularisierung der Strafjustiz als vorhersehbare Entwicklung	151
4.3	Das Strafurteil als problemadäquate Entscheidung	155
4.4	Menschen und Mittel zur Veränderung des Strafvollzugs	163
5.	**Eine sich verändernde Institution**	176

Literaturverzeichnis 178

Sachregister 181

1. Das Strafurteil – erkenntniskritisch nicht haltbar

Vor dem Schwurgericht in Augsburg fand vor einigen Jahren ein Mordprozeß statt. Ein vom zuständigen Landgerichtsarzt als „Soziopath" bezeichneter, etwa 30jähriger Mann hatte in einem kleinen Ort einen neunjährigen Jungen gekidnappt, ihn erdrosselt und erfolglos Lösegeld für ihn verlangt. Die entsetzliche Tat aktivierte eine Unterschriftenaktion zur Wiedereinführung der Todesstrafe. Während der Hauptverhandlung rufen Zuhörer im Sitzungssaal „Aufhängen, aufhängen!". Einer hält einen Fleischerhaken hoch. Zur Befriedigung aller erhält der Angeklagte nach wahrhaft kurzem Prozeß, in dem ein psychiatrischer Gutachter als unnötig betrachtet wurde, lebenslange Freiheitsstrafe.

Andere Situationen: Vor dem Gericht in N. wird ein Gelegenheitsdieb zu einer Freiheitsstrafe von einem Jahr verurteilt, am gleichen Tag ein 25jähriger Gastarbeiter wegen Vergewaltigung zu zwei Jahren sechs Monaten und ein Scheckbetrüger wegen Rückfalltaten zu vier Jahren. Zuhörer sind außer Angehörigen und Freunden der Angeklagten kaum zugegen, in der Presse erscheint lediglich im Fall des Gastarbeiters eine kurze Notiz. – Die aufgeführten Fälle beschreiben einen Bruchteil der alltäglichen und weniger alltäglichen Praxis unserer Gerichtssäle. Sie charakterisieren eine grundlegende Selbstverständlichkeit der Rechtsordnung nicht nur unseres Landes, sondern aller Staaten. Freiheitsstrafe ist eine international akzeptierte Selbstverständlichkeit. Niemand bezeichnet dies besser als die 97 von 100 Insassen einer Jugendanstalt, die daraufhin befragt die Einrichtung von Strafanstalten und damit die Freiheitsstrafe grundsätzlich bejahen[1].

Trotz aller Anerkennung ist die Freiheitsstrafe keine gleichsam der Natur des Menschen beigegebene Institution; sie ist nicht Bestandteil des Naturrechts, sondern wie vieles andere historisches Produkt und eine in ihrer heutigen Form überraschend junge Einrichtung. Wenn man allerdings ausschließlich auf das Ausmaß ihrer weltweiten Anwendung abstellt, ist die Freiheitsstrafe eine selten erfolgreiche Idee. Ihre Suggestion ist trotz zahlreicher wissenschaftlicher Untersuchungen mit kritischen Ergebnissen weithin ungebrochen. Nicht nur ihr Ersatz durch andere Sanktionsformen, sondern auch ihre entschiedene Umgestaltung scheint außerhalb der Möglichkeiten unserer modernen Gesellschaft zu stehen. Die in der Bundesrepublik Deutschland seit 1969 durchgeführte Strafrechtsreform und das auch dem Reformgedanken verpflichtete Strafvollzugsgesetz von 1976 stehen unter nichts mehr als unter dem Eindruck tradierter Vorstellungen. „Reform" ist beileibe keine grundsätzliche Umgestaltung; ein An-Denken an die Grenze der historisch bestimmten Selbstverständlichkeit fand kaum statt.

Abrißartig dargestellt, entstand die heutige Freiheitsstrafe in zwei historischen Phasen: im Frühkapitalismus und beginnenden Imperialismus der euro-

---

[1] Hans-Christoph Hoppensack: Über die Strafanstalt und ihre Wirkung auf Einstellung und Verhalten von Gefangenen, Göttingen 1969, S. 43.

päischen Seefahrernationen des 16. Jahrhunderts sowie während der Aufklärungszeit und im Zuge der historischen Veränderungen, die durch die Französische Revolution in zahlreichen Ländern ausgelöst wurden. Voraussetzung war zunächst die Manufaktur als Vorform der heutigen Fabrikarbeit und Arbeitsteilung und die Entstehung größerer Werkstätten überhaupt. Die damit mögliche Herausnahme der Arbeit aus ihrer bisherigen soziologischen Grundlage des familiär strukturierten Handwerks- bzw. landwirtschaftlichen Betriebs ist eine wesentliche Voraussetzung für die Mobilität von Arbeit und Menschen und deren (räumliche) Zusammenfassung in einer Anstalt. Dazu kam in der Phase des Frühkapitalismus ein beträchtliches Anwachsen der gesellschaftlichen Randgruppen durch Entwurzelung zahlreicher Menschen in den Religionskriegen sowie durch Niedergang und Auflösung vieler landwirtschaftlicher Betriebe, bedingt durch billige osteuropäische Getreideimporte. Mit anderen Worten, die Landstraßen liefen über von Bettlern, Landstreichern, Waisenkindern und anderen Randexistenzen; kriminelle Delikte nahmen zu.

In den frühen Zuchthäusern gingen wirtschaftlicher Nutzen und menschliches Elend eine erste Ehe ein. Mit dem wirtschaftlichen Zweck verband sich typischerweise auch die pädagogische Legitimation im Besserungszweck der Internierung, worauf schon die Bezeichnung „Zucht"-Haus hinweist. Anstalten des 16., 17. und 18. Jahrhunderts dienten also der Unterbringung von Nichtseßhaften, wie man heute sagen würde, von kurzerhand aufgegriffenen Landstreichern, kriminell Auffälligen, elternlosen Jugendlichen u. a. Es kam auch zur Einweisung von gerichtlich Verurteilten. Die Dauer der Unterbringung war jedoch in der Regel den Betroffenen nicht bekannt, die Kriterien der Einweisung lagen nicht fest[2]. Es wäre müßig, die sogenannte Blütezeit und den Niedergang der Zuchthäuser vor der Aufklärung hier wiederzugeben. Gerade in der Gefängnisgeschichte hat die historische Rückschau oft die Funktion des Hinweises auf Schlimmeres und der Entlastung für gegenwärtige Mängel.

Zur reinen Institution des Strafrechtes wurde das Zuchthaus mit der Abschaffung der Leibes- und Lebensstrafen und der Differenzierung der Zuchthäuser in Armenanstalten, Waisenhäuser, Irrenanstalten und schließlich Gefängnisse. Interessant ist, daß nunmehr die Entwicklung nicht allein mehr dem dumpfen, wenig bewußten Fluß wirtschaftlicher und soziologischer Entwicklung folgt, sondern ohne die individuelle Idee eines Mannes nicht denkbar wäre — einer Idee, die Rechtsgeschichte machen sollte. Es ist die Vorstellung des generell möglichen Ersatzes der Leibes- und Lebensstrafen durch „Zeitdauer" und seltsamerweise die der Mathematik als eines Hilfsmittel zur Bestimmung dieser Zeitdauer. Ihr Begründer war Cesare Beccaria, ein lombardischer Adeliger, mit seinem Buch „Über Verbrechen und Strafen", das er 1764, gerade 25jährig, auf Drängen seiner Freunde, unwillig schrieb und ohne Verfasserangabe veröffentlichte. Das schmale Werk wurde zum Bestseller seiner Zeit, Rousseaus „Emile" vergleichbar oder Montesqieus „De l'esprit des lois". Es wurde in fast alle Sprachen

---

2 Rusche / Kirchheimer: Sozialstruktur und Strafvollzug, Frankfurt a. M. 1974, vgl. S. 63 ff.

der damals modernen Staaten übersetzt und bestimmte die nachfolgende Rechtsentwicklung bis heute. Sein Verfasser versank, ungleich seinen berühmten Zeitgenossen, in Unbekanntheit und Namenlosigkeit, so daß er heute nur interessierten Experten bekannt ist; eine Anonymität, die Beccaria, dem nichts lästiger als sein Ruhm war, schon zu Lebenszeit betrieb.

1.1 Verurteilung zur Freiheitsstrafe, ein dyskausaler Vorgang

Nach allem war Freiheitsentzug als einheitliche strafrechtliche Sanktion noch vor zweihundert Jahren überwiegend Gedanke; im 19. Jahrhundert erst fand er Verbreitung über den ganzen Erdball. Die „Mathematik" allerdings, die nach Beccaria als „politische Arithmetik"[3] das Verhältnis zwischen Verbrechen und Strafe regeln sollte, blieb nicht ohne sachlichen Grund Wunschvorstellung. Die Bemessung der Strafe sollte nach der Schädlichkeit der Tat erfolgen. Doch dieser Gesichtspunkt läßt sich ebensowenig wie die heutzutage geltenden Strafzumessungsgründe in einem logisch schlüssigen Prozeß quantifizieren.

Die historische Leistung, gleichartige Tatbestände durch Freiheitsentzug zu sanktionieren und die Dauer der Internierung nach begrifflich gefaßten Kriterien zu quantifizieren, ist bei Gott nicht eine Sache der Arithmetik. Das käme für die mathematische Wissenschaft einer üblen Nachrede gleich. Der Erfolg der Freiheitsstrafe besteht darin, daß mit ihr ein verbreitet anerkanntes Sanktionssystem in den nationalen Strafgesetzen geschaffen wurde, das brutale Leib- und Lebensstrafen überflüssig machte. Es war humaner Fortschritt zum Preis eines grundsätzlichen Irrtums. Strafzumessung ist in keinem Fall ein logisch schlüssiger Kausalvorgang.

So gesehen ist seine Bezeichnung als „Zumessung" nicht nur gewagt, sie ist der Beginn einer begrifflichen Verunklarung, die über die eigentlichen Vorgänge, die bei Festlegung des Strafurteils eine Rolle spielen, hinwegtäuscht: den Eindruck der Bestimmtheit erweckt, wo krasseste Ungenauigkeit, höchste Unsicherheit und letztlich Ratlosigkeit herrschen. Das zugrunde liegende Problem ist jedoch nicht nur eines der verfehlten begrifflichen Logik, die Auswirkung der damit verbundenen Täuschung ist weitaus tiefgreifender. Strafurteile treten ja mit dem Anspruch auf, gerecht zu sein, ja sie gelten als Manifestationen der Gerechtigkeit schlechthin. Wenn – wie zunächst behauptet – die sogenannte Strafzumessung als wesentliche Methode der Gerechtigkeitssuche eine Täuschung wäre, dann wäre dies mehr als ein Irrtum, bei der weltweiten Bedeutung des Problems wäre das ungeheuerlich, ein Schwindel, an dem sich nicht nur einzelne beteiligen, sondern alle Richter, Staatsanwälte, Zuhörer und auch Betroffene – eine Sache, bei der Millionen unter einer Decke stecken. Eine Täuschung dieser Größenordnung hätte natürlich auch etwas an Großartigkeit. Doch gehen wir ins einzelne:

---

[3] Cesare Beccaria: Über Verbrechen und Strafen, Frankfurt a. M. 1966, S. 60.

1.1.1 Strafzumessung, die Projektion des Strafwunsches

Wenn die Bestimmung der Freiheitsstrafe „Zumessung" genannt wird, oder wenn vom „Maß der Strafe" die Rede ist, so ist dies zunächst eine Metapher, ein bildhafter Ausdruck. Er vermittelt die Vorstellung einer weitgehend objektiv, durch Anwendung entsprechender Kriterien bestimmten kognitiven Leistung. Ihr unterliegt die unausgesprochene Voraussetzung, daß die verschiedenartigsten Tatbestände je nach Qualifizierung auf ein stetig (d. h. um Tages-, Monats- oder Jahresabstände) ansteigendes Zeitband übertragen werden können. Danach dürfte zu jedem Tatbestand durch Anwendung der gesetzlich vorgesehenen Kriterien eine durch Zeitdauer bestimmte Strafe in einem logischen Akt zu finden sein. Wie die Rechtsgeschichte beweist, ist das sicher dem formalen Ablauf nach darstellbar, entspricht aber nicht dem Vorgang, der bei der Umsetzung von Tatbestand in Sanktion tatsächlich abläuft. Dazu ein Urteil als anschauliches Beispiel:

Der Angeklagte hatte in einer Kirche einen Messingleuchter im Wert von ca. 400,– DM gestohlen und ihn verkauft. Er stahl außerdem dreimal in anderen Kirchen Kunstgegenstände von ungefähr gleichem Wert und verkaufte sie ebenfalls. In 87 weiteren Fällen stahl er aus Kirchen Gegenstände ungleich höheren Werts, nämlich von ein bis mehreren tausend Mark. Wie ersichtlich, war er sehr erfolgreich, bis man ihn erwischte. Die Vorgehensweise war bei allen Delikten ähnlich. – In allen Fällen wurde auf schweren Diebstahl erkannt. Der Strafzumessungsrahmen liegt gemäß § 243 StGB zwischen drei Monaten und zehn Jahren. Von einem psychiatrischen Gutachter wurde Schuldunfähigkeit beim Angeklagten ausgeschlossen und er daher für strafrechtlich verantwortlich erklärt.

Die rechtlichen Handlungsanweisungen für die Umsetzung des aufgeführten Tatbestandes in ein Strafurteil lauten im wesentlichen wie folgt:

„Die Schuld des Täters ist Grundlage für die Zumessung der Strafe. Die Wirkungen, die von der Strafe für das künftige Leben in der Gesellschaft zu erwarten sind, sind zu berücksichtigen" (§ 46 Abs. 1 StGB).

Satz 1 besagt nach Dreher, „daß die Strafe zwar nicht allein nach der Schuld zu bemessen ist, wohl aber, daß die Schuld der Faktor ist, dem bei der Zumessung das größte Gewicht zukommt; die anderen Leitgesichtspunkte (in § 46 Abs. 2 StGB) dürfen nur insoweit mitbestimmend wirken, als sie die Strafe nicht von ihrer eigentlichen Grundlage lösen"[4]. Der Drehersche Kommentar umschreibt die Handhabung dieses Grundsatzes als einen „sozialen Gestaltungsakt". Mit ihm bestimme der Richter „die nach seiner Überzeugung von den Wertmaßstäben der Rechtsordnung schuldangemessene Strafe"[5]. Nach § 46 Abs. 2 StGB wägt das Gericht bei der Zumessung der Strafe „die Umstände, die für und gegen den Täter sprechen, gegeneinander ab".

---

4 Eduard Dreher: Strafgesetzbuch und Nebengesetze, erläutert von Dr. Eduard Dreher, fortgeführt von Herbert Tröndle, 41. Aufl. München 1983, 9 zu § 46 StGB.
5 Eduard Dreher: Strafgesetzbuch, a.a.O., 12 zu § 46 StGB.

Im Fall des oben gebrachten Beispiels wurden die folgenden Umstände als relevant für die Strafzumessung herausgestellt: Zugunsten des Angeklagten wertete man eine gewisse Haßliebe zur katholischen Kirche, die ihn nach psychiatrischer Feststellung mit zur Begehung der Delikte disponierte, ferner das volle Geständnis sowie die Leichtigkeit des Absatzes der gestohlenen Gegenstände an Antiquitätengeschäfte.

Zu seinen Ungunsten wurde die geringe Beeindruckbarkeit des Angeklagten gewertet: Er hatte nämlich nach einem vorausgehenden Urteil wegen Kirchendiebstahls, nach dem er zur Bewährung freiging, am gleichen Tag einen erneuten Kirchendiebstahl begangen. Ferner sah man den hohen Wert der gestohlenen Gegenstände und die berufliche Labilität des Beschuldigten als strafverschärfend an. Vor der Diebstahlsserie hatte er eine Stelle als Vertreter aufgegeben, um über einen Zeitraum von 18 Monaten allein vom Erlös erbeuteter Kunstgegenstände zu leben. Darin sah man schließlich sein bedenkliches Bestreben, auf leichte Weise Geld zu verdienen, was wiederum ungünstig gewertet wurde.

Die aufgeführten Punkte enthalten die wesentlichen Merkmale, nach denen unter Maßgabe der gesetzlichen Bestimmungen Strafe „zugemessen" werden mußte. Der Leser mag sich nun zur Aufgabe stellen, zu welchem Urteil er kommen würde, wenn er Richter wäre. Der Versuch dazu dürfte einsichtig machen, daß weder die Zusammenfassung der angegebenen Merkmale noch die einzelnen Details Gewähr bieten, daß mehrere Personen unabhängig voneinander zu einem gleichen Urteil kommen. Von den angeführten Merkmalen zur Zeitdauer der Strafe führt letztlich keine logisch schlüssige und sinnvoll erscheinende Operation. Völlig ausgeschlossen erscheint es, die einzelnen Merkmale als Summanden oder Koeffizienten oder gar als Bestandteil eines Integrals verwenden zu können, deren Resultat dann eine Zahl in Jahren und Monaten wäre. Eine solche Überlegung mag ein seriöser Richter als unbilligen Spott zurückweisen. Doch worin liegt nun die Ironie: in dem Vorschlag, ein quantitatives Resultat durch anspruchsvolle quantitative Operation herstellen zu wollen, oder es ohne all dies in der richterlichen Praxis tagtäglich aus höchst unklaren Überlegungen und psychischen Vorgängen heraus neu zu produzieren?

Mathematische Operationen sind nach allem — außer einigen einfachen Additionen — nicht brauchbar; das spricht nicht gegen die mathematische Wissenschaft, aber auch keineswegs für eine Überschätzung der Rechtsprechung. Es bleibt der Rückgriff vom neuen Fall auf abgeschlossene Urteile über ähnliche Diebstahlsserien oder allgemein die wichtige Notwendigkeit zu einschlägigen Erfahrungen. Das spielt tatsächlich eine bedeutsame Rolle, die uns noch beschäftigen wird. Abgesehen jedoch von der individuellen Vielfalt krimineller Delikte und der Problematik ihrer Vergleichbarkeit, liegen bei jedem Vorausurteil und in der Entwicklung der beruflichen Erfahrung des Strafzumessens letztlich die gleichen logischen Schwierigkeiten vor. Es heißt also, ein Kartenhaus am anderen zu stützen.

Die aufgeführten gesetzlichen Anweisungen zur Strafzumessung sind nach allem in hohem Maße unzureichend. Ihre Anwendung kann nicht ein Strafmaß nach Jahr und Monat in logisch schlüssiger Weise begründen. Die

Theorie der Strafzumessung als eines „sozialen Gestaltungsaktes" mag zwar den Vorgang richtig bezeichnen; sie sagt aber nichts über die Qualität des Ergebnisses. Zum Gesetzestext bietet sie keine weitere Information als etwa die Empfehlung „der Richter handle nach der Rechtsordnung". Es bleibt die These der professionellen Überlegenheit des Richters bei der Gesetzesanwendung. Sie ist in anderen Bereichen, beispielsweise in dem der Prüfung des Tatbestandes, unbestritten und kann leicht belegt werden; im Falle der Strafzumessung kann Erfahrung allenfalls zu nahe beieinanderliegenden Zahlen bei ähnlichen Fällen führen; das besagt aber nichts über die Qualität der Schlußfolgerung.

Ungeachtet all dieser Schwierigkeiten kommt jedes Gericht seit eh und je zu einem Urteil. Im gebrachten Beispielsfall sah es so aus: Für den vierfachen schweren Diebstahl von Kunstgegenständen im Wert von etwa 400,– DM erkannte das Gericht auf je sechs Monate Freiheitsstrafe. Für den 87fachen schweren Diebstahl von Kunstgegenständen im Wert von 1000,– DM und mehr erkannte es auf je ein Jahr Freiheitsstrafe. Aus insgesamt 89 Jahren Freiheitsstrafen und noch einigen weiteren Einzelstrafen, die hier nicht aufgeführt wurden, bildete es eine Gesamtstrafe von vier Jahren und sechs Monaten.

Ganz gleich, wie man von den eigenen Erwartungen her das getroffene Urteil einschätzen mag; es stellt einen typischen Vorgang dar. Gerichtliche Verfahren dieser Art werden, im wahrsten Sinne des Wortes gesetzmäßig, tausendfach und täglich abgewickelt. Das festgestellte Urteil als Fixierung eines Abschnittes von vier Jahren sechs Monaten auf einem zeitlichen Kontinuum ist logisch unzulässig, nicht etwa weil die Strafe zu niedrig oder zu hoch ist, jede andere Fixierung wäre ebenso problematisch. Tatbestand und Strafzumessungsgründe sind nämlich – sieht man vom Wert der gestohlenen Gegenstände ab, der für die Bemessung der Strafe wenig bringt – sämtlich qualitativer Art. Die Festlegung einer Freiheitsstrafe innerhalb eines stetigen Kontinuums möglicher Dauer setzt ein entsprechendes Kontinuum grundlegender Ursachen voraus. In den Strafzumessungsgründen nach § 46 StGB sind solche quantitativer Art weder genannt, noch sind sie der komplexen Eigenart menschlichen Handelns nach überhaupt vorstellbar.

Da es zumindest derzeit unmöglich ist, kriminelle Handlungen, wie auch alle nicht experimentell inszenierten Verhaltensweisen, zu quantifizieren, erschiene nur ein diskontinuierlich festgelegtes Sanktionsschema logisch sinnvoll. Die Übertragung von Tatbeständen samt festgestellter Umstände auf ein Kontinuum möglicher Tatfolgen bestimmt Gericht und Staatsanwalt nämlich zu gänzlich anderen psychischen Leistungen, als sie im Sinne einer objektiven Rechtsprechung und in dem des Gesetzes selbst liegen.

Bei der Entscheidung über Freiheitsstrafen entstehen in der Regel nicht schlüssige Gedankenfolgen, d. h. es ergibt sich ein Hiatus, ein Gedankensprung von den Strafzumessungsgründen zur Festlegung des Urteils im Zeitmaß, vergleichbar einer Kette, die an einer Stelle unterbrochen ist. Urteilsniederschriften führen meist in getrennten Abschnitten zunächst die Strafzumessungsgründe an, sodann das Urteil. Die Aufeinanderfolge der Abschnitte drückt ebensowenig eine schlüssige Beziehung aus wie die Benennung der Strafzumessungsgründe als solche diese zu den einzig maßgebenden Faktoren für das letztendliche Urteil macht. Unerläßliche Voraussetzung schlüssiger Gedankenfolgen ist, daß sie von den Vorstellungen bestimmt werden, aus denen sie sich ausdrücklich aufbauen.

Paradebeispiel ist die mathematische Operation — etwa „3 + 4 = 7" —, ein zwingend in die auftretenden Zahlengrößen und Zeichen eingebundener Denkvorgang, der „vorwärts" und „rückwärts" beschritten werden kann. So läßt sich bei Kenntnis der vorgenommenen mathematischen Operation jede Zahlengröße aus den restlichen bestimmen, beispielsweise „7 − 4 = 3".

Es ist nicht zu hoffen, vielleicht auch nicht zu wünschen, daß das richterliche Verfahren von ähnlicher Schlüssigkeit sein könnte. Letzten Endes ist jede qualitative Entscheidung ihren zugrunde liegenden Faktoren nach unterdeterminiert. Die gesetzlichen Grundlagen des richterlichen Verfahrens fördern jedoch Fehldeterminierungen: Die Dauer der erkannten Freiheitsstrafe steht in nicht überprüfbarer Beziehung zu ihren Bestimmungsgründen. Das gilt für den urteilenden Richter wie für Dritte. Eine derart unzureichende Selbstkontrolle über die eigene Gedankenfolge macht sie grundsätzlich offen für schwer bestimmbare affektive und situative Einflüsse. Ideologische, moralische und psychologische Sichtweisen unterschiedlichster Qualität gehen unausweichlich in die Urteilsfindung mit ein. Sie können sowohl die explizit formulierten Strafzumessungsgründe in unüberprüfbarer Weise gewichten, als auch völlig ungenannt von Bedeutung sein.

Ein derartiges Zusammenwirken zwischen determinierenden Faktoren, expliziter Gedankenfolge und Verfahrensnorm soll „dyskausal" genannt werden. Die Diskrepanz zwischen qualitativen Strafzumessungsgründen und quantitativem Strafurteil bedingt Verzerrungen im kognitiven Prozeß der Urteilsfindung, die systemimmanent — d. h. aufgrund der gesetzlichen Bestimmungen selbst — nicht nachgewiesen werden können. Dieses Phänomen ist nicht allein irrational, sein Charakteristikum ist vielmehr das ungewöhnliche Zusammentreffen außerrationaler und begrifflich-kausaler Faktoren.

Bei dyskausalen Beurteilungsverfahren sind sachbezogene Wahrnehmungs- und Denkvorgänge eng mit projektiven Vorgängen verwoben. In psychischen Projektionen werden seelische Innenzustände in hohem Maße an äußeren Sachverhalten bzw. Objekten erlebt, ohne daß die Projektion als solche dem Betreffenden bewußt würde. Ein aufschlußreicher, weil vielfach untersuchter Beispielfall für Projektionen ist das projektive Testverfahren. In bestimmten psychologischen Tests werden Projektionen absichtlich zu diagnostischen Zwecken ausgelöst. Das Testmaterial enthält polyvalente Wahrnehmungsreize oder entsprechende Aufgaben, die eine projektive Gestaltung der Wahrnehmung bzw. Lösung anregen. Das Ergebnis erlaubt Rückschlüsse auf die Gefühls- und/oder Intelligenzstruktur der getesteten Person. Die „Übersetzung" eines strafrechtlichen Tatbestandes in eine bestimmte Anzahl von Jahren ist ein analoger Vorgang, wie er auch in methodisch ähnlicher Weise — nämlich durch „Übersetzung" von Wahrnehmungsqualitäten in Zahlenwerte — beispielsweise in Polaritätsprofilen, einem projektiven Untersuchungsverfahren, stattfindet.

Da das für das richterliche Urteil erforderliche Zeitquantum sich nicht mit den zur Verfügung stehenden Kriterien (den sogenannten Strafzumessungsgründen) fixieren läßt — und seien diese noch so zahlreich und für sich gesehen eindeutig —, so gehen nolens volens persönliche Gefühle und Wertungen in die „Bemessung" der Strafe mit ein, von übergreifenden weltanschaulichen Überzeugungen über den Zustand nach schlechtem Schlaf oder Ehestreit bis hin zu rechtlich irrelevanten Beobachtungen am Beschuldigten. Projektive Mechanismen beeinträchtigen nämlich nicht nur den Inhalt von Wahrnehmungs- und Denkvorgängen, sondern grundsätzlich auch deren Auswahl aus einem Feld möglicher Wahrnehmungs- und Denkobjekte. Natürlich spielen Projektionen bei allen psychischen Aktivitäten eine Rolle und sind vielfach unerläßlich. Überwertigen und schädlichen Einfluß gewinnen sie in polyvalenten äußeren Situationen, die rational nicht überprüft werden können, aber dennoch rationalen Anforderungen gerecht werden müssen.

Im Unterschied zu reinen Projektionen, wie sie beispielsweise in psychologischen Tests aktiviert werden, läuft bei dyskausalen Prozessen ein logischer Begründungsvorgang parallel. Neben objektiv relevanten Funktionen, beispielsweise der Abklärung des Tatbestandes, wird das Urteil damit voll abgedeckt; subjektive, durch Projektion entstandene Wirkfaktoren werden rational dargestellt, d. h. in systemimmanent zulässigen Begriffen und Denkfiguren strafrechtlich subsumiert. Dem dyskausalen Charakter des strafrechtlichen Verfahrens entspricht die hohe Streuung des Urteilsmaßes, wie es in entsprechenden Untersuchungen immer wieder festgestellt wird. Die Hinnahme irrationaler Elemente ist dabei bestürzend.

So haben Opp / Peukert in einer Untersuchung ca. 276 Richtern eine Reihe beispielhafter Strafrechtsfälle vorgelegt. Die Richter sollten zu diesen *das* Urteil geben, wie sie es in ihrer eigenen Praxis getan hätten. Die Urteile zu einem einfachen Diebstahl lagen gleichmäßig gestreut zwischen 50 DM Geldstrafe und sechs Monaten Freiheitsstrafe, bei einer Vergewaltigung zwischen sechs Monaten Freiheitsstrafe mit und zwölf Jahren ohne Bewährung. Die Varianz der im Durchschnitt „gefällten" Urteile, d. h. das mittlere Streuungsmaß, lag in den sechs Beispielfällen zwischen 90,94 % und 135,87 %[6]. Es besteht kein Anlaß anzunehmen, daß in der Praxis des richterlichen Berufsalltages die Urteile zu ähnlichen Fällen sich weniger unterscheiden. Die Verfasser der zitierten Untersuchung sind sogar der Meinung, daß in der Realsituation bei der Wertung des Sachverhaltes ein zusätzlicher Interpretationsspielraum gegeben ist, der die Streuung der Urteilshöhe gegenüber der Untersuchungssituation noch vergrößert[7].

Obwohl die Ursachen für die Divergenz der Urteile primär im normativen Bereich liegen, wird in den einschlägigen Arbeiten die Ursachenforschung in entgegengesetzter Richtung betrieben. Eine amerikanische Untersuchung stellt beispielsweise Zusammenhänge zwischen Religionszugehörigkeit des Richters und Urteilshöhe fest, die zitierten Autoren gehen auf Persönlichkeitsmerkmale wie Autoritarismus, Liberalismus und andere Eigentümlichkeiten ein[8]. Erwähnen wir in diesem Zusammenhang die Theorie der Klassen-

---

6 Karl-Dieter Opp / Rüdiger Peukert: Ideologie und Fakten in der Rechtsprechung, München 1971, vgl. S. 41 ff.
7 Opp / Peukert, a.a.O., vgl. S. 45.
8 Opp / Peukert, a.a.O., vgl. S. 50 ff.

justiz: In ihr wird im wesentlichen die These vertreten, daß die Schichtzugehörigkeit der Richter auf das Strafmaß von Einfluß ist. Natürlich ergeben sich Determinanten in dieser oder jener Hinsicht. Ihre Funktion liegt jedoch eher darin, Mängel der normativen Grundlage auszugleichen als Unterschiede in der Urteilshöhe zu verstärken. Sie schaffen intersubjektiv gleichartig wirksame Gesichtspunkte, wo keine objektiven gegeben sind.

Die vorliegenden sozialwissenschaftlichen Untersuchungen, wie auch die Liebknechtsche These der Klassenjustiz, scheinen von der Prämisse einer optimal möglichen Strafzumessung auszugehen, von der die konkreten Urteile jeweils divergieren. Diese Vorannahme ist falsch, weil die geeigneten normativen Grundlagen dazu nicht gegeben sind. Eher ist der Vorgang umgekehrt: Subjektive bzw. schichtspezifische Determinanten strukturieren den durch rechtliche Regelungen nicht bestimmten Freiraum der Strafzumessung und tragen — persönlich und soziologisch unterschiedlich — zu größerer Konvergenz der Urteilshöhen auf verschiedenen Ebenen bei.

Die kognitive Leistung der richterlichen Strafzumessung ist sehr gut den Wahrnehmungsleistungen vergleichbar, wie sie von dem Psychologen M. Sherif in Einzel- und Gruppenexperimenten am sogenannten autokinetischen Effekt festgestellt wurden. Das autokinetische Phänomen ergibt sich auf physiologischer Grundlage. Es tritt dann auf, wenn in einem völlig verdunkelten Raum ein sehr kleiner und intensitätsschwacher Lichtpunkt kurzfristig an einer Stelle gezeigt wird. Für den Beobachter bewegt sich der an sich unbewegte Lichtpunkt, da das auftretende Augenzittern (Nystagmus) nicht beherrschbar ist und ein Bewegungsbild auf der Netzhaut verursacht. Dieses wird nach außen projiziert und als objektiv erlebt.

In dem angeführten psychologischen Experiment schätzen die gleichen Versuchspersonen mit größeren Zeitabständen zunächst einzeln, dann gemeinsam, dann wieder einzeln und ohne sonstige Kontaktnahme, „wie weit" sich der Lichtpunkt bei wiederholten Darbietungen bewegte. Während der Gemeinschaftssituation konvergierten die vorher individuell und im Gruppenvergleich stark unterschiedlichen Schätzungen zunehmend. Diese Leistung hielt sich auch in der letzten Untersuchungsphase, die wiederum in Einzelsituation erfolgte. Hofstätter, der die „hübsche Versuchsanordnung" und ihr Ergebnis schildert, bemerkt angesichts der tatsächlichen Unbeweglichkeit des Lichtpunktes als Wahrnehmungsreiz lakonisch: „Hier wird somit innerhalb einer sehr kleinen Gruppe eine Behauptung über die Konstitution der gemeinsamen Umwelt formuliert, die unbeschadet ihrer Falschheit eine gewisse Verbindlichkeit besitzt... Selbst in der Illusion herrscht eine gewisse Ordnung"[9].

Die kognitive Leistung der Strafzumessung ließe sich kaum treffender charakterisieren. Die Verhältnisse liegen ähnlich wie beim Sherifschen Experiment am autokinetischen Phänomen. Wobei allerdings zu berücksichtigen ist, daß die bei aller Angleichung verbleibende Diskrepanz der Strafzumessung weitaus höhere Anforderungen an die Illusion bestehender Ordnung stellt als dies beim autokinetischen Effekt der Fall ist. Die wechsel-

---

9 Peter R. Hofstätter: Gruppendynamik, Reinbek b. Hamburg 1957, vgl. S. 53 ff.

seitige Angleichung individueller Projektionen ist auf anderen Gebieten ebenfalls experimentell belegt, ja sie gilt als soziale Grundtatsache. Die gesamte Vorurteilsbildung und die Existenz diskriminierter Minderheiten basieren u. a. auf der wechselseitigen Angleichung von Stereotypen.

Die dyskausale und damit unzureichende Grundlage der Strafzumessung ist jedoch letztlich unabhängig von den angedeuteten Funktionen subjektiver Determinanten. Letzteren, und sei es nur durch die Ausrichtung sozialwissenschaftlicher Forschung, eine maßgebliche Bedeutung zuzuschreiben, heißt die Verhältnisse auf den Kopf zu stellen; alles Schlechte, nämlich die Unterschiedlichkeit der Urteile, auf das Konto der Richter setzen, alles Gute, nämlich deren Gleichartigkeit, auf das Konto des Gesetzes. Bei den gegebenen gesetzlichen Grundlagen können weder ein Richter im Laufe seiner Berufspraxis noch mehrere Richter gleichartige Urteile treffen. Der Versuch, die Unterschiede der Verurteilungspraxis durch Ausbildung oder entsprechende soziologische Auswahl der Richter zu verringern oder gar aufzuheben, ist kaum erfolgversprechend, denn letzten Endes sind besagte Unterschiede struktureller Art.

Juristische Äußerungen zur Frage der Strafzumessung zeigen Problembewußtsein, aber auch Resignation. So stellt Klaus Lüdersen fest: „Die gegenwärtige Strafrechtspraxis und -theorie krankt daran, daß das Verhältnis von Voraussetzungen für die Strafbarkeit und Strafen selbst in keiner Weise geklärt ist. Es gibt keine brauchbaren Maßstäbe dafür, welches Verhalten welche Strafe nach sich ziehen sollte. Die gesetzlichen Strafrahmen sind historisch zufällig, die Strafzumessungspraxis aber geht entweder vergleichend vor (eigene Praxis des jeweiligen Strafgerichts in ähnlichen Fällen, Praxis anderer Strafgerichte) oder ist an Strafzwecken orientiert, die weder mit den geschriebenen noch mit den ungeschriebenen Voraussetzungen für eine Bestrafung etwas zu tun haben"[10].

Bei Kurt Engisch wird die Unsicherheit der Strafzumessung durch zunehmende Beschwichtigung der Problematik dialektisch aufgehoben. Zunächst wird das Problem gesehen, dann verkleinert, um schließlich ganz hinter professionellem Pathos zu verschwinden: „Es bleibt", so Engisch, „also auch bei Zuhilfenahme des Zweckgedankens im Rahmen der ‚gerechten Strafzumessung' ein von der Persönlichkeit des Strafrichters bestimmter Entscheidungsrest. Dennoch darf man um dessentwillen die Entscheidung nicht schlechthin irrational nennen. Denn sie ist axiologisch und teleologisch gegliedert. Es findet im Musterfall innerhalb des ‚Spielraums' der Strafzumessung kein beliebiges Zugreifen statt, sondern ein bedächtiges Abwägen nach festen Gesichtspunkten, an denen sich die persönliche Entscheidung orientiert, ohne sich ihnen völlig preiszugeben"[11].

Max Hirschberg hebt hervor: „Der Strafrichter entscheidet (...) aufgrund eines Gesamtbildes der Beweisaufnahme nicht rein verstandesmäßig; sein Urteil ist auch gefühlsmäßig beeinflußt"[12].

---

10 Klaus Lüdersen, in: Handlexikon der Strafrechtswissenschaft, hrsg. von Axel Görlitz, Reinbek b. Hamburg 1974, S. 478.
11 Karl Engisch: Einführung in das juristische Denken, Stuttgart 1908, S. 131.
12 Max Hirschberg: Das Fehlurteil im Strafprozeß, Stuttgart 1960, S. 118.

Thomas Würtenberger stellt fest, daß „das Urteil des Richters bei der Strafzumessung (...) sich durch einen hohen Anteil irrationaler Elemente auszeichnet"[13].

Keine der angeführten juristischen Äußerungen — mag sie so verunklart wie bei Engisch sein oder auch so verhüllt klar wie bei Würtenberger — stellt die Schlüsselfunktion der Strafzumessung entsprechend ihrer faktischen Bedeutung im Strafrecht heraus. Letztlich erscheinen die meisten derartigen Feststellungen nachrangig, bleiben ‚verborgen' im Dickicht rechtswissenschaftlicher Texte. Es kommt nicht oder zu wenig zum Ausdruck, daß die Strafzumessung ein zentrales Kriterium der Strafrechtsprechung darstellt, daß ferner ihrer scheinlogischen Struktur nach keinerlei Aussicht auf eine in kausaler Hinsicht vertretbare und insofern gerechte Rechtsprechung besteht. Der sprachliche Umgang mit dem Problem verdeutlicht einiges. Man behandelt es mit einer gewissen Vorsicht.

Die dyskausale Verurteilungspraxis ist bei aller inneren Problematik weit weniger verwunderlich als ihre im Grunde verbreitete Anerkennung; die große Selbstverständlichkeit, der sich in aller Welt die Verurteilung von Rechtsbrechern zu geringfügigen Freiheitsstrafen bis zum Todesurteil erfreut. Die Verbindung richterlicher Urteile mit Prädikaten wie Gerechtigkeit, Milde, Strenge — verherrlicht im Akt der Strafzumessung einen Erkenntnisvorgang, der die Qualität des Lesens im Kaffeesatz oder der frühhistorischen Eingeweidebeschau bei Opfertieren hat. Das entspricht jedoch durchaus menschlichen Grundeinstellungen, wie sie von früh auf in der Entwicklung angelegt, vielleicht sogar stammesgeschichtlich erworben sind.

Die Erfahrung der Sanktion, als davon Betroffener wie als Sanktionierender selbst, ist grundlegender Bestandteil der Sozialisation eines jeden Menschen. Jegliche soziale Interaktion resultiert aus der vorausgehenden und möglicherweise aktuell ablaufenden Auswahl erwünschter bzw. der Zurückweisung unerwünschter Verhaltensweisen. Reaktionen mit diskriminierender Wirkung wie Ironie, Spott, Schadenfreude, Kritik, Übersehen, Enttäuschung, Ablehnung usw. sind ungemein vielfältig und tief im Ausdrucksverhalten und in den Bedürfnissen des Menschen verwurzelt. Einschließlich primitiver physischer Aggressionen mit ähnlicher Vielfalt können diskriminierende Reaktionen als primäre Formen der Sanktion betrachtet werden. Sie bilden die lebendige Grundlage, auf der institutionalisierte Formen der Sanktion entwickelt wurden und von der aus sie verständlich erscheinen.

Im Unterschied zu primären Sanktionen weist das strafrechtliche Verfahren folgende Merkmale auf:

1. Der Richter hat die Rolle des am Sachverhalt unbeteiligten Dritten inne.
2. Strafrechtliche Sanktionen sind merkmalsarm, d. h. reduziert auf Geld- und Freiheitsstrafen.
3. Strafrechtliche Sanktionen erfordern widerspruchsfreie Einordnung in ein bestehendes Normensystem.

---

13 Thomas Würtenberger: Kriminalpolitik im sozialen Rechtsstaat, Stuttgart 1970, S. 158.

Das richterliche Urteil hat, historisch eindeutig ableitbar, stellvertretende Funktion für die Sanktionsbedürfnisse der weiteren am Vorgang Beteiligten. Von der ursprünglichen Entwicklung her gesehen, sind diese Motive kaum auf Gleichbehandlung ähnlicher Fälle oder auf Gerechtigkeit ausgerichtet, sondern primär auf Abfuhr und Befriedigung aggressiver Bedürfnisse, mag man sich über die erbliche oder erworbene Natur dieser Regungen auch noch so uneinig sein.

In für seinen Berufsstand zwar problematischer, aber beispielhafter Weise beschreibt der Psychiater M. Bleuler die sozialpsychologische Grundlage des Erlebens strafrechtlicher Verfahren: „Viele Vergehen kann man als ein Nachgeben an menschlichen Schwächen verstehen, an Schwächen, von denen man selbst nicht ganz frei ist, die man selbst aber überwindet, zum Beispiel Stehlen und Betrügen aus Habgier und Eigennutz, Beschimpfung und Körperverletzung aus Jähzorn, Verleumden aus Rachsucht, sexuelle Delikte aus ungezügelter Geschlechtslust. Jeder, der von einem solchen Vergehen hört, ist ergriffen und empört; es löst den Drang zum Zurückschlagen aus, den Drang, dem Täter weh zu tun und dadurch eine gestörte Ordnung wiederherzustellen. Dieser natürliche Drang, eine Untat sühnen zu lassen, ergreift nicht nur das Opfer der Tat, sondern die meisten gesunden Menschen, die sie miterleben"[14].

Die Abfuhr aggressiver Sanktionsbedürfnisse steht prinzipiell im Gegensatz zu den Merkmalen des strafrechtlichen Verfahrens, der unbeteiligten sozialen Position des Richters, der Merkmalsarmut der Sanktionen und ihrer potentiellen Rationalität. Grundsätzlich wird das strafrechtliche Verfahren daher von Einstellungen und Bedürfnissen her gesehen, die auf eine irrational aggressive Konfliktlösung ausgerichtet sind. Das allgemeine Verständnis geht auf Entdeckung von Ähnlichkeit zur primären Form der Sanktion und nicht auf die strukturelle Andersartigkeit des strafrechtlichen Verfahrens. Seine Dyskausalität entspricht mithin genau der sozialen Entwicklungsstufe des Rechts zwischen historisch älterem Vergeltungsbedürfnis und rational institutionalisierter Reaktion auf Normabweichungen.

Abgesehen von der dargelegten historisch bedingten Anerkennung hat die richterliche Aufgabe, Strafen zuzumessen, als Bestandteil des Ablaufs der Hauptverhandlung wesentliche sozialpsychologische Valenz. Vorbereitet durch geheime Beratung, eingebunden in das feierliche Ritual der Urteilsverkündung, gibt sie dem Richteramt Bedeutung und Ansehen. Darüber hinaus kann die Hauptverhandlung durchaus als im inhaltlichen Ablauf freies, in der Rollenführung streng geregeltes dramaturgisches Schauspiel angesehen werden. Die Verkündung eines im Laufe der Handlung sukzessiv vorbereiteten, Zuschauern und Beteiligten außer dem Richter unbekannten Resultates ist wesentliches, vielfach *das* dramaturgische Element des Schauspiels.

Nach allem wird die Strafzumessung als Produkt historischer Entwicklung, als wichtiger Bestandteil des richterlichen Status und, der Hauptverhandlung von ungewöhnlich starken sozialen Kräften festgehalten. Diese sind keines-

---

14 Zitiert nach Tilmann Moser: Repressive Kriminalpsychiatrie, Frankfurt 1971, S. 45/46.

wegs rational begründet, ihre Stärke liegt gerade darin, daß sie an außerrationale Bedürfnisse anknüpfen. Die feste soziale Verankerung der richterlichen Strafzumessung besagt wenig über die Vernunft der Institution selbst; sie besagt allerdings auch nicht, daß eine Änderung überflüssig wäre. Zwar formen in keinem Bereich mehr als im sozial-kulturellen Überzeugungen die Realität mit; letzten Endes tragen diese zur sozialen Integration von Irrtümern bei, bessern sie aber nicht zur Wahrheit auf. Das ptolemäische Weltbild gewann nichts an objektiver Realität, weil Millionen Menschen Jahrhunderte davon ausgingen. Sozial-kulturelle Sachverhalte sind zwar abhängiger von grundlegenden Anschauungen als dies bei naturwissenschaftlichen Fakten der Fall ist, sie unterliegen aber doch auch der Erfahrung ihres Mißerfolges in der konkreten Anwendung.

Niklas Luhmann nennt das Strafverfahren eine institutionalisierte Form zur Verarbeitung von Enttäuschungen. Als solche ist es heute noch eine Institution magischen Charakters. Der Richter verkündet ein „gerechtes Urteil" — und durchaus vergleichbar der magischen Handlung eines Schamanen befriedigt er die Erwartungen der Beteiligten. Die Vorstellung einer harmonischen Sozialordnung, der Wunsch nach Vergeltung, das Sühnebedürfnis, das Weltverständnis schlechthin werden bestätigt, „Harmonie" scheint wieder hergestellt. Im Grunde ist nichts oder nur wenig geschehen. Keine These ist alberner als der vielpraktizierte, häufig ehrfürchtig zitierte Hegelsche Satz von der Strafe als der „Negation der Negation" des Rechts. Die Praxis der Rechtsprechung hat wenig mit einer ursachenorientierten oder auch nur präventiven, d. h. auf die Zukunft gerichteten Handlung zu tun, jedoch sehr viel mit Wunschprojektionen eines naiven Gesellschaftsverständnisses.

1.1.2 Schuld, eine begriffliche Leerformel

Wie wir gesehen haben, hält sich die Strafzumessung nicht an rationale Argumente, sondern vielmehr an historisch gewordene Wünsche und Anschauungen, an die Masse der Gläubigen mehr als an den Inhalt des Glaubens. Die Sicherheit, die daraus bezogen wird, ist heute noch stabil genug, um die Einrichtung selbst zu halten. Der Streit mit Opponenten geht mehr um die Höhe der Strafurteile, um ein vermeintlich mögliches gerechtes Urteil, um die Aufgabe des Strafvollzugs als um die Beschlußgewalt über die Zumessung selbst: In dem Appell an die Milde, in dem Wunsch nach Aufhebung der lebenslänglichen Freiheitsstrafe spiegelt sich im Grunde die öffentliche Anerkennung der Strafzumessung als Methode. Daß „Schuld" zur „Freiheitsstrafe, ausgedrückt im Zeitmaß" wird, erscheint als selbstverständliche, ahistorische und zeitlose Praxis.

Kritische Äußerungen über die Problematik der Strafzumessung werden von Juristen beiläufig gemacht, ohne Erwähnung ihrer zentralen Bedeutung für die Rechtsprechung. Selbst kritische sozialwissenschaftliche Untersuchungen wie die oben erwähnte münden nicht in rechtspolitische Anregungen, sondern in ein Gewirr methodenkritischer Überlegungen[15] und in die Psycho-

15 Opp / Peukert, a.a.O., vgl. S. 121 ff.

logisierung des richterlichen Urteils. In der Theorie der Klassenjustiz verschwindet das erkenntnistheoretische strukturelle Problem unter dem der Interessenabhängigkeit der richterlichen Entscheidung. Im Grunde fixieren Rechtsgelehrte, sozialwissenschaftliche Untersuchungen und sozialistische Systemkritiker die scheinrationale Praxis mit Darstellung ihrer sekundären Bedeutung bzw. ihrer grundsätzlich möglichen positiven Anwendung. Teilweise mag Angst eine Rolle spielen, die Angst, den morschen Grundpfeiler der Rechtsprechung zu sprengen und damit das gesamte Gebäude zu gefährden.

Nun, der Grundpfeiler „Strafzumessung" hält dank öffentlicher Interessenlage und wissenschaftlichem Kleinmut erstaunlich gut und bedarf kaum der Rechtfertigung. Jene Überzeugungsarbeit, die Ideologien um so nötiger haben, je mehr sie in Zweifel zu ziehen sind, ist nahezu überflüssig. Wenn die Strafzumessung (um im Vergleich zu bleiben) als *ein* Grundpfeiler der Rechtsprechung das Verhältnis von festgestellter Schuld zur Strafhöhe bestimmt, so ist *der andere* Grundpfeiler die Feststellung der Schuld selbst. „Schuld" fungiert im Strafprozeß in doppelter Weise, nämlich als vermittelnde Größe zwischen Täter und Tat sowie zwischen Täter und Strafe. Die Feststellung der Schuld als vermittelnder Größe zwischen Täter und Tat entspricht der Strafbegründungsschuld, die der Schuld im Sinne des § 46 Abs. 1 StGB der sogenannten Strafzumessungsschuld. Dazu Dreher: „Die Schuld des Täters ist in I (§ 46 Abs. 1 StGB) nicht als Vorwerfbarkeit im Sinne der Voraussetzung jeder Straftat zu verstehen, sondern als Maß des Vorwurfs, der dem Täter für seine Tat zu machen ist"[16].

In unseren heutigen von Austausch und Geldwirtschaft geprägten Systemen wird „Schuld" nicht von ungefähr wie eine Wechselmünze zwischen krimineller Devianz und Strafe verwendet. Zwar ist ohne Einbeziehung verhaltensrelevanter seelischer Aktivitäten in den äußeren Tathergang – d. h. ohne Analyse der kriminellen Handlung mit innerem Geschehen – ein modernes Kriminalrecht nicht mehr möglich. Nach der Maxime „Keine Strafe ohne Schuld" begründet jedoch allein die Anwendung der Begriffsfigur „Schuld" die kriminalrechtliche Reaktion ihrem Inhalt nach als Strafe. Durch die historisch erfolgte Bewußtseins- und Sprachentwicklung ist diese inhaltliche Beziehung – wie noch auszuführen sein wird – unabdingbar. Durch ein Strafvollzugsgesetz kann sie allenfalls relativiert, aber nicht aufgehoben werden.

§ 46 (1) StGB „Die Schuld des Täters ist Grundlage für die Zumessung der Strafe . . ." ist insofern zentrale Handlungsanweisung für Strafrecht und Strafvollzug. Die Interpretation der kriminellen Handlung als schuldhaft produziert die Strafe zunächst auf begrifflicher Ebene im Strafurteil und später tatsächlich im Strafvollzug. Wie läuft das ab? Die Rechtsprechung bedient sich hierzu einer bei naiver Auffassung recht verständlichen Abstraktion, deren eigentliche Gedankenführung weder in der Hauptverhandlung noch in der Urteilsniederschrift allein zum Ausdruck kommt. Dazu als Beispiel aus dem auf S. 4 ff. angeführten Rechtsfall, in dem juristische Sachverhalte folgenden Typs Grundlage der Urteilsverkündung sind:

---

16 Eduard Dreher: Strafgesetzbuch, a.a.O., 4 zu § 46 StGB.

„Am 20. 9. . . . . begaben sich die Angeklagten X und Y in die alte Pfarrkirche in N. Y nahm eine auf der rechten Seite des Hochaltars stehende barocke Holzplastik des Hl. Augustinus im Wert von ca. 2000,– DM herunter und gab sie X, der die Figur hinaustrug. Bei dem Antiquitätenhändler N. N. wurde für die Plastik 390,– DM erzielt."

Mit zahlreichen weiteren Delikten der beiden Angeklagten wurde diese Tat unter folgender Formulierung als strafrechtlicher Tatbestand herausgestellt:

„Aufgrund des festgestellten Sachverhalts haben sich die Angeklagten *schuldig* gemacht:

a) der Angeklagte X
   20 Vergehen des schweren Diebstahls, davon 14 gemeinschaftlich begangen, 1 Vergehen des gemeinschaftlich begangenen versuchten schweren Diebstahls nach §§ 242, 243 Nr. 4, 43, 47, 74 StGB, § 2 Abs. 2 StGB,

b) der Angeklagte Y
   113 Vergehen des schweren Diebstahls, davon 14 gemeinschaftlich begangen, 3 Vergehen des versuchten schweren Diebstahls, davon 1 gemeinschaftlich begangen, sowie 12 Vergehen des Diebstahls nach §§ 242, 243 Nr. 4, 43, 47, 74 StGB, § 2 Abs. 2 StGB"[17].

Mit Feststellung der begangenen Taten als schuldhaft ist ihre „Strafbarkeit" begründet. Dabei ist der Fall des Angeklagten X der weitaus häufigere. Seine Schuld wird nach Beweis des Sachverhalts, nach seinem Geständnis (in anderen Fällen aus Indizien) und nach allgemeinen Angaben zur Person definiert.

Im Fall des Angeklagten Y wurde ein Sachverständigengutachten zur Frage einer etwaigen Unzurechnungsfähigkeit (heute: Schuldunfähigkeit) eingeholt. Maßgebend für die Feststellung der sogenannten Schuldfähigkeit allein durch den Richter bzw. durch die Mithilfe eines Sachverständigen ist der Grundsatz: „Ausgangsgrundlage des Gesetzes ist, daß der psychisch unauffällige Mensch schuldfähig ist. Zeigen sich Auffälligkeiten, die zu Zweifeln Anlaß geben, vor allem bei Hirnverletzten und anderen Tätern, . . ., ist ein Sachverständigengutachten, eventuell ein Zweitgutachten beizuziehen"[18].

Im Regelfall des Beispiels X entfallen spezifische Erwägungen zur Begründung der Schuld völlig: Das Schuldbewußtsein spielt keine Rolle, nicht die Gewissensentwicklung des Beschuldigten, letzten Endes auch nicht sein Geständnis und am allerwenigstens, ob er sich für die Tat frei entschieden hat. Nichts interessiert weniger als die konkreten Merkmale der Schuld dieses Angeklagten. Auch dies stellt den Regelfall dar. Die Strafbegründungsschuld des für den Richter psychisch unauffälligen Menschen ist unabhängig von sonstigen personalen Kriterien. Diese mögen bei der Strafzumessung Berücksichtigung finden, hier sind sie entbehrlich. Die sogenannte Strafbegründungsschuld ist außergewöhnlich arm an eigenen begrifflichen Kriterien.

---

17 Die angeführten Gesetzesstellen entsprechen dem Strafgesetzbuch alter Fassung.
18 Eduard Dreher: Strafgesetzbuch, a. a. O.,, 18 zu § 20 StGB.

Diese definitorische Leere des Begriffs zeigt sich auch bei Feststellung der Schuld im Fall des Angeklagten Y nach Hinzuziehung eines Sachverständigen. Die betreffende Stelle der Urteilsniederschrift lautet: „Der Angeklagte Y ist voll zurechnungsfähig und strafrechtlich verantwortlich. Nach den überzeugenden Ausführungen des Sachverständigen . . . liegt keinerlei erbliche Belastung oder ein Hinweis auf eine sonstige Geisteskrankheit vor. Vielmehr ist der Angeklagte Y als überdurchschnittlich begabt anzusehen. Bei vorhandener Einsicht ist Willens- und Steuerungsfähigkeit gegeben. Der Angeklagte Y erscheint unstet und haltlos, aber nicht krankhaft. Die mehrfachen Suizidversuche seit dem Jahr . . . haben ihren Grund in reaktiven Verstimmungen; Y sucht damit zu demonstrieren und auf seine Umgebung Eindruck zu machen. Aber auch darin ist kein krankhafter Zustand zu erblicken. Das Motiv der Taten war mit größter Wahrscheinlichkeit der hohe „Verdienst", Faszination an Kunstgegenständen und ein gewisser Affekt gegen die Kirche, bei der der Angeklagte Y jahrelang nicht Fuß fassen konnte." Wie das Beispiel zeigt, erfolgt der Nachweis der Schuldfähigkeit indirekt. Es wird nämlich ausgeschlossen, daß stärkere seelische Beeinträchtigungen vorliegen.

Genauer besehen bedarf damit die Schuldfähigkeit keines Nachweises. Spezifische Merkmale, die allein das Vorliegen von Schuld in der Person des Täters begründen, spielen keine Rolle. Die Methode dieses Vorgehens ist der Analyse einer chemischen Verbindung zu vergleichen, in der ein bestimmtes Element „X" nachgewiesen werden soll. Der Chemiker weist andere Stoffe nach, die eine Verbindung mit dem gesuchten Element „X" nicht ausschließen. Er verwendet keinerlei Augenmerk, ob spezifische Merkmale von „X" nachweisbar sind, behauptet aber aufgrund seiner Untersuchung, die er für schlüssig erklärt, schließlich das Vorhandensein von „X", denn das ist immer so.

Schuld im strafrechtlichen Sinne wird nicht von ungefähr als „Vorwerfbarkeit" definiert. Schuld wird damit nämlich zur Eignung für die zugedachte Folge: für Tatvorwurf und im weiteren für Strafe. Bis auf das unspezifische Kriterium der „psychischen Unauffälligkeit" (festgestellt durch einen psychologischen Laien) ist der Begriff inhaltsleer. Schuld im strafrechtlichen Sinne der Vorwerfbarkeit ist nach allem Funktion einer beabsichtigten Beschuldigung bzw. Straffolge, als *Begründung* für Strafe ist sie eigentlich untauglich.

1.1.3 § 20 StGB oder die Herstellung wissenschaftlicher Gewißheit

Man wird den vorausgehenden Überlegungen vielleicht entgegenhalten, daß doch das unsägliche Ausmaß an juristischer Gedankenarbeit, ob in der Theorie oder in der praktischen Rechtsprechung, nicht einer begrifflichen Schimäre gedient haben könnte, einem Trugbild, das letztlich nicht existiert. Es gibt schließlich Begriffe wie Vorsatz, Fahrlässigkeit, Einsicht, Gesinnung u. a., die alle in mehr oder weniger komplizierten Gedankengängen und auf bestimmte Personen angewandt nichts anderem dienen, als deren Schuld herauszustellen bzw. zu widerlegen.

Nun wäre das jahrhundertelange Festhalten an einem Irrtum sicher nichts Neues. Manche Völker verbrannten in bester Absicht kleine Kinder, nur um einen Gott gnädig zu stimmen. Es gibt nicht nur Märtyrer, die für die Geltung einer Wahrheit sterben, sondern wahrscheinlich bei weitem mehr, die einen Irrtum mit ihrem eigenen Tod bezahlten, und das durchaus guten Glaubens. Die größten Irrtümer und frappantesten Trugbilder werden häufig im Umkreis der Macht erzeugt, und jeder hält etwas von ihrer Realität. Niemand hat das besser dargestellt als Johann Christian Andersen im Märchen von des Kaisers neuen Kleidern.

Nun, im Falle der strafrechtlichen Schuld wird nicht ein Nichts gezeigt, nicht ein nackter König. Schuld wird vielmehr wie ein Joker im Kartenspiel eingesetzt anstelle anderer, bestimmter Karten; aber gerade deshalb ist er um so brauchbarer, weil er für vieles steht, dadurch beweglicher ist und schließlich jeden Satz vollständig machen kann. Angewandt auf das Problem der Schuld bleibt die Frage: Was beinhaltet der strafrechtliche Schuldbegriff wirklich, mit anderen Worten: Was ist der Joker?

Luhmann charakterisiert die Funktion der strafrechtlichen Schuld sehr treffend als „Verlegung des Grundes für Strafe nach ‚innen'"[19]. Tatsächlich ist für die vollständige Erfassung einer kriminalrechtlich relevanten Handlung die Berücksichtigung des inneren Verhaltens bei der Tat unerläßlich, um überhaupt ein rechtliches Vorgehen gegen den Beschuldigten zu begründen. In den Fällen, wo eine hohe Übereinstimmung zwischen Motiv und äußerer Handlung, wie beispielsweise bei vielen Diebstählen, gegeben ist, wird die Notwendigkeit dazu nicht so deutlich. Sie wird besonders offensichtlich in Fällen, bei denen der äußere Tatbestand unvollständig ist und nicht zum intendierten kriminellen Erfolg führt, beispielsweise bei versuchten Straftaten, oder wo die Abgrenzung der Motive des Beschuldigten zur Unterscheidung von Straftatbeständen unumgänglich ist: beispielsweise zwischen Diebstahl und unbefugtem Gebrauch eines Fahrzeuges.

Es geht mithin nicht ohne Verlegung der Tat nach ‚innen', nicht ohne Begriffe wie „Schuld". Der Tatbestand ist erst vollständig, wenn das zugehörige innere Verhalten nachgewiesen werden kann, die strafrechtliche Untersuchung also Motive, Vorstellungen, Gefühle und Einstellungen des Täters entsprechend einbezieht. Dazu könnten unbestritten auch Ambivalenzen von Handlungszielen gehören, die in Reaktion auf verinnerlichte Gesetzesnormen zu Schuldgefühlen prädisponieren.

Im Fall der strafrechtlichen Schuld als „Vorwerfbarkeit" ist es fraglich, welche Bestandteile des inneren Verhaltens berücksichtigt werden. Nachdem juristisch „umstritten ist, was materiell den Schuldvorwurf begründet und worin das Bezugsobjekt des Schuldurteils besteht"[20], ist nicht nur der positive Nachweis von Schuldmerkmalen, sondern auch die Überprüfung schuldausschließender Merkmale ein Rühren mit der Stange im Nebel, und es ist unklar, was dabei getroffen wird.

Juristischerseits hilft man sich mit begrifflichen Konstruktionen wie „Dafür-Können im Sinne eines Sich-anders-bestimmen-könnens"[21]. Sie wirken nicht

---

19 Niklas Luhmann: Rechtssoziologie (2 Bde.), Reinbek b. Hamburg 1972, S. 120.
20 Adolf Schönke / Horst Schröder: Strafgesetzbuch Kommentar, 21. Aufl., München 1982, 116 vor §§ 13 ff.
21 Schönke / Schröder, a.a.O., 118 vor §§ 13 ff.

nur ihrer Wortwahl nach als Notbehelf. Auch wie das „Sich-anders-bestimmen-können" nachgewiesen werden soll, ist eher hilflos als überzeugend, so nach Schönke / Schröder: „Gegenstand des Schuldvorwurfs ist . . . zunächst die fehlerhafte Willensbildung des Täters, die darin besteht, daß er sich nicht zu einem rechtmäßigen Handeln hat motivieren lassen, obwohl ihm dies möglich gewesen wäre, weil er sowohl das Unrecht der Tat hätte einsehen als auch nach dieser Einsicht hätte handeln können . . . Dies bedeutet nicht, daß im Einzelfall der — nicht mögliche — Beweis des individuellen Andershandelnkönnens zu erbringen wäre, vielmehr wird diese Möglichkeit vom Recht im Normalfall vorausgesetzt, wobei dies keine Seinsfeststellung, sondern Gegenstand einer am Sollen orientierten Wertentscheidung ist. Daraus erklärt sich auch, daß die Schuldfähigkeit — gleichgültig ob sie als Schuldvoraussetzung oder als Schuldmerkmal bezeichnet wird — nicht besonders festgestellt, sondern bei Abwesenheit bestimmter Ausschlußgründe als gegeben unterstellt werden kann"[22]. Womit die Katze wieder auf die alten Füße fällt und aus Schuld die vorher im Schönke / Schröder abgelehnte Vorwerfbarkeit wird.

Das auffällige und bezeichnende Merkmal des juristischen Begründungsvorgangs ist, daß das „Sich-anders-bestimmen-können" — weil unmöglich — nun gerade nicht nachgewiesen zu werden braucht. Es wird — so auch nach Drehers Kurzkommentar zu § 20 StGB — ausgeklammert. „Zur Frage der Willensfreiheit nimmt das Gesetz damit nicht Stellung; es fordert auch nicht die Feststellung des Richters, daß der Täter hätte anders handeln können." Nun läßt sich Willensfreiheit — dieser Streit ist philosophisch wohl ausgestanden — weder belegen noch widerlegen. Das erklärt auch, warum das Lager der Indeterministen und der Deterministen in permanenter Meinungsverschiedenheit erstarrt ist. Die Kapitulation vor der real möglichen alternativen Entscheidung geschieht, wenn man schon auf seiten ihrer Vertreter die Existenz der Willensfreiheit unterstellt, jedoch etwas zu eilfertig und bereitwillig, als daß sie nicht stutzig machen könnte.

§ 20 StGB erfordert genauso wie sein Vorgänger § 51 StGB einen ähnlich eindimensionalen Nachweis der Schuldunfähigkeit, d. h. unter Ausklammerung der potentiell möglichen alternativen Handlung des Täters: „Ohne Schuld handelt, wer bei Begehung der Tat wegen einer krankhaften seelischen Störung, wegen einer tiefgreifenden Bewußtseinsstörung oder wegen Schwachsinns oder einer schweren anderen seelischen Abartigkeit unfähig ist, das Unrecht der Tat einzusehen oder nach dieser Einsicht zu handeln." Die gesetzliche Vorschrift definiert Schuldfähigkeit in zwei Ebenen: Schuldig ist, vorbehaltlich der Strafunmündigen (§ 19 StGB) und des Vorliegens eines Verbotsirrtums (§ 17 StGB), jeder, der die aufgeführten seelischen Auffälligkeiten nach Art und Grad nicht aufweist. Schuld bezeichnet in dieser ersten Begriffsebene kein Merkmal sui generis, sondern eine Gruppe von psychologisch-medizinisch definierten Persönlichkeitskategorien.

Die Schuldigen sind die *nicht* krankhaft seelisch Gestörten, die *nicht* Schwachsinnigen sowie die *nicht* schwer seelisch Abartigen. Statistisch gesehen ist es eine riesige Population, bei der Schuld unterstellt und gleichzeitig als Strafbegründung gewertet wird. Von einem tatsächlich für den

---

22 Schönke / Schröder, a.a.O., 118 vor §§ 13 ff.

Alternativfall offenen und daher kritischen Begründungsvorgang kann überhaupt nicht die Rede sein. „Begründung" erfolgt nicht, sondern wird behauptet. Strafrechtliche Schuld ist für die meisten Angeklagten mithin unterstelltes und nicht nachgewiesenes Merkmal.

In einer weiteren begrifflichen Ebene qualifiziert § 20 aus ihrer Auswahlgruppe von potentiell Schuldunfähigen die konkreten Merkmale schuldfreien Handelns, wie sie strafrechtlich gesehen werden: „Ohne Schuld handelt, wer bei Begehung der Tat . . . unfähig ist, das Unrecht der Tat einzusehen oder nach dieser Einsicht zu handeln." Das Verblüffende bei dieser Bestimmung der Schuldunfähigkeit ist das Fehlen eines naheliegenden Merkmals der Schuld, nämlich des Gewissenskonflikts. Wie schon angedeutet, ist der Weg dazu versperrt, weil der Nachweis einer alternativ möglichen Entscheidung nicht erforderlich ist. Zwar ist der Nachweis, daß der Angeklagte zu einer Entscheidung gegen die Straftat fähig gewesen wäre, tatsächlich nicht möglich. Daß wegen der Tat Schuldgefühle bestanden oder auch nicht, dürfte jedoch genauso schwierig und so einfach zu ermitteln sein wie rückschauend eine Bewußtseinsstörung nach Eigenart und Ausmaß.

Sigmund Freud, der das Schuldgefühl durch seine psychoanalytischen Untersuchungen zum wissenschaftlich nachweisbaren Gegenstand machte, stellt es 1. als „Ausdruck eines Ambivalenzkonflikts" zwischen Über-Ich-Forderungen und Triebbedürfnissen und 2. als „Angst vor dem Über-Ich" dar. In einfacher Weise stellt er fest: „Wenn man ein Schuldgefühl hat, nachdem und weil man etwas verbrochen hat, so sollte man das Gefühl eher Reue nennen. Es bezieht sich nur auf eine Tat, setzt natürlich voraus, daß ein Gewissen, die Bereitschaft, sich schuldig zu fühlen, bereits vor der Tat bestand"[23]. Ähnlich könnte das auch ein katholischer Geistlicher gesagt haben. Dies spricht für eine gewisse Allgemeingültigkeit der Freudschen Anschauung. Gewissensentwicklung und seelischer Ambivalenzkonflikt sind mit anderen Worten unerläßliche Merkmale zum Nachweis der Schuld eines Täters.

Es ist nun eigentümlich, daß genau darauf das Schuldstrafrecht auch bei Feststellung der Schuldunfähigkeit verzichtet. Man könnte es noch verständlich finden, daß die direkte Untersuchung des Schuldgefühls durch Befragung als unzuverlässig betrachtet wird, da sie in ihrer Bedeutung für den Prozeßausgang zu leicht zu erkennen ist und manipulativ beeinflußt werden kann. Das trifft jedoch für eine psychologische Untersuchung der Gewissensentwicklung und auch von diesbezüglichen Konflikten nicht zu. Die Ergebnisse wären ebenso zuverlässig wie heutige Gutachten zu § 20. Auf eine Über-Ich-Analyse zielt der § 20 StGB jedoch nicht hin. Untersuchungsgegenstand scheint eine andere Dimension der Schuld.

Schuld, besser Nichtschuld, wird nach Dreher von zwei psychologischen Komponenten abhängig gemacht, nämlich von der sogenannten Unrechtseinsichtsfähigkeit, die auch als intellektueller Faktor gesehen wird, und von der darauf aufbauenden Steuerungsfähigkeit als voluntativer Faktor. Psychiatrische und psychologische Gutachten, die auf die Gewissensentwicklung

---

23 Sigmund Freud: Das Unbehagen in der Kultur, in: Studienausgabe Bd. IX: Fragen der Gesellschaft, Ursprünge der Religion, Frankfurt a. M. 1974, S. 257.

und den vorhandenen oder fehlenden Schuldkonflikt eingehen, bleiben unbenommen. Als Schuldausschließungsgründe dürfen die genannten Punkte aber nicht gelten, wenn im übrigen der Faktor der Unrechtseinsicht gegeben ist. Die gesetzliche Vorschrift geht am Kern der Schuldfrage vorbei und prüft das Verständnis von der Tat als Unrecht und dessen Auswirkung auf das Verhalten bei zur Tatzeit seelisch schwer beeinträchtigten Tätern.

§ 20 StGB geht damit von einem rational-voluntativ bestimmten Menschenbild aus, das in Psychologie und Psychiatrie längst überholt ist. Gerade im Hinblick auf die typisch menschliche Über-Ich-Problematik ist es defizitär. Sehen wir von den auf den Humanbereich beschränkten Termini „Unrecht" und „Einsicht" ab, so bietet sich keine prinzipielle Schwierigkeit, Untersuchungen nach § 20 StGB auch bei Haushunden durchzuführen. In wenn auch eingeengtem Bereich sind domestizierte Tiere zur Regelerfassung und entsprechender Verhaltenssteuerung fähig. Doch das nur am Rande. – Das geltende Strafrecht versichert sich mit der Auslesefunktion von § 20 StGB eines Minimums zur Begründung der Strafe. Es wird festgestellt, daß der Angeklagte weiß, daß er Unrecht getan hat und daß seine Handlung als seine persönlich gewollte betrachtet werden kann. Festgestellt wird also das Handlungsbewußtsein, jedoch nicht die weitere Attribute umfassende Schuldfähigkeit, geschweige denn die Schuld im besonderen Fall. Im Umkehrschluß zu den Kriterien der nach § 20 StGB definierten Schuldausschlußgründe wäre „Schuld" das durch Intelligenz und Bewußtheit qualifizierte Erleben der eigenen Tat.

Liegt mit anderen Worten Identifikation des Täters mit seiner Tat als strafrechtlichem Delikt in intellektueller und voluntativer Hinsicht vor, so erscheint eine Strafe begründet. Diese Voraussetzung erfüllt bei psychischer Unauffälligkeit, d. h. im Regelfall, ein Geständnis oder auch ein sonstiger schlüssiger Beweis der Täterschaft. Vom Inhalt der sogenannten Schuldanalyse her erscheint für das Schuldstrafrecht paradoxerweise nichts überflüssiger als der Nachweis oder der Ausschluß der Schuld in ihrem eigentlichen Sinne.

Natürlich kann auf Überprüfung der Handlungsidentifikation zur Tatzeit nicht verzichtet werden. Sie ließe sich wohl ohne unüberwindliche Schwierigkeit bei Überprüfung der Handlungskausalität unterbringen. Auf die Möglichkeit, die „Strafwürdigkeit eines Verhaltens" an verschiedenen Stellen zu überprüfen sowie auf deren grundsätzliche Verschiebbarkeit, weist Winfried Hassemer hin, wenn er feststellt: „Die Institution der Kausalität hat also eine kritische, strafbegrenzende Funktion. Ob die Realisierung dieser Funktion im Verbrechensaufbau dem Kausalitätsbegriff oder einer anderen geeigneten Prüfstelle übertragen wird, ist ein systemimmanentes Problem"[24]. Es ist nach allem kein zwingender Grund ersichtlich, weshalb die notwenige Funktion des § 20 StGB, nämlich die „Ausscheidung atypischer Kausalverläufe" zu besorgen, unter Absehen vom Schuldbegriff nicht unter einem anderen und sachlich zutreffenderem Systembegriff eingeordnet werden kann.

---

24 Winfried Hassemer: Kausalität, in: Handlexikon zur Rechtswissenschaft, a.a.O., S. 245.

Auf die Behauptung der „Schuld" kann jedoch im Rahmen eines Kriminalrechts, das am Gedanken der Strafe als Reaktion auf Delinquenz orientiert ist, nicht verzichtet werden. Schuldbehauptung ist — ob inhaltlich nachweisbar oder nicht — systemimmanent unerläßlich. Strafe ist nämlich 1. beabsichtigte Beeinträchtigung und 2. Bewältigung eines zeitlich zurückliegenden Faktums (insofern der Trauer auf ein tragisches Ereignis hin ähnlich). Die Doppelnatur der Strafe macht eine spezielle Art der Rechtfertigung notwendig. Die selbständige Anerkennung von Urteil und Strafakt durch den Bestraften kann nicht erwartet werden; dadurch wäre auch die vergangenheitsbezogene Bedeutung der Strafe nicht unbedingt begründet.

Strafe bedarf auf seiten des angeklagten Täters einer Rechtfertigung, die sich auf die zeitlich abgeschlossene Tat bezieht. Diese Doppelqualität, einerseits innere Reaktion auf eine abgeschlossene (strafbare) Handlung, andererseits mögliche Anerkennung einer Strafe als Konsequenz, erfüllt die Begriffsfigur „Schuld" in idealer Weise. Damit ist sowohl die inhaltsleere, abstrakte Qualität des strafrechtlichen Schuldbegriffs bezeichnet, der fast jedem Täter „übergestülpt" werden kann, als auch seine vorzügliche Eignung zur juristisch-kausalen Strafbegründung. Schuld und allein Schuld kann Strafe begründen. „Eine strafrechtliche Reaktion, die ihre Grundlage nach Art und Umfang nicht in der Schuld des Täters hat, kann nach dem Willen des StGB den Namen Strafe nicht zu Recht tragen"[25].

Neben dem Rang der Begriffsfigur Schuld, in kausaler Weise zur Begründung der Strafe notwendig zu sein, ist einer der interessantesten Aspekte, daß mit der Bestrafung der Schuld dem Betroffenen etwas Gutes getan, in altertümlicher Weise gesagt, eine Wohltat geschehen ist. So stellt Joachim Hellmer die Strafe als Herstellung des innermenschlichen Friedens dar:

„Der innermenschliche Friede wird durch die Strafe herbeigeführt, indem sie das zur Tatzeit übergewichtige anti- bzw. asoziale Element im Menschen (böser Wille oder auch nur naturhafter Drang) zurückdrängt und erniedrigt. Das kann sie allerdings nur durch die Sühne. Sühne ist ein rein innerer, nicht erzwingbarer, aber durch Strafe doch anregbarer Vorgang, bei dem der Mensch seiner doppelten Struktur inne wird und erfährt, daß die eine Struktur gegenüber der anderen versagt hat. Es heißt dann etwa: „Wie konnte ich nur so etwas tun!" Oder: „War ich denn ganz von Sinnen?" Gewiß nicht bei allen Straftaten ist das der Fall, aber wenn es nur bei den meisten (!) so ist, genügt das schon zur Rechtfertigung der Strafe für die Herstellung des innermenschlichen Friedens." . . . „Das Strafübel ist Leid nur für die eine Seite (des Bestraften), die in der Tat durchbrochene Seite. Die andere wächst und trägt die Persönlichkeit, und schließlich heißt es: „Ja, ich habe Unrecht getan: das nächste Mal werde ich nicht wieder so leicht nachgeben""[26]!

Mag angesichts der Realität von Strafrecht und Strafvollzug das Zitat eher an den Stil der Gartenlaube als an den eines ernsthaften juristischen Textes erinnern, so dokumentiert er im Kern doch rechtsideologische Realität. In der angeführten Weise wird die Wohltat der Strafe zwar nurmehr selten noch

---

25 Schönke / Schröder, a.a.O., 7 vor § 38 StGB.
26 J. Hellmer: Recht, Frankfurt a. M. 1961, S. 299 f.

gepriesen, ein Absehen vom Schuldstrafrecht, etwa nach der Rechtslehre der defense sociale wird jedoch auch als Mißachtung der Menschenwürde dargestellt. „Ein solches soziales Schutzrecht", so nach Schönke / Schröder in der 18. Auflage, „bietet zwar die beste Möglichkeit einer Täterresozialisierung, müßte jedoch wegen Mißachtung der Menschenwürde (der Täter als bloßes Objekt resozialisierender Maßnahmen) als verfassungswidrig angesehen werden. Dies gilt auch für die vor allem von Marc Ancel vertretene gemäßigte Richtung, die das Schuldprinzip und die Verantwortlichkeit des Menschen anerkennt, ihn aber trotzdem einer resozialisierenden „Behandlung" unterwirft, deren Ergebnisse sich zugegebenermaßen durch das Schuldstrafrecht nicht im gleichen Maße erreichen lassen"[27].

Die strafrechtliche Schuldbehauptung ist nach allem zwar nicht konkret gerechtfertigt, sie ist aber rechtsideologisch unerläßlich als kausal notwendige Begriffsfigur und als Rechtfertigung der Strafe aus den Rechten der Betroffenen. Im Grunde ist damit die absolute Straftheorie, daß Strafe in kausal bedingter Weise auf Schuld sein muß, das Rückgrat auch des heutigen Schuldstrafrechts. Diese Ansicht ist nicht sehr populär und kommt auch – so hat es den Anschein – nur beiläufig zum Ausdruck. Daran hängt aber letztlich das ganze strafrechtliche Begriffsgebäude, wiewohl man sich sehr bemüht, den Schuldbegriff auf der Basis des geltenden Strafrechts in ein modernes kriminalrechtliches Denken zu assimilieren.

So möchte Calliess Schuld dem Prinzip der Verhältnismäßigkeit als „übergreifender Leitregel staatlichen Handelns" subsumieren: „Der Schuldbegriff ist in diesem Sinne nicht mehr und nicht weniger als ein ‚Sozialbegriff und Rechtsbegriff', der die Dimension der ‚sozialen Verantwortlichkeit' beschreibt. Vergeltung, Übel und Repression sind genausowenig ‚Reflex der Schuld', wie sie auch nicht als quasi ‚naturwüchsige' Prinzipien des Rechts begriffen werden können. Aus der Tatsache, daß das Strafrecht mit diesen Phänomenen der Gesellschaft rechnen muß, folgt noch nicht notwendig, daß sie auch zu leitenden Prinzipien des Rechts erhoben werden müssen. Dazwischen liegt noch stets ein Akt der Entscheidung, der der rationalen Diskussion nicht durch die Behauptung von anthropologisch begründeten Zwangsläufigkeiten oder durch den Rückgriff auf Wesensbestimmungen entzogen werden kann"[28].

Als Gegensteuerung zur ideologischen Rabulistik, die der Schuldbegriff im geltenden Strafrecht erfährt, erscheint die zitierte Interpretation sinnvoll und eine gute Grundlage für eine nach heutigem Wissen und rechtlicher Möglichkeit verantwortliche Anwendung des Schuldstrafrechts. Allerdings gelten für die pragmatische Ausdeutung der Schuldtheorie andere Prinzipien als für deren Analyse: Man würde die strukturelle Position, die Funktion der Begriffsfigur Schuld im Strafrecht und schließlich deren historische Entwicklung verfehlen, wollte man sie allein als Spezifizierung des Prinzips der Verhältnismäßigkeit auffassen.

27 Adolf Schönke / Horst Schröder: Strafgesetzbuch Kommentar, 18. Aufl., München 1976, 9 vor § 38 StGB.
28 Rolf-Peter Calliess: Theorie der Strafe im demokratischen und sozialen Rechtsstaat, Frankfurt a. M. 1974, S. 187 f.

Die Strukturnotwendigkeit der Schuld im heutigen Strafrecht steht in auffälligem Gegensatz zu ihrem eigentlichen Charakter als Etikette, hinter der sich die Identifikation des Täters mit seinem Delikt verbirgt, aber Schuld nicht nachgewiesen wird. Dazu Dreher: „Die Schuld als Voraussetzung der Strafbarkeit mit Verfassungsrang wurde früher als psychologischer Begriff verstanden. Vorsatz und Fahrlässigkeit waren die beiden Formen dieser Schuld. Im Anschluß an die neuere Lehre hat sich in der Rechtsprechung ein normativer Schuldbegriff durchgesetzt. Schuld ist Vorwerfbarkeit, besser: das Belastetsein mit der Verantwortung für eine rechtswidrige Tat. Willensfreiheit als Voraussetzung von Schuld braucht als personale Kategorie im Bereich des Rechts als immanenter Bestandteil der menschlichen Wertsphäre nicht bewiesen zu werden. Vorsatz und Fahrlässigkeit können die Schuld allein nicht begründen, wohl aber bestimmen sie die Art der Schuld"[29].

Die Stelle ist sprachlich bemerkenswert, weil sie in sehr sublimer Weise die inhaltliche Entleerung des Schuldbegriffs zum Ausdruck bringt: Zunächst ersetzt der Verfasser „Vorwerfbarkeit" als Folge eines Schuldigseins mit dessen Umschreibung „Belastetsein mit Verantwortung für eine rechtswidrige Tat". Damit wird unmerklich die postulierte Schuld zur gegebenen. Der Nachweis der Entscheidung zur schuldhaften Tat ist begrifflicher Ballast und wird in die Metaphysik verwiesen. Vorsatz und Fahrlässigkeit können Schuld nicht begründen (womit ich übereinstimme). Jedoch nun ist der Begriff durch kein unabhängig feststellbares definitorisches Merkmal bestimmt; er ist leer, ein „psychologisches" Kriterium kann sich in der Tat nicht mehr anhängen.

Die Gedankenfolge des gebrachten Zitats ist keine begriffliche Ziselierarbeit um ihrer selbst willen; sie ist durchaus sinnvoll als nicht nur rechtsinterpretierende, sondern auch rechtsstützende geistige Leistung. Das Schuldstrafrecht wäre mit einer konkreten seelischen Schuld, die als Folge einer wenn auch real eingeschränkten Gewissensentscheidung nachzuweisen wäre, nicht zu halten. Es käme nämlich zu praktisch völlig widersinnigen Entscheidungen.

Die Schuldfähigkeit hinsichtlich Normverletzungen ist bei gleichen Handlungen von Person zu Person verschieden, und dies in weit höherem Maße als nach § 20 StGB vorgesehen. Es treten unterschiedliche Grade der Schuldfähigkeit, aber auch Ausfälle auf, die keineswegs nur an die Voraussetzungen des § 20 StGB gebunden sind. Das Schulderleben ist individuell verschieden und auch auf die einzelne Person bezogen variabel: situationsabhängig und oft in hohem Maße suggerierbar. In seiner Schuldfähigkeit ist vor allem — und das wäre das größte Handicap für ein tatsächliches Schuldstrafrecht — der Rechtsbrecher eingeschränkt. Die Mehrzahl der Kriminalpsychologen geht nach Dechêne bei kriminell auffälligen Persönlichkeiten „von seltenen oder schwachen Schuldgefühlsreaktionen aus, einige nehmen zumindest unbewußte Schuldgefühle an"[30]. Mithin ist Schuldunfähigkeit nicht seltenes Ereignis, sondern verhältnismäßig häufig Voraussetzung für Delinquenz. Je intakter die Persönlichkeit und je seltener die Kriminalität auftritt, desto

---

[29] Eduard Dreher, Strafgesetzbuch, a.a.O., 28 vor § 1 StGB.
[30] Hans Ch. Dechêne: Verwahrlosung und Delinquenz, München 1975, S. 14.

mehr ist Schuldfähigkeit anzunehmen; je häufiger Kriminalität, desto häufiger ist Schuldfähigkeit auszuschließen. Schuldfähigkeit tritt eher mit der Schwere des landläufigen Schuldvorwurfs zurück und ist daher zur Begründung einer zugehörigen Strafe völlig unzuverlässig. Genau besehen ist Schuldfähigkeit nicht als Ausgangspunkt, sehr wohl aber als Gegenstand und Ziel kriminalrechtlicher Maßnahmen im Sinne einer notwendigen Befähigung zum Schulderleben geeignet.

Das ideologische System des Schuldstrafrechts ist nach allem nur durch einen metaphysisch verstandenen Schuldbegriff zu halten. Die als „immanenter Bestandteil der menschlichen Wertsphäre"[31] dogmatisierte Hypothese der menschlichen Willensfreiheit fungiert als gedankliche Hilfskonstruktion. Als säkularisierter Glaubenssatz wird Willensfreiheit möglichst fern gerückt und ihre Operationalisierung — etwa durch Nachweis eines moralischen Zielkonflikts — auch nicht versucht. Nichts würde nämlich mehr das Schuldstrafrecht erschüttern als der Glaube an eine praktisch nachweisbare Willensfreiheit.

In der täglichen Rechtsprechung führt das dazu, daß die Strafbegründungsschuld unterstellt wird und im Falle des § 20 StGB nicht die Überprüfung der Schuldfähigkeit, sondern die anderer, wiewohl ähnlicher psychischer Phänomene vorgesehen ist. Das Fazit: Eine Strafbegründungsschuld im Sinne des Wortes gibt es praktisch nicht; sie ist eine begriffliche Schimäre. Der angeblich das gesamte Strafrecht bestimmende Grundsatz „keine Strafe ohne Schuld" ist als essentielle Aussage so gut wie bedeutungslos; wenn man die Problemlage kennt, wird er zur Heuchelei. Der das reale Strafrecht beherrschende Grundsatz lautet vielmehr: „Strafe muß sein!" Das Schuldstrafrecht sollte korrekter „Straf- und Beschuldigungsrecht" genannt werden. Der Faktor „Schuld" ist eine fulminant vertretene, zwar rechtsideologisch notwendige, aber seiner eigentlichen Bedeutung beraubte Begriffsfigur. Die Bezeichnung „Schuld" und ihr Bedeutungsinhalt sind im Strafrecht nicht identisch. Sie wird auf eine sehr sublime Weise fehldefiniert und ist daher im Verhältnis zum tatsächlich Gemeinten ein Fehlbegriff.

1.2 Ideologiegeschichte der strafrechtlichen Schuld

Die Gleichung „2 x 2 = 4" ist eine Trivialität; erst wenn jemand hartnäckig behauptet „2 x 2 = 5", dann wird die Angelegenheit interessant, und man fragt sich: Warum tut das jemand? Eine logisch schlüssige Aussage trägt sich mit anderen Worten selbst und wird dadurch langweilig; eine falsche verweist auf andere, tiefere Ursachen, auf Motive, warum sie geglaubt und festgehalten wird. Forscht man nach, so entsteht in vielen Fällen wiederum eine Gleichung, die aufgeht.

Ähnlich wäre die Schuldtheorie im Strafrecht höchst langweilig, wenn sie schlüssig wäre. Schuld als seiner eigentlichen Bedeutung beraubter Fehl-

---

31 Eduard Dreher, Strafgesetzbuch, a.a.O., 28 vor § 1 StGB.

begriff — wie vorausgehend dargelegt — ist genauso ergänzungsbedürftig wie eine mathematische Operation, die Lücken hat. Der Nachweis der Fehldefinition allein deckt zwar Schwachstellen in Rechtstheorie und Rechtsprechung auf; die tatsächliche tiefe Verwurzelung des Schuld- und Strafgedankens in den Herzen und Hirnen der Menschen vermag die Analyse des Begriffssystems jedoch nicht zu erfassen — und damit auch nicht die Resonanz, die ein Schuldstrafrecht, ja die überhaupt ein am Strafen ausgerichtetes Kriminalrecht findet.

Weniges ist populärer und vermag tieferen emotionalen Widerhall zu finden, als die Suche nach dem Schuldigen und dessen Bestrafung. Das Prinzip der Strafe scheint eines der Eile und Ungeduld zu sein. Sogar der Nachweis der Schuld wird oft als unnötiges und lästiges Aufhalten des Rades der Gerechtigkeit empfunden. Schuld ist tatevident oder oft noch schlimmer: Evidenz aus der Rolle des Angeklagten. Der Appell des Neuen Testamentes an die Nächsten- oder gar Feindesliebe wird nach 2000 Jahren Christentum noch als paradox empfunden; welches Paradoxon! Nichts erweckt dagegen in unserer eigenen aggressiven Natur weniger Erstaunen und mehr uneingestandene Resonanz als der Ruf „Ans Kreuz mit ihm, ans Kreuz mit ihm!"

1.2.1 Schuld als Naturgesetz

Die Geschehensabfolge „schuldhafte Tat — Strafe" bzw. die Erwartung, auf Schuld hat Strafe zu folgen, ist in der Kulturentwicklung früh angelegt. Als Produkt von strafrechtlichen Institutionen ist sie nicht erklärbar, wiewohl diese bedeutsame Rückwirkungen auf die Mentalität der „Rechtsunterworfenen" haben. Das Denken in Schuld und Strafe ist uraltes psychisches Erbe, das offenbar viel weiter zurückreicht als unsere arbeitsteilige Gesellschaft oder gar unsere technische Zivilisation. Sigmund Freud nennt nicht ohne Grund das Schuldgefühl das „wichtigste Problem der Kulturentwicklung"[32]. An den Anfang der Menschheit setzen christliche und jüdische Religion bezeichnenderweise den Sündenfall und damit Schulderleben und Strafe. In anderen religiösen Überlieferungen wiederholt sich dieses Urthema in entsprechend anderer mythologischer Umkleidung.

Auch nach den Ergebnissen der anthropologischen und prähistorischen Forschung sowie aus zahlreichen Besonderheiten der Entwicklung der Rechtskultur besteht aller Grund zur Annahme, daß die Beziehung „Schuld — Strafe" Bestandteil einer frühkulturellen Stufe allgemeiner Natur- und Weltanschauung war. Es würde zu weit führen und den Rahmen der Arbeit sprengen, wollten wir nun die historische Entwicklung von Schuld- und Strafauffassung in all ihren Verästelungen, Feinheiten, historischen Sackgassen, Umwegen und Verirrungen aufzeigen. Um das Heute zu begreifen, sollen die wesentlichen Schlaglichter aufgezeigt werden, die die Kontur der historischen Entwicklung des Abendlandes erkennen lassen. Es sind: der animistische Schuldbegriff, der Ursprung der christlichen Schuldentwicklung

---

[32] Sigmund Freud: Das Unbehagen in der Kultur, in: Abriß der Psychoanalyse / Das Unbehagen in der Kultur, Frankfurt a. M. 1977, S. 119.

in der sogenannten Achsenzeit und die strafrechtliche Schuldauffassung in der Neuzeit.

Die übliche Rechtshistorie des Schuldbegriffs vereinfacht ihren Gegenstand, indem sie häufig einen begrifflich möglichen, aber historisch und psychologisch eigentlich nicht zulässigen Schnitt zwischen Ursachen- und Schulderfassung macht, d. h. Schuld als isoliertes Problem betrachtet. Der Fehler ist auch umgekehrt, d. h. von naturwissenschaftlicher Denkweise her möglich. Die Leugnung der Komplexität scheint die Voraussetzung unserer Fachwissenschaften zu sein und die Bedingung ihrer Herrschaft im eigenen Bereich. Dieser Weg ist zu irrtumsträchtig. Legen wir uns also nicht auf „Schuld" fest, suchen wir Zusammenhänge, Zusammengehöriges, um Schuld zu begreifen.

Sigmund Freud sieht die Entstehung der Schuld im Animismus, einer Weltschau, die alle Vorgänge in der Natur als Analogie menschlichen Verhaltens und Erlebens erfaßt und daher auch von der Beseeltheit aller Dinge ausgeht. Er schreibt: „Der Animismus ist ein Denksystem, er gibt nicht nur die Erklärung eines einzelnen Phänomens, sondern er gestattet es, das Ganze der Welt als einen einzigen Zusammenhang, aus einem Punkt zu begreifen. ... Diese erste Weltanschauung der Menschheit ist eine psychologische Theorie"[33].

Die gemeinsame Wurzel von Schuld und Ursache erfordert mit der Analyse der Schuld auch die der Kausalität, mit der Betrachtung des Rechts auch die des Denkens überhaupt. Animismus nach Freud mit einem Denksystem gleichzusetzen, ist sicher zu wenig. Dazu ist dieser zu sehr von emotionalen Regungen bestimmt und als Denken im heutigen Sinne zu wenig ausdifferenziert. Die emotionale Seite des Animismus vernachlässigt Sigmund Freud in seinen einzelnen Überlegungen tatsächlich nicht, wenn er auch schließlich zu dem Oberbegriff des „Denksystems" kommt.

Wolfgang Fikentscher setzt in seinen anthropologisch belegten „Methoden des Rechts in vergleichender Darstellung" den gemeinsamen historischen Kern, aus dem heraus sich die verschiedenen Rechtskulturen entwickelten, vor die Phase des Animismus[34]. Im vorliegenden Zusammenhang ist dies ohne Bedeutung. Wesentlich erscheint die Tatsache eines gemeinsamen Ursprungs von Kausalität und Schuld. Danach war die Ereignisfolge schuldhafte Tat – Straffolge ein in universellem Maßstab gültiger naturgesetzlicher Vorgang: Schuld war nicht eingeengt auf eine beabsichtigte kriminelle Handlung; sie war – ob willentlich oder versehentlich – Verletzung eines urtümlichen Verbotes (häufig: Berührungs- und/oder Kontaktverbote). Ebenso war Strafe nicht richterliche Sanktion, sondern Beeinträchtigung im weitesten Sinne des Wortes: Krankheit, Unglück, Niederlage, frühes Sterben, ...

Die Ereignisfolge „Tabuierte Handlung – Straffolge" war ebenso kognitiv erfaßter Wirkzusammenhang wie normativ gesetzter Bedingungszusammenhang. Die Verwischung der Grenzen zwischen beiden Phänomenen ist heute

33 Sigmund Freud: Totem und Tabu, in: Studienausgabe, Bd. IX: Fragen der Gesellschaft, Ursprünge der Religion, Frankfurt a. M. 1974, S. 366.
34 Wolfgang Fikentscher: Methoden des Rechts in vergleichender Darstellung, Bd. I, Tübingen 1975, Vgl. S. 90 ff.

noch, wenn auch als rational fragwürdige Operation üblich. So schreibt Engisch: „Der Gesetzgeber stiftet zwischen Tatbestand und der Rechtsfolge, d. h. dem Verpflichtetsein einer Person, eine kausale Verknüpfung, die er zugleich als vorhanden anspricht"[35]. Das ist im Grunde Magie, das Hochstilisieren des Rechtsurteils zum Naturereignis, auch wenn in der Diktion der Unterschied fein gewahrt bleibt. Luhmann unterscheidet dagegen in seiner Rechtssoziologie scharf zwischen kognitiven und normativen Erwartungsstrukturen. Erstere werden im Falle der Enttäuschung, d. h. des Nicht-Eintreffens, an die Wirklichkeit angepaßt und dementsprechend verändert; letztere werden „kontrafaktisch" festgehalten „und die Diskrepanz den Handelnden zugerechnet"[36].

Gegen eine ursprünglich bestehende Trennung kognitiver und normativer Erwartungen spricht, daß letztere im archaischen Denken wie kognitive Strukturen behandelt werden. So ist die Beziehung Schuld — Strafe umkehrbar: Ein schlimmes Ereignis wird als Strafe erlebt, der notwendig Schuld vorausgeht. „Was auch den Menschen befallen möge, früher Tod, eine Fehlgeburt, Blindheit, Taubheit, Irrsinn, Siechtum, Mißernte, Unfruchtbarkeit der Felder, Tiere und Menschen, Heuschreckenplage, Dürre, Mißgeschick der Fischer und Jäger, der Spieler oder Liebenden, Niederlage in der Schlacht zumal — alles hatte eine tiefere Bedeutung. Immer war es die Strafe für ein verletztes Tabu"[37]. Dieser Anschauung entsprechend spricht Eliphar zum klagenden, ins Unglück gestürzten und vom Aussatz befallenen Hiob: „Bedenke doch, wer ging je schuldlos zugrunde, und wo sind Redliche zugrunde gegangen" (Hiob 4 / 7). Im übrigen kündigt sich gerade in der Geschichte Hiobs die Überwindung der Identität von Unglück und Strafe und damit eine neue Anschauung von Gott, Mensch und Natur an. Darin liegt unter anderem ihre einzigartige Bedeutung im Alten Testament.

Ohne daß eine Norm festgelegt war, waren Schuld und Strafe gleichsam empirisch in den Wechselfällen des Schicksals erkennbar. Eine normunabhängige Erfahrung existierte anscheinend nicht. Wissen war eng verbunden mit rituellen Normen bei seiner Anwendung, konnte sich in dieser Einkleidung nur schwer entwickeln und hatte traditionellen Charakter. So waren in der Antike die Etrusker für ihre Kunst im Städtebau bekannt. Sie wußten, „nach welchem Ritus . . . die Städte gegründet, die Tempel und Altäre geweiht werden mußten und was die Mauern unverletzlich und die Tore gesetzmäßig machte"[38].

Natürlich hatten die Etrusker schon ein entwickeltes Gesellschaftssystem, das sich von einem primitiven Stammesleben weit unterscheidet. Die Einheit von Magie und Wissen und dessen Bindung an die Tradition war jedoch noch augenscheinlich. Vermutlich ist die Ungeschiedenheit normativer und kognitiver Strukturen Ursache für die wohl jahrzehntausende währende statische, gleichsam ahistorische Entwicklung der Menschheit.

---

35 Karl Engisch, a.a.O., S. 35.
36 Niklas Luhmann, a.a.O., vgl. S. 40 ff.
37 Hans von Hentig: Die Strafe, Bd. I, Berlin — Göttingen — Heidelberg 1954, S. 90.
38 Jacques Heurgon: Die Etrusker, Stuttgart 1971, S. 189.

Die wechselseitige Durchdringung von Norm (als Tabu) und Wissen bewirkt eine ungeheure Vielfalt möglicher Vorschriften bzw. Tabus. Das gesamte Leben war so Gegenstand einer mit seiner kognitiven Erfassung auch gleichzeitig gegebenen normativen Durchdringung, denn alles, was erkannt wurde, war beseelt und vermochte bei falschem Umgang zur Quelle möglichen Unheils werden. So nach Freud: „Es gibt permanente und zeitweilige Tabus. Priester und Häuptlinge sind das erstere, ebenso Tote und alles, was zu ihnen gehört hat. Zeitweilige Tabus schließen sich an gewisse Zustände an, so an die Menstruation und das Kindbett, an den Stand des Kriegers vor und nach der Expedition, an die Tätigkeit des Fischens und Jagens und dergleichen"[39]. Die Bestrafung der Tabuverletzung erwuchs aus ihr selbst, besser gesagt aus dem Bewußtsein davon. „Das verletzte Tabu rächte sich selbst"[40]. Ob die zugrunde liegende Handlung beabsichtigt war oder rein zufällig geschah, war dabei ohne Bedeutung. Extremstes Beispiel für die automatisch eintretende Bestrafung der Tabuverletzung ist der sogenannte Tabutod, der heute noch in primitiven Kulturen beobachtet wird.

Die naturgesetzliche Abfolge von Schuld und Strafe in der archaischen Weltbetrachtung ist auf der Grundlage strukturierter Kausalbeziehungen mit nachweisbaren, eventuell wiederholbaren und auch quantifizierbaren Ursache-Wirkung-Relationen schlecht vorstellbar. Die archaisch gedeutete Geschehensabfolge bedurfte mit anderen Worten eines weniger rigiden Erklärungsprinzips, das mehr Spielraum für variable Vorgänge und Projektionen ließ. Das Erleben von Wirkzusammenhängen entstand daher nicht einseitig aus der Erfassung kausaler Bezüge, sondern nach Freud durch die Assoziation von Vorstellungen. Diese ergibt sich aus der bloßen räumlich-zeitlichen Berührung (Kontiguität) äußerer Ereignisse oder nach dem Prinzip der Ähnlichkeit. Dabei sind Vorstellungen nicht wie in unserem heutigen Bewußtsein von der Außenwelt relativ unabhängig. Ebenso wie Beobachtetes zur Vorstellung wird, können Vorstellungen verdinglicht werden. Daher bezeichnet Sigmund Freud die archaische Assoziation als „Berührung". „Kontiguitätsassoziation ist Berührung im direkten, Ähnlichkeitsassoziation im übertragenen Sinne. Eine von uns (Heutigen?) noch nicht erfaßte Identität im psychischen Vorgang wird wohl durch den Gebrauch des nämlichen Wortes verbürgt"[41].

Kraft und Bedeutung des Prinzips Berührung wird am sprechendsten deutlich in der ebenfalls von Sigmund Freud wiedergegebenen Geschichte des Maori-Häuptlings, der kein Feuer anfachen darf: „Ein Maori-Häuptling wird kein Feuer mit seinem Hauch anfachen, denn sein geheiligter Atem würde seine Kraft dem Feuer mitteilen, dieses dem Topf, der Topf der Speise, die in ihm gekocht wird, die Speise der Person, die von ihr ißt, und so müßte die Person sterben, die gegessen von der Speise, die gekocht in dem Topf, der gestanden im Feuer, das geblasen der Häuptling mit seinem heiligen und gefährlichen Hauch"[42]. Die Aneinanderreihung der Dinge ähnelt den Mär-

---

39 S. Freud: Totem und Tabu, a.a.O., S. 313.
40 S. Freud: Totem und Tabu, a.a.O., S. 312.
41 S. Freud: Totem und Tabu, a.a.O., S. 315.
42 S. Freud: Totem und Tabu, a.a.O., S. 320.

chen, die nach dem Schema „Schickt der Hans den Jockel aus" aufgebaut sind und den „Witz" einer zuletzt erstaunlichen Reihe zeigen, so etwa auch im Märchen von der Goldenen Gans, die niemand loslassen kann, der sie berührt.

Erlebte Wirkzusammenhänge vom Typ der Ähnlichkeitsassoziation zeigen folgende Beispiele. „Wenn ein Teil der Bewohner eines Dayakdorfes auf Wildschweinjagd ausgezogen ist, so dürfen die Zurückgebliebenen unterdessen weder Öl noch Wasser mit ihren Händen berühren, sonst würden die Jäger weiche Finger bekommen und die Beute aus ihren Händen schlüpfen lassen. Oder wenn ein Gilyakjäger im Walde dem Wilde nachstellt, so ist es seinen Kindern zuhause verboten, Zeichnungen auf Holz oder im Sand zu machen. Die Pfade im dichten Wald könnten sonst so verschlungen werden wie die Linien der Zeichnung, so daß der Jäger den Weg nach Hause nicht fände"[43].

Man ist geneigt, die archaische Erlebnisweise als magisch oder im heutigen Sinne als Aberglaube zu bezeichnen. Wenn diese Denk- und Fühlweise jedoch das gesamte Leben durchgestaltet und es keinen Unterschied zum Profanen gibt, so muß man von einer archaischen Physik der Berührung sprechen. Profanes läßt sich vom magischen Denken nicht trennen wie auch umgekehrt. So waren die Etrusker bekannt für ihre technischen Fertigkeiten auf dem Gebiet der Hydraulik und der Bewässerung. Dieses technisch-physikalische Können war jedoch Bestandteil des Priesterwissens. „Die Lehren der Haruspices (der etruskischen Seher), in denen sich die technischen Probleme der etruskischen Ingenieure spiegeln, schrieben für die Ableitung des Wassers besondere Zeremonien vor. Als man bei der Belagerung Vejs dem Canullus meldete, der Alba-See sei über die Ufer getreten, ein bis dahin noch nie gesehenes Vorzeichen, wußte ein etruskischer Seher sofort Rat und beschrieb mühelos, quae sollemnis derivatio esset, wie die rituelle Ableitung vor sich zu gehen habe. Die etruskische Hydraulik war (nämlich) mit den ältesten religiösen Traditionen verwachsen"[44].

Die Feststellung von Schuld und Strafe war nach allem in eine Erkenntnismethode nach dem Prinzip der Vorstellungsassoziation und nicht nach dem der Kausalität integriert. Denken war unglaublich frei und ungebunden. Für die Erklärung von Ereignissen war weder ein räumlich noch zeitlich objektiver Nachweis der Verknüpfung von Ursache und Wirkung erforderlich. Prophetie war damit, wenn auch offensichtlich schwierig, eine als sicher betrachtete seelisch-intellektuelle Funktion.

Das Beweismittel des Gottesurteils, das noch bis in die Neuzeit praktiziert wurde, charakterisiert die Schulderfassung dem methodischen Vorgehen nach als nichts anderes denn als Prophetie in die Vergangenheit. So begann die Leiche des Ermordeten nach allgemeiner Anschauung zu bluten, wenn der Mörder an die Bahre trat (Bahrprobe). Eine ins Wasser geworfene Frau, die eine Hexe war, konnte nicht untergehen, weil das reine Element des Wassers sie nicht annahm[45]. Die assoziative Erkenntnisweise war natürlich

---

43 S. Freud: Totem und Tabu, a.a.O., S. 369.
44 Jacques Heurgon, a.a.O., S. 149.
45 Hans von Hentig, a.a.O., Bd. I, vgl. S. 95.

sehr unzuverlässig; Mißerfolge waren erklärungsbedürftig. Der Nachweis des Irrtums hätte die Anerkennung der Kausalität und die Aufgabe der Macht des magischen Denkens bedeutet. Die Erklärung des Mißerfolgs geschah daher auf normativem Weg: Eine Jagd war erfolglos, weil bestimmte Riten nicht genau eingehalten wurden. Das ist nur eine Ursache, weshalb normative und kognitive Daseinsbetrachtung nicht getrennt voneinander auftraten.

Die Auswirkungen des Prinzips der assoziativen Berührung von Vorstellungen zur Erklärung von Zusammenhängen zeigten sich am deutlichsten bei der Lokalisierung von Schuldursachen, bei der Frage, wer für ein inkriminiertes Ereignis als Täter angesehen werden kann bzw. wer bestraft werden muß. Da die Suche nach Schuld dem freien Lauf der Vorstellungen folgt, und die Natur als durchaus beseelt (also auch handlungs- und schuldfähig) erscheint, ist Schuld überall vorfindbar. Sie wird mehr geträumt als gedacht. So erscheint auch das Gottesurteil als ein gestellter Traum. Schuld ist weder geschieden von Ursachen mechanischer Art noch ist sie an unmittelbare Täterschaft, noch an Absicht oder Fahrlässigkeit gebunden.

Plato schreibt in seinem Werk „Der Staat": „Wenn ein lebloser Gegenstand einem Menschen das Leben raubt — von einem Blitz oder Göttergeschoß abgesehen —, so soll der nächste Verwandte den nächsten Nachbarn zum Richter bestellen und damit sich und die ganze Familie von Schuld befreien. Dann soll das schuldige Objekt über die Grenze geworfen werden"[46]. Plato war kein Sonderling seiner Zeit, er drückt mit anderen Worten die Auffassung seiner Zeitgenossen aus, ein totes Objekt, beispielsweise ein herabstürzender Fels, könne Schuld haben. Wenn eine tote Sache schuldig sein kann, dann um so eher Tiere. Im Mittelalter fanden Prozesse gegen bissige Schweine, ausschlagende Pferde und auch gegen die Vorräte fressenden Ratten statt. Insbesondere gaben die Untaten der damals noch halbwilden Hausschweine Anlaß zu strafrechtlichem Einschreiten:

„Hilflose Kleinkinder waren von ihrer Freßsucht bedroht. Erschwerend heben Urteile hervor, daß die Untat an einem fleischlosen Tag geschah. Noch sind Henkersrechnungen vorhanden, die die korrekte Prozedur beleuchten. Da sind die Kosten der Untersuchungshaft, des Scharfrichters, des Wagens, der das Tier zum Galgen brachte, der Stricke und der Handschuhe für den Henker. . . . Neben dem Hängen finden sich Lebendigbegraben und andere Strafarten. Verbrennen des Tieres ist selten, aber schon seit biblischen Zeiten sah man Schweine als Vehikel an, in die sich obdachlose Dämonen stürzten, um mit ihnen den Tod zu suchen. Daneben hören wir von einem schottischen Gesetz, das nach biblischem Vorbild Steinigung vorsah. „If a sowe eate her pigges, let hyr be stoned to death an buried that no man eate of hyr flesh"[47].

Tierprozesse zeigen gut das Zusammenwirken von archaischen Vorstellungen der Schuld und rationalem, juristischem Vorgehen. Von heute aus gesehen scheint es sich um Kuriosa, um Auswüchse der Rechtskultur zu handeln. Das war sicher nicht der Fall. Tierprozesse sind integrierter Bestandteil ursprünglicher Rechtsauffassung. Sie sind zeitlich späte Ausläufer der archaischen

---

46 Plato nach H. v. Hentig, a.a.O., Bd. I, S. 71 f.
47 Hans von Hentig, a.a.O., Bd. I, S. 59.

Weltbetrachtung, für die Schuld ubiquitär, überall vorfindbar ist. Strafe zu verhängen heißt ein Naturgesetz wahrnehmen, dessen Mißachtung sonst weiteres Übel mit sich bringen würde. Der Tierprozeß ist insofern ein wichtiges Diagnostikum für die Entwicklung zum heutigen Bewußtsein von Schuld. Vor allen Dingen ist die zeitliche Nähe zu diesem Rechtsinstitut im Verhältnis zur vorausgehenden jahrzehntausendealten Rechtsentwicklung bemerkenswert. Mit anderen Worten: Wenn Tierprozesse nach von Hentig erst zwei Jahrhunderte zurückliegen[48], wie primitiv sind wir dann heute noch!

Denken und Fühlen in derartigen rechtlichen Vorstellungen liegen für jeden einzelnen allenfalls so weit zurück wie seine frühe Kindheit. Das Kleinkind, das sich am Herd verbrennt oder vom Stuhle fällt — die Verletzung durch ein Tier ist heute seltener — sieht erleichtert, vielleicht auch unter Tränen lachend den „schuldigen" Gegenstand von der Mutter bestraft, wenn diese den Herd beschimpft oder den Stuhl mit der Hand „schlägt". Zwischen Platos und der mütterlichen Sachjustiz scheint einige Ähnlichkeit zu bestehen. Vielleicht nahm der griechische Philosoph bei seinen Zeitgenossen eine ähnliche Stellung wie die Mutter ein, die nach der Erlebnisweise ihres Kindes handelt. Jedenfalls erscheint bei der Betrachtung des Themas „Schuld" weder die allgemeine menschliche Geschichte noch die der eigenen Kindheit unwichtig.

In den gebrachten Beispielen stehen Tiere und Sachen als Schuldige noch in unmittelbarem Zusammenhang mit dem bösen Ereignis. Schuld braucht, wie angedeutet, nach urtümlichen Vorstellungen jedoch nicht unmittelbar mit einer Untat in Verbindung zu stehen. Sie vermag sich über Zwischenglieder zu verbreiten. Die Strafe trifft entsprechend der Logik der Berührung nicht nur den Täter, sondern auch weitere Personen, Tiere und Sachen, mit denen eine Beziehung besteht. Prominentestes Beispiel dafür ist der Sündenfall in der Bibel. Gott verurteilte Adam und Eva und ihre Nachkommen sowie die Schlange (übrigens auch ein Tierprozeß!) und ihre Kinder. Das Problem der Erbsünde wird heute noch ernsthaft diskutiert — als mythologisch dargestellte, verschlüsselte Wahrheit vom Menschen, wie ich meine zu Recht.

Zur Zeit der Entstehung des Mythos von der Erbschuld wurde sie jedoch sicher nicht als mystisches Glaubensgeheimnis angesehen — sie war Ausdruck geltender Rechtspraxis und der Beliebigkeit, mit der Schuld sich in der Folge eines Ereignisses ausbreiten konnte. Das Alte Testament, in dem der Gedanke der Kollektivschuld offenbar in Blüte stand, zeigt zahlreiche augenfällige Beispiele. Die moralischen, gottgefälligen Eroberungen der Israeliter führten häufig zu ausgiebigen Massakern, die als Vollstreckung eines göttlichen Urteils, des Bannes, galten. So bei der Eroberung Jerichos: „Sie vollstreckten an allem, was zur Stadt gehörte, den Bann, an Mann und Weib, an Kind und Greis, an Ochsen, Schafen und Eseln, mit des Schwertes Schärfe . . . Die Stadt aber und alles, was sich in ihr befand, steckten sie in Brand; nur das Silber und Gold und die Geräte von Erz und Eisen brachte man in den

---

48 Hans von Hentig, a.a.O., Bd. I, vgl. S. 58.

Schatz des Hauses des Herrn"[49]. Acham, ein Israeliter, der von diesem Banngut des Herrn stahl, wurde gesteinigt, „seine Söhne und Töchter, Rinder, Esel und Schafe, sein Zelt und alles, was ihm gehörte"[50], wurden verbrannt und mit Steinen beworfen.

Wenngleich Schuld im archaischen Sinn Ursprung der heutigen strafrechtlichen Schuldauffassung ist, so stellt sie doch nicht das nach Person und Tat umgrenzte Phänomen dar. Archaische Schuld war einer Infektion vergleichbar, die sich auf alle erstreckte, die direkt oder indirekt mit einem inkriminierten Ereignis in Beziehung traten, sei es der Täter, ein als Ursache angesehener Gegenstand, sei es das Opfer eines Blitzschlags, der als Gottesurteil betrachtet wurde. Für den Familienvater hafteten Frau, Vieh und Eigentum, für den König Stadt und Untertanen. Von Hentig spricht insofern zu Recht von einem Schuldmiasma, dem Dunst der Schuld, der alles im Umkreis einer schlimmen Tat oder eines unglücklichen Ereignisses durchdrang[51].

Die archaische Weltauffassung, d. h. die Vorstellung der Allbeseeltheit, die Identität von kognitiver und normativer Erfassung sowie das Prinzip der assoziativen Berührung, waren ursprünglich sinnvoll und für eine in weit zerstreuten kleinen Sippen lebende Menschheit seinsnotwendig. Der seiner selbst und seiner Situation allmählich bewußt werdende Mensch brauchte gegenüber einer wilden, fast übermächtigen Natur, angesichts der Erfahrung der eigenen Sterblichkeit das Gefühl gedanklicher Allmacht, das der Beseeltheit aller Dinge, wenn er nicht sich aufgeben und vom existentiellen Grauen überwunden werden wollte. Ein derartiges Selbstgefühl vermittelte aber nur eine emotional und intellektuell ungemein verdichtete Daseinsbetrachtung, wie es die archaische bot. Die strenge Kausalität der Ereignisse, wie wir sie heute gelernt haben zu sehen, die Geschiedenheit von Subjekt und Objekt, von Emotion und Intellekt, die Fremdheit der Außenwelt, die Einsamkeit des Ichs hätten eher einen seelischen Zusammenbruch bewirkt als die Daseinsbewältigung gefördert.

Die archaische Weltauffassung war allem Anschein nach über Jahrzehntausende hinweg für das Überleben der Menschen seinsnotwendig. In den heiligen Massakern des Alten Testament wirkt sich jedoch das Schuldmiasma, in das die Angehörigen einer ganzen Sippe, ja einer Stadt eingetaucht werden, schlechthin verheerend aus. Eine Weltanschauung wird destruktiv und ist zur Dysfunktion geworden. Bei Abfall einer Stadt vom wahren Glauben empfiehlt die Bibel lapidar: „ . . . ; wenn sich die Sache so verhält und derart Abscheuliches in deiner Mitte geschehen ist, schlage die Bewohner jener Stadt mit der Schärfe des Schwertes, weihe sie und alles, was darin ist, sogar das Vieh, dem Banne durch das blinkende Schwert. Alle Beute sollst du auf ihren Freiplatz zusammentragen, dann die Stadt und die gesamte Beute als ein Ganzopfer für den Herrn, deinen Gott, verbrennen. Sie sei auf die Dauer ein Ruinenhügel" usw.[52]

---

49 Die Bibel, Altes Testament, Buch Josua, 6/21 und 6/24.
50 Die Bibel, Altes Testament, Buch Josua, 7/24 ff.
51 Hans von Hentig, a.a.O., Bd. I, vgl. S. 3.
52 Die Bibel, Altes Testament, Buch Deuteronomium, 13/15 ff.

Die Massenhinrichtung wegen eines Gottes oder einer Heilslehre hat bis heute noch nichts an Verbreitung und in gewissem Sinne auch wenig an Popularität verloren. Der Krieg ist ein säkularisiertes Ganzopfer, eine wechselseitig geübte Spielart des Genocids. Bezeichnenderweise sterben die Gefallenen den Opfertod. In Saturnalien der Gewalt — in denen Töten grundsätzlich straffrei ist — werden Menschen umgebracht, gemartert, verjagt, gefangen gesetzt, Häuser und Städte zerstört, Felder und Landschaft verwüstet, im Extrem ganze Kulturen vernichtet. Das alles ohne im einzelnen erforderlichen Nachweis eines kausalen Zusammenhangs mit der Konfliktursache oder auch nur dem Ziel der Auseinandersetzung. Die Überlegung, warum bislang Fremde getötet werden sollen, ist störend — „Wehrkraftzersetzung". Die Vorstellung „Krieg" und „Feind" ist letztlich alles, was die kriegerische Handlung motivieren soll und darf.

Vergleichbar dem Bild übereinanderliegender geologischer Formationen ist die archaische Mentalität eine tiefere Schicht unserer Seele, von historisch jüngeren überlagert und diese tragend. An manchen Stellen, d. h. in manchen Bereichen des Erlebens und Verhaltens tritt das historisch Ältere, ähnlich einer geologischen Verwerfung, noch heute zutage, oder es erscheint in plötzlichen Eruptionen neu. „Wir sehen", schreibt Hans von Hentig, „wie diese Archaismen in tieferen Partien unseres Gehirns weiterleben und, wenn ihre Zeit gekommen ist, des vermeintlichen Fortschritts spotten"[53].

Zusammenfassend gesehen besteht der Grundzug dieses archaischen Fühlens, Denkens und Handelns darin, daß der Mensch Teil eines in anthropomorpher Weise erlebten Naturgeschehens ist. Ein derartiger psychischer Zustand ist nicht nur schwer zu verstehen; er führt auch an die Grenze unseres sprachlichen Ausdrucksvermögens. Unser heutiges Denken ist nämlich durch die Geschiedenheit von Subjekt und Objekt bestimmt, die dem „Prinzip der magischen Identität", nach Werner Grundlage des Anthropomorphismus, entgegenläuft. Der Anthropomorphismus „stellt sich in seiner urtümlichen Form . . . als eine magisch bedingte ‚Naturalisierung' der Person dar. Der Mensch verwandelt sich zur Bewältigung der Natur gewissermaßen in den Naturvorgang selbst . . . Er symbolisiert die Natur nicht, sondern ‚ist' sie kraft der Einheit von Wesen und äußerer Darstellung"[54]. Schuld und Strafe sind unlösbar in dieses Welterleben integriert. Daraus ergibt sich, daß sie, in welchen Sachverhalten und Zusammenhängen auch immer, als zwingend erlebt werden, mit ähnlicher Evidenz und ähnlich überzeugend wie eine schlüssige Gedankenführung, jedoch ohne deren Kausalität.

Die Voraussetzungen für die Zurechnung von Schuld waren weder an Täterschaft noch an die menschliche Person gebunden. Schuld war mithin nicht wie die heutige strafrechtliche Schuld durch die festgestellte Handlungskausalität begrenzt; sie war aber in ähnlicher Weise unabhängig von einer bestimmten seelischen Verfassung des Beschuldigten: Schuld war insofern potentiell inhaltsleeres Symbol wie sie heute im Strafrecht eine begriffliche Leerformel ist.

---

53 Hans von Hentig, a.a.O., Bd. I, S. 1.
54 Heinz Werner: Einführung in die Entwicklungspsychologie, Leipzig 1933, S. 339.

Die heutige strafrechtliche Schuldtheorie fixiert in Begriffen uralte archaische Tradition: Die magische Allmacht der Zurechnung von Schuld und ihre daraus „evidente" Umsetzung in Strafe. Schuldtheorie, Strafbegründungsschuld und Strafzumessungsschuld mit kausalen Kriterien zu überprüfen ist daher eigentlich unangemessen und muß notwendig zu Widersprüchen, zu einer Ungleichung führen. Schuldstrafrecht ist nämlich im Kern irrational und kann nicht ohne ‚Rest' an rationalen Kriterien gemessen werden.

Seiner Eigenart nach in keiner Weise überraschend, jedoch im Hinblick auf die heutige Schuldtheorie bemerkenswert ist für die archaische Schuldauffassung die Frage der Willensfreiheit völlig gleichgültig. Homo sapiens kannte wohl viele Tausende von Jahren Schuld, aber nicht den Begriff oder etwas Vergleichbares für Willensfreiheit. Hiermit kommen wir – um im geologischen Vergleich zu bleiben – zu der relativ dünnen obersten Schicht, die jene des archaischen Denkens überdeckt und u. a. die Entwicklung zur heutigen Rechtskultur ausmacht.

1.2.2 Die Verlegung des Strafgrundes nach innen

Im Unterschied zum heute verbreiteten Erlebnisstil sind in dem des früheren Menschen Denken und Fühlen, Norm und Wissen, Beseeltes und Unbeseeltes, Selbst und Nichtselbst in weitaus höherem Grade ungeschieden. Freud bezeichnet daher, und zwar wegen der grundlegend bedeutsamen Allbeseelung der Welt, den Animismus als ein Denksystem, das nicht nur Erklärung einzelner Phänomene gibt, sondern es gestattet, „das Ganze der Welt als einen einzigen Zusammenhang, aus einem Punkt zu begreifen"[55]. In einer so gesehenen Welt leben wir nicht mehr. Auf dem Weg zur Gegenwart erfolgte eine große Trennung des in der archaischen Vergangenheit noch Vereinten. Bis diese Bewegung große Verbreitung fand, vergingen sicher Jahrtausende, noch heute kennen wir einige verschwindende Reservate, in denen das Urtümliche weiterlebt.

Karl Jaspers sieht in der von ihm als Achsenzeit bezeichneten Periode zwischen 800 bis 200 v. Chr. die weltgeschichtlich bedeutsame Phase, in der das bisherige mythische Zeitalter in seiner Ruhe und Selbstverständlichkeit zu Ende ging und der Mensch heutiger Prägung entstand. Die strenge Abgrenzung der Achsenzeit zum vorausgehenden mythischen Zeitalter der frühen Hochkulturen in Ägypten und Asien begründet Jaspers mit deren historischen Statik „nach außerordentlichen Anfangserfolgen" (Schrift, Organisation). „Die Erzählung der Geschichte dieser Jahrtausende ist daher zwar voll von Ereignissen, die aber durchwegs noch nicht den Charakter von geschichtlichen Entscheidungen tragen"[56]. Wenn man etwa an den historischen Beitrag der mesopotamischen Kulturen für die Entwicklung von Mathematik und Astronomie, an die Individualethik der Ägypter denkt, an die mono-

---

[55] S. Freud: Totem und Tabu, a.a.O., S. 366.
[56] Karl Jaspers: Vom Ursprung und Ziel der Geschichte, Frankfurt a. M. / Hamburg 1955, S. 57 f.

theistische Epoche unter Echnaton, dann fällt die wohl in Entdeckerfreude herausgestellte Betonung des Neuen in der Achsenzeit zu kraß aus.

Zumindest jedoch führt die Achsenzeit ältere Einzelentwicklungen fort, bildet Neues in ungemeiner Dichte und wird so zum „Ferment, das die Menschheit in den einen Zusammenhang der Weltgeschichte bringt"[57]. „In dieser Zeit", so Jaspers, „drängte sich Außerordentliches zusammen. In China lebten Konfuzius und Laotse, entstanden alle Richtungen der chinesischen Philosophie, dachten Mo Ti, Tschuang-Tse, Lie-Tse und ungezählte andere — in Indien entstanden die Upanischaden, lebte Buddha, wurden alle philosophischen Möglichkeiten bis zur Sophistik und zum Nihilismus, wie in China, entwickelt, — im Iran lehrte Zarathustra das fordernde Weltbild des Kampfes zwischen Gut und Böse — in Palästina traten die Propheten auf von Elias über Jesaias und Jeremias bis zu Deuterojesaias, — Griechenland sah Homer, die Philosophen — Parmenides, Heraklit, Plato — und die Tragiker, Thukydides und Archimedes. Alles was durch solche Namen nur angedeutet ist, erwuchs in diesen wenigen Jahrhunderten annähernd gleichzeitig in China, Indien und dem Abendland, ohne daß sie gegenseitig voneinander wußten.

Das Neue dieses Zeitalters ist in allen drei Welten, daß der Mensch sich des Seins im Ganzen, seiner selbst und seiner Grenzen bewußt wird. Er erfährt die Furchtbarkeit der Welt und die eigene Ohnmacht"[58]. Die Jaspersche Umschreibung der Achsenzeit trifft das, was sich bei Analyse der vorausgehenden archaischen Zeit als wesentliche Differenz zum heutigen Menschen und auch zur abendländischen Rechtskultur herausstellt. Die Feststellung von Grenzen zwischen Mensch und Welt ist nämlich jene große Trennung, jene Aufgliederung der Allbeseelung des Animismus, die die historische Distanz zwischen dem frühen Menschen und uns Heutigen im wesentlichen ausmacht. Das Bild von der Achsenzeit ist daher — ohne sie in all ihren Einzelheiten bestätigen zu wollen — eigentlich *das* Zwischenglied für unsere Überlegungen.

Den zentralen Gewinn der Achsenzeit sieht Jaspers in der Reflexion der Einzelnen. „Bewußtheit macht noch einmal das Bewußtsein bewußt, das Denken richtet sich auf das Denken"[59]. Die Achsenzeit als eine Zeit der Philosophen gab damit das Thema, das seither in zunehmend weiterer Verbreitung bestimmend sein sollte. Sie war ursprünglich wohl keine Massenbewegung wie etwa die europäische Reformation. „Die alte mythische Welt sank langsam ab, blieb aber der Hintergrund des Ganzen durch den faktischen Glauben der Volksmassen (und konnte in der Folge in weiten Gebieten wieder zum Siege gelangen)"[60].

In Kategorien der Achsenzeit gedacht, brachte die als historisches Erbe für uns heute noch moderne Philosophie des alten Griechenlands folgende geistige Wende:

---

57 Karl Jaspers, a.a.O., S. 58.
58 Karl Jaspers, a.a.O., S. 14 f.
59 Karl Jaspers, a.a.O., S. 14.
60 Karl Jaspers, a.a.O., S. 15.

1. Die durch anthropomorphe Betrachtung, durch psychische Projektion bedingte Ungeschiedenheit von Welt- und Selbstbetrachtung „zerbrach" unter dem Einfluß individueller Reflexion. Die Gewißheit der Mythen nahm ab. Es ergab sich für die Sicht des Menschen:

1.1 eine vergegenständlichte Welt, erklärt aus einem oder wenigen Prinzipien, aus Gott,

1.2 ein Selbstbild des Menschen als von ihm eigenen Gefühlen, Wünschen, Gedanken und Trieben bestimmt, in die er eingeschlossen ist und geschieden von der Welt. Wenn Protagoras feststellte, der Mensch sei das Maß aller Dinge, dann war er es nicht mehr oder weit weniger als vorher.

2. Die durch Gott und die eigene Person „entseelte" Welt wurde damit für eine amythische, kausale Betrachtung frei.

Die griechischen Philosophen leisteten diese Entwicklung mit ihren gesamten Werken, wobei sie unterschiedliche Schwerpunkte herausstellten oder auch in großartiger Vereinseitigung das Dasein ausschließlich materialistisch bzw. spirituell erklärten. Bei allen fällt die Reduktion auf eines oder nur wenige ursächliche Prinzipien auf, die Kausalität notwendig macht und die — vielleicht bemerkenswertestes Indiz für eine neue Zeit — erstmals Enthusiasmus des Denkens erkennen läßt. Die griechische Philosophie brachte für das Abendland in einem zeitlichen Sprung die Entdeckung der Kausalität. Was hier historisch sich ereignete, ist vielleicht gar nicht so verwunderlich, wenn man daran denkt, wie auch der individuelle Denkvorgang mit der Entdeckung neuer Strukturen oder Erklärungsmodelle dialektisch, d. h. in Sprüngen vor sich geht. Die Achsenzeit war für die Menschheit ein Aha-Erlebnis und daher „plötzlich".

Das „Abenteuer" der amythischen Seinserklärung zeigt sich schon in den frühen Naturphilosophen, die individuell spekulierend das Dasein aus Urstoffen: Wasser, Luft, Erde erklären oder sich wie Heraklit und Parmenides auf die Bestimmung von Qualitäten des Seins beschränken: Das panta rhei des Heraklit und das unbewegte Sein des Parmenides. So allegorisch bildhaft etwa die Auffassung des Wassers als Urstoff des Seins ist — es ist nicht mehr Mythos im Sinne des in eine Urzeit verlegten Ereignisses, das kollektiv geglaubt wird, es ist nicht mehr undatierte Offenbarung, sondern individuelle Reflexion. Allegorie, die in Spielarten bei anderen Philosophen wiederkehrt. Ähnlich zeigen Heraklit und Parmenides — individuell unterschiedlich — die Modifikation eines Themas. Damit wird Wirklichkeit wohl nicht zum ersten Male, aber sicher erstmals in historisch folgenschwerer Weise in ein kausales Erklärungsmodell „festgebunden". Es tut nichts zur Sache, daß die Ontologien der Naturphilosophen ungenau und am heutigen Wissen gemessen falsch waren. Der Irrtum ist hier der erste Schritt zur Wahrheit der kausalen Erklärung.

Die Vollendung der griechischen Philosophie, ihre systematische Zusammenfassung — Windelband nennt sie die „wertvollste Entfaltung des antiken Denkens" — erfolgte durch das geniale Werk dreier großer Philosophen: Demokrit, Plato und Aristoteles. Sie schufen „in der kurzen Zeit von kaum zwei Generationen die typischen Grundzüge von drei verschiedenen Weltanschauungen"[61]. Diese bildeten den Vorentwurf der wesentlichen Denkpositionen, die die ideologische Entwicklung bis heute, d. h. über einen Zeitraum von mehr als 2000 Jahren, bestimmen. Sie liefern mithin auch den weltanschaulichen Rahmen, innerhalb dessen sich strafrechtliches Denken und insbesondere der Schuldgedanke entwickeln sollte.

Aristoteles, Plato und Demokrit haben in konsequenter Weise polare, wobei wir die Vorstellung lediglich zweidimensional möglicher Pole verlassen müssen, Standpunkte der Welterklärung bezogen und von ihnen aus je eigene, sehr geschlossene Systeme entwickelt: Plato und Demokrit erklärten das Sein bzw. die Realität als in kausaler Weise determiniert, bei ersterem spirituell: die Welt als Erscheinung der (vergangenen) Ideenwelt, bei letzterem materiell: die Welt als Produkt materieller Vorgänge, letztlich kleiner Einheiten, der unteilbaren Atome. Wenn man Aristoteles die Rolle eines die griechischen philosophischen Schulen zusammenfassenden Denkers gibt, so übersieht man sicher das grundlegend Neue seines Gedankensystems: es war die Vorstellung eines final wirksamen Prinzips. Demokrit und gleichermaßen Plato gingen von einer unbedingten Abhängigkeit der realen Erscheinungen aus; Demokrit in Form einer weltimmanenten Kausalität, Plato in der einer transzendentalen Bedingtheit. In beider System hat der individuelle Schuldgedanke keinen Raum. Bei Demokrit löst er sich auf in Kausalität, bei Plato in eine vorherbestimmte Seinsschuld. „Plato dehnt das unsterbliche Dasein der Seele über die beiden Grenzen des irdischen Daseins gleichmäßig aus. In der Präexistenz ist die Schuld zu suchen, um deretwillen die Seele in die Sinnenwelt verstrickt ist"[62].

Während Platos und Demokrits Determinismus eine den menschlichen Wünschen, Hoffnungen und Zielen eigentlich fremde Welt schuf, so war das aristotelische Erklärungssystem trotz größerer Sprödigkeit und Systematik mehr am Menschen, d. h. anthropologisch orientiert — auch im Vergleich zu der Traumwirklichkeit der platonischen Welt. Kausalität war mehrdimensional, das Sein gründete im Materiellen, in der Form, der Wirkursache und (!) dem Ziel[63]. „Der Schwerpunkt der aristotelischen Philosophie" liegt nach Windelband „in dem neuen Begriff des Geschehens als der Verwirklichung des Wesens in der Erscheinung", und er schreibt weiter: „Während die frühere Metaphysik als das typische Grundverhältnis des Geschehens den mechanischen Vorgang von Druck und Stoß angesehen hatte, betrachtete Aristoteles als solches die Entwicklung von Organismen und die bildende Tätigkeit des Menschen. Aus diesen beiden Gebieten entnahm er seine Beispiele, wo er den metaphysischen Charakter des Geschehens erläutern wollte"[64].

Während die Gedanken Platos und Aristoteles die nachfolgenden Jahrtausende weltanschaulich in entscheidender Weise mitprägten, ist Demokrit in einzigartiger Weise Prototyp eines unzeitgemäßen Denkers. „Die rein

---

61 Wilhelm Windelband: Lehrbuch der Geschichte der Philosophie, Tübingen 1957, S. 84.
62 Wilhelm Windelband, a.a.O., S. 120.
63 Hans Joachim Störig: Kleine Weltgeschichte der Philosophie, Frankfurt a. M. 1976, vgl. S. 183.
64 Wilhelm Windelband, a.a.O., S. 120.

theoretische Auffassung der Wissenschaft, welche bei Demokrit vorwaltet, behagte dem Zeitalter nicht: seine Schule verschwindet nach ihm schnell"[65]. Demokrit mußte auf lange Zeit wirkungslos bleiben, nicht nur aus dem geringen „Behagen", das seine Lehre fand, sondern weil es den — auch nach der Achsenzeit — noch sehr wirkmächtigen mythischen und religiösen Bedürfnissen, insbesondere des christlichen Offenbarungsglaubens, in keiner Weise entsprach. Im selektiven Prozeß der historischen Tradition wurde Demokrit über Jahrtausende vernachlässigt. Der teilweise Verlust seines ähnlich umfassenden Werkes wie das des Aristoteles — Demokrit konnte in den angeblich 110 Jahren seines Lebens sehr viel schreiben — kommt nicht von ungefähr: Er drückt das geringe Interesse seiner unmittelbaren Nachfolger aus. Bei Plato und Aristoteles war es anders. Ihre Auffassungen waren unmittelbar zukunftsträchtig; sie werden fruchtbar für Philosophie und Ideologie der nachfolgenden Jahrtausende bis in die Neuzeit. Ihre Auffassung von Schuld bestimmte im Wechsel das strafrechtliche Denken bis heute.

Zunächst Aristoteles: Seine differenzierte, am biologisch-anthropologischen Geschehen orientierte Erklärung von Wirkzusammenhängen führte ihn zu einer rational begründeten, individuellen Schuldtheorie. Er entwickelte damit gleichzeitig das fast vollständige juristische Begriffsarsenal von Zwang, Freiwilligkeit, Verbotsirrtum, ja Lebensführungsschuld, wie sie heute noch praktische Gültigkeit haben oder zumindest diskutiert werden. Aristoteles ist in dieser Hinsicht aktuell einschließlich seiner Denkfehler: „Also", so schreibt er, „ist die Tugend in unsere Hand gegeben, wie auch das Laster, da sie im Bereich dessen liegen, was zu tun und zu lassen an uns liegt. . . selig ist gewiß niemand gegen seinen Willen, aber die Schlechtigkeit ist etwas Freiwilliges. Oder man müßte alles soeben Vorgebrachte bestreiten, müßte leugnen, daß der Mensch schöpferischer Ursprung von Handlungen sei, wie ein Zimmermann. Ist dies aber so und haben wir außer den Quellen in uns keine anderen, auf die wir sie zurückführen könnten, dann ist das, wessen Quelle in uns liegt, auch selbst uns anheimgegeben"[66].

Der freie Wille bei Aristoteles ist Kind einer komplexen Logik, Produkt der Teleologie, mit dem die Fehlerhaftigkeit der allwaltenden Vernunft erklärt wird. Wenn Gott und der Weg des Seins vernünftig und gut sind, dann steckt der Teufel im Detail, im schlechten Zimmermann. Aristoteles vermochte zwar Sinnloses, Schlechtes zu denken, aber dieses nicht als Teil einer allgemeinen Sinnlosigkeit. Der individuelle freie Wille zum Bösen rettet sein Universum, eine höchst sublime Sündenbockrolle des devianten Zeitgenossen.

Bemerkenswerter Weise ist mit Aristoteles die Entwicklung der Grundzüge bedeutsamen strafrechtlichen Denkens zu Ende. Die begrifflichen Ziselierungen, die die Anschauung vom freien Willen noch erfahren hat, sind praktisch nie sonderlich bedeutsam. Wo sie an einer Stelle eine Verbesserung darstellen, dann an anderer das Gegenteil. Die Summe der grundsätzlichen Fehler dürfte sich gleichbleiben. Der technokratische Moralbegriff eines

---

65 Wilhelm Windelband, a.a.O., S. 45.
66 Aristoteles: Nikomachische Ethik, Hrsg. Ferdinand Schöningh, Paderborn 1956, Buch III, Kap. 7, S. 75 f.

Aristoteles geistert noch heute durch die Sitzungssäle und läßt den Angeklagten ungenügende Gewissensanspannung vorwerfen wie dem Zimmermann ein schiefes Dachgebälk, und er führt vor allem zu irrwitzigen Reparaturleistungen.

Nach Aristoteles werden Variationen des Themas vom freien Willen geboten. Eine der interessantesten ist die Kantsche Rettungsaktion der Willensfreiheit vor den Naturwissenschaften. Kant bezeichnet den freien Willen in schöner semantischer Verfremdung als „Postulat" der praktischen Vernunft, und er will dieses – hier beginnt der sublime Selbstbetrug des ehrlichsten Denkers –, er will dieses Postulat in der Art einer existenten Ursache betrachtet wissen, einer absolut zwingenden Ursache, die im Falle der Auflösung einer Gesellschaft den letzten „im Gefängnis befindlichen Mörder" noch umbringen heißt. Die Überlegung liegt nahe, daß die Wurzel dieser unerbittlichen Kantschen Schuldethik nicht der dem Philosophen eigenen Rationalität entstammt. Psychoanalytisch gesehen rührt sie aus einem dem Sadismus der anempfohlenen Hinrichtung verwandten ähnlich tiefem wie diffus überwältigendem Gefühlsgrund.

Gerade eine bekannte, häufig zitierte Schlüsselstelle Kantscher Philosophie spricht dafür, daß es sich bei diesem Gefühlsgrund um ein jenseits aller Rationalität bestehendes existentielles Grauen handelt: „Zwei Dinge", so Kant, „erfüllt das Gemüt mit immer neuer und zunehmender Bewunderung und Ehrfurcht, je öfter und anhaltender sich das Nachdenken damit beschäftigt: der bestirnte Himmel über mir und das moralische Gesetz in mir. . . . Der erstere Anblick einer zahllosen Weltenmenge vernichtet gleichsam meine Wichtigkeit, als eines tierischen Geschöpfs, das die Materie, daraus es ward, dem Planeten (einem bloßen Punkt im Weltall) wieder zurückgeben muß, nachdem es eine kurze Zeit (man weiß nicht wie) mit Lebenskraft versehen gewesen. Der zweite erhebt dagegen meinen Wert, als einer Intelligenz, unendlich durch meine Persönlichkeit, in welcher das moralische Gesetz mir ein von der Tierheit und selbst von der ganzen Sinnenwelt unabhängiges Leben offenbart"[67].

Zitierte Stelle verdeutlicht, wie die Erhebung, besser Überhebung der Persönlichkeit durch ein ihr immanentes moralisches Gesetz einer das personale Selbst vernichtenden Weltschau zugeordnet wird. Die Überwindung existentiellen Grauens durch eine, wie man weiß, rationale Ethik? Das entspricht sicher der gegebenen Vorstellungsverknüpfung, dem von Kant geschaffenen Zusammenhang; wirkt jedoch eigentümlich unstimmig, auf verschiedenen Ebenen liegend: Rationale Ethik gegen Vernichtungsgefühl. Psychoanalytisch erschiene Gefühl gegen Gefühl stimmiger: Von sadistischen Regungen bestimmte strafrechtliche Vorstellungen gegen masochistisch geprägte Weltschau. Die Gegenüberstellung rückt etwas zueinander, was sonst systematisch relativ unverbunden nebeneinander erscheint: Die strafrechtlichen Ideen Kants werden vor dem Hintergrund und aus dem Geist seiner sonstigen Philosophie verständlich.

---

67 Ernst Cassirer (Hrsg.): Immanuel Kants Werke, Berlin 1912, S. 174 f.

„Selbst wenn sich die bürgerliche Gesellschaft mit aller Glieder Einstimmung auflöste", so Kant, „(zum Beispiel das eine Insel bewohnende Volk beschlösse, auseinander zu gehen und sich in alle Welt zu zerstreuen), müßte der letzte im Gefängnis befindliche Mörder hingerichtet werden"[68]. Die Empfehlung zu diesem fliegenden Standgericht im Stile des Nazireichs 1945 geschieht beileibe nicht um seiner selbst willen. Sie gedeiht in der Kälte Kantscher Seinsbetrachtung, ist im Grunde aus einem vergleichbaren Vernichtungsgefühl geboren, wie es der Lustmörder bei der Massakrierung seines Opfers in sadistische Handlung umsetzt. Wahrscheinlich ist dieses Zusammen von existentiellem Grauen und Sadismus eine tiefe Wurzel strafrechtlichen Handelns, die von umfassenderer Bedeutung ist als nur für die Kantsche Philosophie.

Der zeitliche Abstand zwischen Aristoteles und Kant erhellt, wie ungemein langsam und zäh sich der Strom des Denkens durch die Jahrtausende vorwärts schiebt. Genau besehen machte er im Bereich des Rechtsdenkens eine große, gleichsam in die Vergangenheit gewandte Schleife, die bis zur Rezeption des Römischen Strafrechts im 16. Jahrhundert allerhand auflas, aber eigentlich erst dann neu ansetzte, wo die Antike zuletzt stehengeblieben war. Und diese Renaissance dauert noch an, während man von der der bildenden Kunst — von Michelangelo, van Eyck, Dürer u. v. a. — nur noch museale Vorstellungen hat.

Sehen wir uns den Schuldbegriff, den des sogenannten dolus im Römischen Strafrecht an: Wenn auch nicht von Aristoteles unmittelbar übernommen, so stimmt er doch mit dessen Anschauungen derart überein, daß er eine kodifizierte Form aristotelischer Vorstellungen sein könnte. Das Römische Strafrecht kennt die Schuldunfähigkeit der Kinder unter sieben Jahren, kennt die des Geisteskranken, des „furiosus" und wendet auf diese nicht das Strafgesetz an; es kennt sogar eine Entsprechung unserer verminderten Zurechnungsfähigkeit. „Infans vel furiosus, si homines occiderint, leg. Corn. non tenatur"[69]. Es sei denn, „daß der Geisteskranke lichte Zwischenräume hätte, für welche er haften muß"[70]. Dem Affekttäter wird zwar nicht Straffreiheit zugesichert, jedoch geht man von einer leichten Form der Schuld aus, der sogenannten „culpa" und nicht von dem „dolus" der kriminellen Handlung.

„Das criminelle dolus aber begreift nicht sowohl die Handlung und das Merkmal des Täuschens als die das Verbrechen begleitende Gesinnung, den bösen Vorsatz, den bösen Willen, die böse Absicht oder den auf Verletzung des anderen gerichteten Willen. Es kann zwar dolus ohne eine Handlung, in welcher sich der dolus manifestiert, nicht bestraft werden (cogitatio ist nie strafbar), aber die Gesinnung ist das Wichtigere und wird deshalb sogar dann bestraft, wenn die verbrecherische Handlung unvollständig war und noch keinen verletzt hatte (. . .). Im Criminalrecht kommt es . . ., im Gegensatz zum

---

68 Immanuel Kant, nach Fritz Bauer: Das Verbrechen und die Gesellschaft, München / Basel 1957, S. 137.
69 Wenn Kinder oder Geisteskranke töten, so kann das Gesetz nach Cornelius nicht angewandt werden. Wilhelm Rein: Kriminalrecht der Römer, Neudruck der Leipziger Ausgabe von 1844, Aalen 1962, S. 206.
70 Wilhelm Rein, a.a.O., S. 208 f.

(römischen, eigene Anm.) Civilrecht, nicht auf den verletzenden Erfolg der Handlung, sondern auf die verbrecherische Gesinnung an und die Handlung dient mehr dazu, den äußeren juristischen Beweis zu geben, daß jemand dolus gehabt habe. Die Hauptsache ist daher bei dolus der Wille, der bestimmte Vorsatz, einen gewissen nachteiligen Erfolg durch eine Handlung hervorzubringen"[71].

Die Entwicklung des römischen Strafrechts zu Denkformen, die prinzipiell heutigen Methoden der sogenannten Schuldbeurteilung gleichen, lag vor einem über viele Jahrhunderte langem historischen Einbruch, wenn man so will einem Rückfall in die Vergangenheit. Die Akteure der historischen Bewegung hatten gewechselt. Träger der geschichtlichen Entwicklung wurden die aus dem gesellschaftlichen Untergrund aufsteigenden Angehörigen christlichen Glaubens und der Stämme der Völkerwanderung, die episodisch, häufig mehr destruktiv als aufbauend die historische Entwicklung bestimmten und wieder in den Hintergrund traten. In diesen Zeiten des Wechsels, der Erschütterung, des Zerfalls und nur teilweisen Wiederaufbaus staatlicher Gewalt mit erheblichen territorialen Veränderungen war Rechtskultur nicht das Thema der Geschichte.

Es kommt hinzu, daß die Christen des ersten Jahrtausends philosophischen Richtungen anhingen, die sich im Gegensatz zur diesseitigen Theokratie der römischen Kaiser entwickelten. Kern und Ausgang dieser Philosophie ist eine der realen staatlichen Macht weit überlegene, eigentlich reale Gottesmacht und -vorstellung. Je mehr die ersten Christen unterdrückt, gefoltert und umgebracht wurden und sich dadurch den diesseitigen Mächten ausgeliefert sahen, um so unbefragter und überragender wurde ihr jeweiliges Gottesbild.

Anknüpfungspunkt in der griechischen Philosophie konnte damit nicht wie tausend Jahre später der anthropologisch orientierte Aristoteles sein, sondern Plato und die seine Gottesidee noch weit bestimmender ausdrückenden Neuplatoniker. Neben dem Glanz und der Macht der Gottesidee war die Vorstellung einer persönlichen Willensfreiheit mit allen Konsequenzen für den Schuldbegriff nicht zeitgemäß; sie drückte nicht die soziale Situation, die Ohnmacht der Urchristen aus. Pelagius, ein britischer Mönch und Zeitgenosse des Augustinus, der damals die Lehre des persönlichen freien Willens vertrat, wurde als Irrlehrer verdammt. Dagegen fand die Prädestinationslehre des Augustinus verbreitete Anerkennung. Damit schloß sich die christliche Kirche an den transzendentalen Determinismus platonischer Herkunft an.

Der transzendentale Determinismus der frühen christlichen Reiche bestimmte das Rechtsdenken nicht in aktiver Weise. Man muß eher davon ausgehen, daß er den verschiedenen Stammesrechten offen war, Fortsetzung und neue Einbrüche archaischen Rechts tolerierte. So hielt sich das Strandrecht bis weit ins Mittelalter: Schiffbruch galt als Gottesurteil. Was Strandräuber hinzufügten, Versklavung oder Plünderung, war dessen Fortsetzung[72]. Es hielten sich Tierprozesse, es kam zu Hexenprozessen und deren Ausbreitung. Wo das eigentlich Reale in der Transzendenz gesehen wird, bindet die dies-

---

71 Wilhelm Rein, a.a.O., S. 156 ff.
72 Vgl. Hans von Hentig, a.a.O., Bd. I, S. 92.

seitige Erfahrung nicht. Erfahrung von Verbrechen und menschlichen Unglücks hat zur Folge, daß sich sadistische Phantasien des Rechts bemächtigen.

Obwohl nicht allein ausschlaggebend, trug der transzendentale Determinismus des christlichen Abendlandes vor der Neuzeit das Seine zur Brutalisierung des Strafwesens gegen Ende des Mittelalters bei. Gegenüber dem individuellen Schuldbegriff ist seine strafbegrenzende Funktion wohl noch geringer zu bewerten. Das Strafrecht wurde, bedingt durch extreme soziale Spannungen, gegen Ende des Mittelalters bei überwiegender Anwendung der Todesstrafe zum Selektionsmittel. Dieses Strafwesen fungierte „wie eine Art künstliches Erdbeben oder eine Hungersnot", „um diejenigen auszurotten, die in den Augen der oberen Klassen als gesellschaftlich untauglich galten. . . . Das Volk des Spätmittelalters, ohne jegliche Hoffnung auf ein wohlgesonnenes Schicksal, das es aus seinem Elend emporreißen könnte, lebte in einer Atmosphäre von Unterdrückung, Gereiztheit, Neid, Zorn, Haß und Verzweiflung. Der Aberglaube war in voller Blüte und Hexenverfolgung erreichte epidemische Ausmaße"[73].

Allerdings blieb während der fast tausendjährigen Epoche nach Niedergang des Römischen Reiches die ideologische Entwicklung nicht stehen. Das ganze Mittelalter war ein „Durchdringungsprozeß zwischen Christentum und antiker Philosophie"[74]. „Vom 12. Jahrhundert ab wurde nach und nach, im wesentlichen durch arabische und jüdische Vermittlung, das gesamte Werk des Aristoteles in Europa bekannt, . . . Das Ansehen des Aristoteles stieg so hoch, daß man ihn als Vorgänger Christi in weltlichen Dingen, Johannes dem Täufer als dem Vorgänger Christi in geistlichen Dingen an die Seite stellte. Sein Werk galt als nicht mehr überbietbare Summe aller weltlichen Weisheit, als Regel der Wahrheit schlechthin. Eine Weltherrschaft der aristotelischen Philosophie entstand, die bis ins 16. Jahrhundert andauerte. Niemals sonst hat ein einzelner das Denken des Abendlandes so vollständig beherrscht"[75]. Damit wurden die Denkformen wieder bestimmend, die auch das Römische Recht in seiner Entwicklung begünstigt hatten. Die Ausbreitung der römischen Schuldlehre von den Strafrechtsordnungen her, die in den oberitalienischen Städten gültig waren, stand damit in innerem Zusammenhang.

Im deutschen Rechtsraum wurde der Schuldbegriff des römischen Strafrechts durch dessen Übernahme in die Peinliche Gerichtsordnung Karls V. zum Bestandteil der Rechtsprechung. Der historische Verschmelzungsprozeß fand in einer Zeit statt, in der ein brutalisiertes und entmenschlichtes Strafrecht vorherrscht. Dieses zeitliche Zusammentreffen ist Ursache dafür, daß „Schuldstrafrecht" im Vergleich zum Maßnahmenrecht eher mit Härte identifiziert wird, letzteres jedoch eher mit Milde, mit „weicher Welle". Das ist nicht denknotwendig so und hängt von weiteren gesamtpolitischen Faktoren ab. Sprechendes Beispiel dafür sind die wesentlich härteren Maßnahmerechte der sozialistischen Länder.

Überblicken wir die historische Entwicklung, so zeigt sich schon mit dem römischen Schuldbegriff des dolus in äußerster Klarheit die Funktion der

---

73 Georg Rusche / Otto Kirchheimer, a.a.O., S. 31 f.
74 Hans J. Störig, a.a.O., S. 215.
75 Hans J. Störig, a.a.O., S. 252 f.

strafrechtlichen Schuld, wie sie Luhmann als „Verlegung des Grundes für Strafe nach innen"[76] definiert. Und wir haben vor mehr als zweitausend Jahren nicht nur das, sondern schon die rechtspraktisch so ungemein zweckmäßige Umgehung der Willensfreiheit durch die Verknüpfung der Tat bzw. des heute unterstellten „Dafür Können" im Sinne eines „Sich-andersbestimmen-können"[77] mit der Vorstellung einer rechtlich mißbilligten Gesinnung.

1.2.3 Die Willensfreiheit oder die Rettung einer Ideologie

Das Schuldstrafrecht bleibt dem römischen Schuldgedanken verhaftet. Gegen Ende des 20. Jahrhunderts nachchristlicher Zeitrechnung wird diese Quintessenz der rechtspraktischen Bestimmung von Schuld folgendermaßen definiert:

„Daß sich der Täter ... trotz der ihm gegebenen Möglichkeit nicht zu einem normgemäßen Verhalten hat motivieren lassen, bedeutet zunächst jedoch nur, daß überhaupt ein Schuldvorwurf erhoben werden kann. Da dieser Vorwurf des Andershandelnkönnens jedoch bei dem (subjektiv) fahrlässig oder in einem vermeidbaren Verbotsirrtum handelnden Täter der gleiche ist wie bei demjenigen, der sich bewußt gegen das Recht entscheidet, ist eine zusätzliche Kennzeichnung des Gegenstandes des Schuldurteils nur dadurch möglich, daß als normativer Anknüpfungspunkt auch die in der vermeidbarfehlerhaften Willensbildung manifest gewordene Gesinnung des Täters in die Betrachtung miteinbezogen wird. Schuld bedeutet deshalb auch „Vorwerfbarkeit der Tat mit Rücksicht auf die darin betätigte rechtlich mißbilligte Gesinnung", wobei diese freilich nicht als eine „dauernde Artung" des Täters, sondern als „Wert oder Unwert der in der konkreten Tat aktualisierten Haltung" zu verstehen ist (...)"[78].

Natürlich klingt das heute sehr viel differenzierter als nach der Darstellung des Römischen Rechts. Der heutige Jurist muß auf mehr rechtsphilosophischen Ballast Rücksicht nehmen; die rechtlichen Details sind vielfältiger. Daß heutige Rechtsprechung in vergleichbaren Fällen zu anderen Ergebnissen als die römische Rechtsprechung kommt, liegt jedoch sicher mehr an Unterschieden der Strafen selbst und der Mentalität als an prinzipiellen Verschiedenheiten in der Schuldbeurteilung. Darin sind sich die leges Corneliae und das heutige Schuldstrafrecht samt Kommentar zu ähnlich. Juristisches Denken mag sich gerade zum Gegenstand des Schuldbegriffs bzw. zur Frage der Willensfreiheit noch so differenziert geben; rechtswirksam werden letzten Endes nur sehr simple Entscheidungen: Das Ja oder Nein zur Schuld und das Über-den-Daumen-Peilen, die dyskausale Grobschätzung des Strafmaßes.

Am deutlichsten wird diese Diskrepanz zwischen der rational differenzierten Schuldbegutachtung der psychiatrischen Expertise und der alternativen Feststellung des Schuldurteils. Ein oft ungeheurer Aufwand an Detailfeststellun-

---

76 Siehe oben, S. 17.
77 Schönke / Schröder, StGB-Kommentar, 21. Aufl., a.a.O., 18 vor §§ 13 ff. StGB.
78 Schönke / Schröder, StGB-Kommentar, 21. Aufl., a.a.O., 119 vor §§ 13 ff. StGB.

gen, ein Persönlichkeitsbild und eine Tatdarstellung von gelegentlich höchster Differenziertheit münden in die banale Schuldfeststellung (korrekter in die Feststellung, daß gestraft werden kann), in die noch banalere Strafe und bleiben im übrigen für Täter und Gesellschaft bedeutungslos. Das ist eine alltäglich wiederkehrende Groteske, um die Abgewogenheit strafrechtlicher Entscheidung einem andächtig lauschenden, manchmal applaudierendem Publikum deutlich zu machen.

Die Differenzierung des strafrechtlichen Schuldbegriffs ist nicht nur Ergebnis der historischen Rechtsentwicklung; sie verweist auf die der Wissenschaften und des Denkens überhaupt. Die allgemeine wissenschaftliche Entwicklung ist nämlich über die des Römischen Rechts, über Aristoteles weit hinausgegangen. Die weltimmanente Kausalität des Demokritschen Materialismus trat mit den Naturwissenschaften der Neuzeit, verdinglicht in technischen Erfindungen und in der heutigen Industrie und Wirtschaft, einen enormen Siegeszug an. Der philosophische Materialismus mag demgegenüber relativ bedeutungslos sein; jede Maschine, jedes Fahrrad ist ein Lehrbuch für ein mechanisches, überprüfbares und weltimmanentes Kausalgeschehen. Aus dieser tausendfachen Alltäglichkeit resultiert der heutige Anspruch auf kausale Erklärung bzw. Begründung auch sozialer Sachverhalte und Entscheidungen.

Die Veränderungen, die der kognitiv-normative Wahrheitsbegriff nach Luhmann erfuhr, sind insofern nicht allein Ergebnis der wissenschaftlichen Entwicklung, sondern Bestandteil einer breiten, umfassend zeitgeschichtlichen Entwicklung. Diese führte zu einem ‚cultural lack', zu einem Rückstand der Rechtsentwicklung, der sicher nicht nur das Strafrecht betrifft. „Weitaus bedeutsamer und folgenreicher", schreibt Luhmann, „waren Wandlungen, die den älteren kognitiv-normativen Wahrheitsbegriff sprengten und ihn im Sinne der neuzeitlichen Wissenschaft präzisierten. Das Recht konnte nun, auch in seinen Grundlagen, den neuartigen methodischen Anforderungen an zwingender Gewißheit der intersubjektiven Übertragbarkeit von Vorstellungen nicht mehr genügen. Außerdem war das Recht nicht in der Lage, die hohen Risiken des neuen Wahrheitsbegriffs — namentlich den nur hypothetischen Charakter und die jederzeitige Falsifizierbarkeit durch dezentralisierte (!) Forschung — in seiner Struktur zu übernehmen"[79].

Die Situation des römischen Strafrechts in der Antike, aber auch die Verhältnisse nach der Rezeption bis weit ins 18. Jahrhundert waren so gesehen anders als heute. Jurisprudenz stellte ein abstraktes, rationales Denksystem innerhalb einer kaum entwickelten Naturwissenschaft und Technik dar, innerhalb einer spirituell-religiösen Weltanschauung, die noch von Aberglauben und archaischen Denkelementen durchsetzt war. Rechtswissenschaft konnte, mit anderen Worten, rationaler erfolgen als vieles andere; stand mit an der Spitze der wissenschaftlichen Entwicklung. Zumindest im Bereich der Schulderfassung, der Strafzumessung, der Begründung einer Freiheitsstrafe und ihrer Funktion steht die Strafrechtsprechung heute in einem umgekehrten Verhältnis zum höheren Entwicklungsstand von Natur- und Sozialwissenschaften. Daraus resultiert ein starker Druck auf die Strafrechtswissenschaft,

---

[79] Niklas Luhmann, a.a.O., S. 224.

sich zumindest in rationaler Weise darzustellen, wenn sie es auch in ihren Grundprinzipien in keiner Weise sein kann.

Wie die bisherige Analyse zeigt, gewährleistet das Schuldstrafrecht alles andere als eine kausal schlüssige Rechtsprechung. Eine vollständige Umgestaltung erscheint nicht nur deswegen, sondern auch angesichts der allgemeinen wissenschaftlichen Entwicklung erforderlich. Dazu konnte es bisher nicht kommen, weil die Jurisprudenz aufgrund ihrer systemimmanenten, eigentlich aristotelischen Anthropologie zu einer grundlegenden Änderung nicht in der Lage ist und heutige neue Erkenntnisse aus Psychologie und Soziologie blockiert.

In Reaktion auf den allgemein höheren wissenschaftlichen Entwicklungsstand ergaben sich anstelle einer umfassend notwendigen Umgestaltung des Kriminalrechts Erscheinungen, wie sie für die Anpassung wissenschaftlich überholter Theorien an neues Tatsachenmaterial typisch sind:

Als Prämisse von Schuld wird die dogmatisierte Hypothese der Willensfreiheit gesetzt, deren grundsätzlicher Nachweis nicht möglich ist. Die Hypothese der Willensfreiheit wird als „immanenter Bestandteil menschlicher Wertordnung"[80] ihrer historischen Bedingtheit entkleidet und überzeitlich dargestellt. Als zentrales, nicht nachweisbares Kriterium der Schuld hat sie alle Eigenschaften eines mythischen Geheimnisses, abgesehen von dem der historischen Stiftung in fern zurückliegender Zeit, sehen wir vom Mythos des Sündenfalls ab, der damit falsch interpretiert würde. Die Hypothese „Willensfreiheit" erfordert Glauben, sie repräsentiert eine heilige und potentiell auch unheilige Gabe — die gute Freiheit dessen, der sie anzuwenden versteht; die böse Freiheit des Zügellosen — sie wird zur Schuld und dient auf recht geheimnisvolle Weise als Maßstab der Strafe. Kurzum, die Willensfreiheit ist ein begriffliches Tabu. Dazu paßt das Paradoxon, daß Willensfreiheit gerade zur Grundlage einer Institution wird, die Unfreiheit ausdrücklich und in ihrer gesellschaftlich weitestgehenden Form praktiziert.

Mit Verwendung der Chiffre „Schuld" entsteht im Strafurteil eine Verknüpfung von Begriffen, die wir dyskausal nennen, eine Gedankenfolge, die wegen eines irrationalen begrifflichen Elementes nicht schlüssig sein kann, aber kausal dargestellt wird. Dieser Gegebenheit werden Mystifizierungen im Stil eines Gottesurteils oder der Hegelschen „Negation der Negation" des Rechts oder der Kantschen Unerbittlichkeit eigentlich am ehesten gerecht. Sie enthüllen nämlich die Irrationalität des Vorgangs mit eigener Irrationalität. Die absoluten Straftheorien beschreiben mithin am besten den Charakter unserer Rechtsprechung.

Mit dem heutigen wissenschaftlichen Anspruch auf eine kausal und funktional überzeugende Rechtsprechung erscheinen die absoluten Straftheorien jedoch unzureichend. Der Vorgang der Verurteilung verlangt — wenn man ihn nicht grundsätzlich ändern will — weitestgehende Rationalisierung im psychologischen Sinn des Wortes, d. h. Darstellung als rationalen Wirkzusammenhang. Dies geschieht durch Anreicherung mit plausiblen Gründen und Zwecken, die wechselseitig vertretbare Stützfunktion haben. Die Entwick-

---

80 Eduard Dreher, Strafgesetzbuch, a.a.O., 28 vor § 1 StGB.

lung seit der Aufklärung und verbreiteten Anwendung der Freiheitsstrafe zeigt dementsprechend eine Anhäufung von Gründen zur plausiblen Rechtfertigung der Freiheitsstrafe und damit des Strafurteils: die sogenannten relativen Straftheorien, wonach Freiheitsstrafe der Spezial- und Generalprävention sowie schließlich der Resozialisierung dient. Das Strafurteil und damit eigentlich der absolute Strafanspruch werden durch ein Netz von Gründen gehalten, dessen eine oder andere Masche ruhig einmal reißen kann, ohne daß das grundsätzlich erwartete Ergebnis gefährdet ist. Nirgendwo kommt diese Anhäufung von unüberprüfbaren Plausibilitäten und Beliebigkeit der Argumente besser zum Ausdruck als in § 46 StGB über die Grundsätze der Strafzumessung.

Unerläßlich für die Rechtfertigung des Schuldstrafrechts ist die Feststellung der sogenannten Schuldunfähigkeit nach § 20 StGB. § 20 reduziert wissenschaftliche Überprüfung auf *die* Ausnahmefälle, „die begründete Zweifel an der Schuldfähigkeit des Täters" für das Gericht ergeben und bei denen es die selbst festgestellte „erforderliche Sachkunde" nicht besitzt[81]. Wie anderenorts schon erläutert, weist der psychiatrische Sachverständige Schuld nicht nach, sondern schließt sie aus. Mit dem Ausschluß der Schuldunfähigen bei den vom Gericht angeordneten Ausnahmefällen erfolgt eine nicht zu unterschätzende wissenschaftliche Legitimierung des Schuldspruchs für alle übrigen Fälle, d. h. die übergroße Mehrzahl der Beschuldigten.

Schuldunfähigkeit definiert nämlich im Zusammenhang aller strafrechtlichen Entscheidungen nicht nur die Nichtschuld der überprüften, sondern auch die Schuld der durch psychiatrische Begutachtung nicht erfaßten Fälle. § 20 StGB vermittelt nicht nur eine wissenschaftlich überholte Ausdeutung von „Schuld", besser „Schuldunfähigkeit", sondern schließt auch die empirische Wissenschaft bei Überprüfung der meisten Fälle aus und bewirkt trotzdem eine nicht geringe Rechtfertigung der gesamten Praxis des Schuldstrafrechts. Die Psychiatrie arbeitet so an der Vermittlung von Überzeugungskraft mit, verleiht Schuldurteilen den Anschein empirischer Fundierung, produziert Gewißheit. Die Verknüpfung von rechtlicher und psychiatrischer Argumentation, wie sie das Gesetz anlegt, mag intellektuell faszinieren, ihre Winkelzüge hinterlassen jedoch einen schlechten Beigeschmack.

1.3 Vom Nutzen des strafrechtlichen Schuldbegriffs und seinen Grenzen

Die Schuldtheorie des heutigen Strafrechts ist begriffslogisch gesehen in sich widersprüchlich. Am Maßstab eines zureichend schlüssigen Kausalakts gemessen, ist die strafrechtliche Urteilsbildung bei Einbeziehung des geltenden Schuldbegriffs nicht zu halten. Die Schuldtheorie und ihre strafrechtliche Anwendung sind jedoch nicht nur nach logischen Gesichtspunkten zu beurteilen. Was logisch gesehen in sich widersprüchlich ist, ist als Ergebnis

---

81 Schönke / Schröder, StGB-Kommentar, 21. Aufl., a.a.O., 45 zu § 20 StGB.

einer jahrtausendealten historischen Entwicklung nicht nur verständlich, sondern in gewissem Ausmaß auch sinnvoll.

Seiner Herkunft nach wäre es falsch, an das Phänomen der Schuld oder besser des Schuldgebens und Bestrafens höhere logische Ansprüche zu stellen. Schuld war über Jahrtausende der Menschheitsentwicklung komplexes, nicht kausal differenziertes Erleben von Wirkzusammenhängen. Emotionen, Wünsche, Erwartungen, Innen- und Außenwelt, ja die zeitliche Folge des Vor- und Nachhers waren darin diffus integriert und nicht nach kausalen Gesichtspunkten und heutigen empirischen Erfahrungen gegliedert. Es herrschte große Beliebigkeit der Zuordnungen. Schuld war möglich bei Sachen, Tieren, Menschen. Sie war weder räumlich noch zeitlich an ein Ereignis gebunden oder auch an Täterschaft.

Historisch ältere Formen der Schuldzurechnung ereignen sich heute noch im kindlichen Erleben, bei psychischem Abbau, im Bereich ethnischer Vorurteile („Die Juden sind an allem schuld"), bei vielen sozialen Vorgängen mit hoher Affektbeteiligung. Welche Be-Schuldigungen bestimmen allein die politische Argumentation! Rechtshistorisch liegen extrem affektgetragene Schuldzuweisungen gar nicht weit zurück: Tierprozesse und Hexenprozesse erfolgten relativ häufig noch im 18. Jahrhundert. NS-Prozesse und Justizterror in modernen Diktaturen sind Zeitgeschichte und Gegenwart. Überall wurde und wird schuldig gesprochen.

Bedenkt man den Ursprung des Schulderlebens, so ist es überraschend, ja paradox, daß in der heutigen Rechtsprechung „Schuld" wesentlicher Bestandteil der Urteilsfeststellung geworden ist oder noch darstellt. „Schuld" ist nämlich von den Ursprüngen unserer Geschichte her eigentlich akausales Element unseres Erlebens. Allerdings war Schuld auch immer das historisch Vorgegebene. Vor allem vermittelt die Reihenfolge Schuld – Strafe starke Überzeugungserlebnisse. Verbunden und überlagert mit auch nur teilweise schlüssiger kausaler Argumentation entstehen zwingende Handlungskonzepte, die heute noch lebenslänglich, ja Todesstrafe vollstrecken lassen.

Trotz aller Problematik gehört die juristische Verbegrifflichung der Schuld, ihre Bindung an die Täterpersönlichkeit zu den großen kulturellen Leistungen der Geschichte. Sie grenzte mit anderen Maßnahmen die Willkür des Strafens und die der Diskriminierung ein und gewährleistete mit relativem Erfolg auch die Befriedigung sozialer Konflikte krimineller Art durch Eingehen auf deren kleinsten Nenner, nämlich auf die als meist unmittelbaren Täter erkannte Person. Daß der Gesetzgeber dazu an das unklare Phänomen der Schuld anknüpfte, bot sich von der Entwicklung her an und war unausweichlich.

Bei aller Unschärfe ihres begrifflichen Inhalts wäre es mißverständlich, Schuld als ein Nichts, eine sinnlose Fiktion anzusehen. Viele Kritiker des Schuldstrafrechts möchten Schuld und freien Willen für ein besseres Recht als nicht existent ansehen. Ganz abgesehen von der Schwierigkeit der Begründung, wäre die Preisgabe dieser ethischen Vorstellungen als Opfer für die Reform des Strafrechts einfach zu schade. „Schuld" ist eine den Menschen charakterisierende Erscheinung, wenn man so will eine anthropologische Radikale. Freilich wesentlich unbestimmteren Inhalts, als sie in der letztlich primitiven, ungeschlacht generalisierenden Art und Weise des Schuldstrafrechts gedacht wird.

Schuld läßt sich im Strafrecht auf Dauer nicht institutionalisieren: Gleichgültig ob man von einem dogmatisierten, sogenannten normativen Schuldbegriff oder von einem realen, sogenannten psychologischen Schuldbegriff ausgeht, ist seine Anwendung nur zum Preis gravierender Fehler der Rechtsprechung möglich. Diese mögen durch eine brüchige rechtspositivistische Logik scheinbar wegharmonisiert werden; ihre deutlichen Auswirkungen zeigen sich dort, wo Strafurteile konkrete Gestalt annehmen, sozusagen verdinglicht werden, nämlich im Strafvollzug und seinen gesetzlichen Bestimmungen.

2. Strafrecht und Strafvollzugsgesetz, zwei gegenläufige Entscheidungsprogramme

Die bemerkenswertesten Probleme sind gelegentlich in Tatsachen enthalten, die die Gewohnheit des Denkens, der Anschauungen und des Handelns derart bestimmen, daß sie als bemerkenswert gar nicht mehr auffallen, selbstverständlich, ja trivial werden. So berühren sich Strafrecht und Strafvollzug nur an den Rändern. In der öffentlichen Meinung, aber auch in den meisten wissenschaftlichen Arbeiten werden beide Bereiche gerne getrennt behandelt, als ob sie nichts miteinander zu tun hätten. Ihr tatsächliches Verhältnis zueinander ist Ergebnis einer vom jeweils spezifischen Auftrag notwendigen Arbeitsteilung zwischen Strafgerichten und Vollzugsbehörden. Bekanntermaßen ist die wechselseitige Erfahrung zwischen beiden Behörden recht dürftig. Richter und Staatsanwälte haben oft keine oder geringe Kenntnisse vom Inneren einer Vollzugsanstalt, geschweige denn differenzierte Vorstellungen vom Ablauf und von der Problematik einer Freiheitsstrafe. Mit den Erfahrungen des Vollzugspersonals ist es umgekehrt nicht viel besser bestellt. Da der Weg der Gefangenen von den Gerichten in die Anstalt geht, ist der Informationsanfall größer. Er verteilt sich jedoch recht unterschiedlich. Als Akteninhalt kann er relativ wenig genutzt werden.

Günter Blau kommt daher zu dem Schluß: „Ein Systemvergleich zwischen Strafrechtsordnungen, die verschiedenen kriminalpolitischen Grundhaltungen verpflichtet sind, ergibt, daß Wechselwirkungen zwischen Strafurteil und Strafvollzug weder in einem Vergeltungs- und Abschreckungsstrafrecht noch in einem System, in dem Resozialisierungsprogramme nichtgerichtlichen Expertengruppen anvertraut sind, Bedeutung gewinnen"[82]. Ursache für die geringe Interaktion zwischen Rechtsprechung und Strafvollzug ist offenbar der Umstand, daß die Entscheidung des Richters über eine zu bemessende Freiheitsstrafe oder auch diesbezügliche Anträge von Staatsanwalt und Verteidigung gänzlich ohne Wissen um die näheren Gegebenheiten der Freiheitsstrafe, ohne Vereinbarung und Rücksprache mit der Strafvollzugsbehörde erfolgen. Räumliche, berufliche, therapeutische Unterbringungsmöglichkeiten u. a. müssen weder für die Zahl der Verurteilungen noch für die Dauer der Freiheitsstrafe geklärt werden. Derartige Aktivitäten erfolgen vereinzelt in Jugendgerichtsverfahren, können aber nicht die allgemeine Praxis bestimmen. Für eine reguläre Kooperation dieser Art sind die beteiligten Behörden nicht ausgerüstet. Daß es im Jugendstrafrecht nach Günter Blau nicht nur *zulässig*, sondern auch *üblich* sei, die Strafzumessung an „der voraussichtlichen Effiziens der hic et nunc zur Verfügung stehenden kriminalpädagogischen Einwirkungsmöglichkeiten" zu orientieren, halte ich wegen

---

82 Günter Blau: Die Wechselwirkungen zwischen Strafurteil und Strafvollzug, in: Monatsschrift für Kriminologie und Strafrechtsreform 1977, S. 329.

der fehlenden technischen Voraussetzungen nicht für eine durchgängig mögliche Verfahrensweise[83].

Die Blindheit der Rechtsprechung für die Wirkungen der strafrechtlichen Reaktion geht scheinbar an den Intentionen der Grundsätze zur Strafzumessung gemäß § 146 Abs. 1 StGB vorbei. Dort heißt es: „Die Schuld des Täters ist Grundlage für die Zumessung der Strafe. Die Wirkungen, die von der Strafe für das künftige Leben in der Gesellschaft zu erwarten sind, sind zu berücksichtigen." Der Spielraum für die Berücksichtigung von Strafwirkungen ist — abgesehen von ihrer Erkennbarkeit — im Strafgesetzbuch jedoch sehr gering. Der Schuldgedanke, der ursprünglich allein maßgebend war, bestimmt nämlich nach wie vor die Begriffssystematik. Schuld ist — so umstritten ihr Begriffsinhalt sein mag — wie das Glied einer Kette unerläßlicher Bestandteil des strafrechtlichen Prüfverfahrens. Das begriffliche Instrumentarium des materiellen Strafrechts ist auf die Anwendung des Schuldgedankens und auf Folgerungen daraus ungleich mehr angewiesen als auf die Abwägung künftiger Folgen von Entscheidungen.

Eine ähnliche begriffslogisch differenzierte Kette von Gedankenschritten zur Entwicklung von Hypothesen über die Wirkungen der Strafe weist das Strafgesetzbuch weder in bezug auf die Strafreaktion noch auf die Täterpersönlichkeit auf. „Bezeichnenderweise", so Müller-Dietz, „begegnet man kaum Entscheidungen, die § 46 Abs. 1 Satz 2 mit Inhalt füllen, etwa angeben, welche rechtspraktischen Konsequenzen das Dogma der Folgenorientierung insoweit zeitigt"[83a]. Richtern, Staatsanwälten und Verteidigern fehlen — abgesehen etwa von vagen Begriffen wie „Strafempfindlichkeit" und „-empfänglichkeit" — die weiteren gesetzlichen Voraussetzungen, um diesen Gesichtspunkt zur Geltung zu bringen. Das wirkt sich besonders im Zusammenspiel von Erst- und Rechtsmittelinstanzen aus. Die Revisibilität der Strafzumessung, d. h. die Möglichkeit zu ihrer Überprüfung in Berufungs- und Revisionsverfahren, ist nämlich gerade für den Aspekt der Strafwirkungen herabgesetzt.

Im richterlichen Entscheidungsprozeß sind prinzipiell ähnliche sozialpsychologische Phänomene wirksam, wie sie im Bereich der industriellen Produktion beobachtet werden. Nach Etzioni entwickelt sich die industrielle Produktion nach der zu erwartenden Kontrolle. Häufig kontrollierte Merkmale werden mehr beachtet, d. h. besser ausgeführt als weniger kontrollierte bzw. kontrollierbare[84]. Für den Aspekt der Strafwirkungen sind sowohl die begrifflichen Mittel als auch die rechtsprozessual vorgesehenen Schritte dürftig. Dagegen wird die ohnedies bestehende Dominanz des Schuldgedankens durch dessen Stellung und Zusammenhang im Gesetzeswerk verstärkt. Gesetzesimmanente sozialpsychologische Effekte lassen erwarten, daß die Wirkungen der Strafe für das künftige Leben des Täters in der Gesellschaft weit weniger berücksichtigt werden können als der gesetzlichen Intention von § 46 Abs. 1 Satz 2 nach vorgesehen.

---

83 Günter Blau, a.a.O., S. 336.
83a Heinz Müller-Dietz: Probleme der Strafmessung — Sanktionsauswahl, -bemessung, Prognose —, aus: Recht und Gesetz im Dialog, Bd. 104 der Schriftenreihe: Annales Universitatis Saraviensis, Köln 1982, S. 52.
84 Amitai Etzioni: Soziologie der Organisationen, München 1969, vgl. S. 22 ff.

Die Mechanik dieses Kräftespiels wird dort neutralisiert, wo die Alternative der Strafaussetzung gemäß § 56 StGB besteht oder wo Geldstrafe möglich ist. Das ist zwar bei der überwiegenden Mehrzahl der Verurteilungen so, kommt aber gerade durch Vermeidung von Freiheitsstrafe zustande. Die Wirkungen der Freiheitsstrafe entziehen sich weitestgehend der Vorausschau anläßlich der Verurteilung. Man erwartet eher negative als positive Auswirkungen. In der Mehrzahl der Fälle sind sie nicht auszumachen, und wahrscheinlich rettet die fehlende Möglichkeit der Vorhersage die Institution Freiheitsstrafe überhaupt, denn sie schafft Raum für Vermutungen, Annahmen oder Unterstellungen, die als Begründungen genommen werden können. Unter diesen Kalkulationen allerdings kommt der Zumessung der Freiheitsstrafe unter dem Gesichtspunkt ihrer Wirkungen für das künftige Leben des Täters weit nachrangige Bedeutung zu.

Die Strafzumessung nach § 46 Abs. 1 Satz 2 knüpft auch wegen der erwähnten geringen Bestimmbarkeit der Freiheitsstrafe an die Bewertung des Täters selbst an: „Er ist es, der die Tat begangen hat, für den sie also ein Stück seiner menschlichen Aktivität darstellt. Er hat die Strafe zu erleiden und gegen ihn soll sie als ein wirksames kriminalpolitisches Instrument eingesetzt werden. Die Persönlichkeit des *Täters* ist daher der zweite wesentliche Faktor (neben der Tat als erstem, eigene Anm.), dem die Aufmerksamkeit des Richters bei der Festsetzung der Strafe zu gelten hat, und zwar sowohl in dem Sinn, daß Art und Umfang der deliktischen Reaktion auf die Persönlichkeit des konkreten Angeklagten abzustellen sind, zum anderen aber auch gefragt werden muß, in welchem Umfang die Persönlichkeit des Täters sich in der Tat manifestiert hat, . . ."[85] Tatsächlich fehlen zum „konkreten Angeklagten" die konkreten Vorstellungen über dessen Freiheitsstrafe, um durch Gegenüberstellung von Persönlichkeit und sanktionierender Reaktion eine Zumessung ausreichend zu begründen.

Die aus dem sonstigen Rahmen des Schuldstrafrechts fallende Forderung nach Berücksichtigung der Strafwirkungen und ihre gesetzliche Neutralisierung im Zusammenhang der für ein Urteil relevanten Faktoren charakterisiert den konditionalen juristischen Entscheidungsstil, der für die Beziehung zwischen Strafrecht und Strafvollzug von wesentlicher Bedeutung ist. In Anlehnung an skandinavische Rechtssoziologen unterscheidet Niklas Luhmann einen *konditionalen* von einem *planerischen* Entscheidungsprozeß. Der erstgenannte ist in der Rechtsprechung, der zweite in Wissenschaft und Technik verbreitet.

„Ungern zugegeben", so Luhmann, „gehört es gleichwohl *zwingend* (eigene Hervorhebung) zum Stil der juristischen Entscheidungsarbeit unter konditionalen Programmen, daß mit dem Wenn auch das Dann gesetzt ist und in seinen Konsequenzen hingenommen, aber nicht kalkuliert und bewertet wird. Der Selbstmord des Strafgefangenen geht nicht auf das Konto des Richters, der ihn nach dem Gesetz verurteilen mußte, und der Konkursrichter hat nicht zu prüfen und abzuwägen, ob die Kinder des Schuldners ihr Studium aufgeben müssen oder seine Frau sich scheiden lassen wird.

---

85 Schönke / Schröder, StGB-Kommentar, 21. Aufl., a.a.O., 4 zu § 46 StGB.

Tragender Grund der Entscheidung ist nicht ein Wertverhältnis unter den Folgen, sondern die Geltung der Norm, ... Damit ist der Richter entlastet von einer Prüfung aller wertrelevanten Folgen seiner Entscheidung, von Zukunftsforschung unter Wahrscheinlichkeitsgesichtspunkten, von der Eignungsprüfung seiner Mittel und ihrer Alternativen und der Wertabwägung ihrer Nebenfolgen, kurz: von Entscheidungsüberlegungen, deren Komplexität, Schwierigkeit und Vereinfachungsbedürftigkeit uns die moderne wirtschaftswissenschaftliche Entscheidungstheorie vor Augen führt"[86].

Das Strafgesetzbuch erweist sich in wesentlichen Teilen als konditionales Entscheidungsprogramm. Dafür sind die Wenn-Dann-Relationen von Tatbestand und Rechtsfolge im speziellen Teil beispielhaft. Auch der prospektive Gesichtspunkt der Zumessung der Strafe nach zu erwartenden Wirkungen wird durch Rückschluß auf die vorgegebene Täterpersönlichkeit und weitgehende Ausklammerung planerischer Aspekte in ein konditionales Muster „zurückübersetzt". Der strafrechtliche Entscheidungsstil trennt die Rechtsprechung scharf von dem des Strafvollzugs und begünstigt den Eindruck einer gewissen Autonomie beider Bereiche. Die sogenannte Dreistufentheorie sieht daher (unter Einbeziehung der Gesetzgebung) Rechtsprechung und Strafvollzug als relativ selbständige Stufen der Rechtsverwirklichung, die je verschiedene Ziele verfolgen:

„Diese Dreistufentheorie bedeutet, daß innerhalb der Strafrechtsordnung drei Grundakte staatlichen Strafens sich mit je eigenständiger Zielsetzung stufenweise verwirklichen; die Strafgesetzgebung, das Strafverfahren mit dem am Ende stehenden Urteilsspruch und schließlich die Strafvollstreckung und der Strafvollzug. Auf eine kurze Formel gebracht: Die Strafgesetzgebung dient der Festlegung von Unrecht und Schuld strafbarer Taten, der Einprägung staatlicher Verbote und Gebote der Rechtsordnung und dem Schutz der Rechtsgüterordnung. Im Strafverfahren und im Urteilsspruch geht es um die sozialethische Mißbilligung der Tat und um die Bewährung der Rechtsordnung. Im Bereich der Strafvollstreckung und des Strafvollzugs steht die Eingliederung des Rechtsbrechers im Mittelpunkt"[87].

„In diesem Sinne werden", so Müller-Dietz, „der Strafandrohung (qua Strafgesetzgebung) primär generalpräventive, der Strafverhängung vor allem rechtsbewährende und der Strafvollstreckung individualpräventive Funktionen zugedacht. Idealtypisch gesehen entfalten sich also die verschiedenen Strafzwecke ... allmählich von der ersten Stufe der Strafgesetzgebung bis hin zur letzten des Strafvollzuges. Sie bringen damit in ihrer Gesamtheit die umgreifende Aufgabe des Kriminalrechts, lebenswerte Rechtsgüter vor Verletzung oder Gefährdung zu schützen, zur Geltung"[88].

Die drei Stufen der „Verwirklichung des Rechtsgüterschutzes"[89] vermitteln nur bedingt Aussagen über die Eigenart von Gesetzgebung, Strafrechtspre-

---

86 Niklas Luhmann, a.a.O., S. 231 f.
87 Thomas Würtenberger: Ziel des Strafvollzuges, aus: Tagungsberichte der Strafvollzugskommission, VI. Band, hrsg. vom Bundesministerium der Justiz, Bonn 1969, S. 76 f.
88 Heinz Müller-Dietz: Grundfragen des strafrechtlichen Sanktionssystems, Heidelberg / Hamburg 1979, S. 33.
89 Heinz Müller-Dietz: Strafbegriff und Strafrechtspflege, Berlin 1968, S. 110.

chung und Strafvollzug. Sie stellen hauptsächliche Ziele und Erwartungen heraus und haben insofern programmatischen Charakter, jedoch nur geringen analytischen Wert. Die relative Selbständigkeit der Stufen wird nämlich nicht aus den tatsächlich wahrgenommenen und verwirklichten Aufgaben abgeleitet. So läßt sich zwar für den Strafvollzug eine spezialpräventive Aufgabe statuieren. Ob sie nun realisiert wird, kann allem Anschein nach eher verneint als bejaht werden. Wie weit dies durch unzureichende oder widersprüchliche Rechtsnormen verursacht wird, läßt sich mittels der Dreistufentheorie selbst nicht nachweisen, denn sie postuliert das normative System der drei Stufen, indem sie sich in der begrifflichen Rechtsdeutung erschöpft, als harmonisch. Die Theorie hat damit einen gewichtigen Nachteil: Sie kann nicht falsch sein.

Die aufgeführten Stufen haben zudem einen komplexen Charakter und beziehen sich auf verschiedene Adressaten: so die präventive Wirkung der Gesetzgebung auf die Gesamtgesellschaft, die Spezialprävention des Strafvollzugs auf den Rechtsbrecher allein. Es läßt sich nicht von der Hand weisen, daß die größere Selbständigkeit der drei Stufen Ergebnis dieser unaufbereiteten Bezugnahmen darstellt. Betrachten wir die Verwirklichung des Rechtsgüterschutzes als einen Vorgang, der sich in bezug auf den Rechtsbrecher oder auf die Gesamtgesellschaft darstellen läßt, dann ergibt sich folgendes Bild:

Auf den Rechtsbrecher bezogen erläßt der Gesetzgeber:

1. das Strafgesetz
    a) zur Festlegung schuldhafter Delinquenz und deren Strafen in Form konditionaler Entscheidungsprogramme. Er bindet
    b) Gerichte und weitere Rechtsorgane, Tatschuld bei angeklagten Personen festzustellen und Strafen zuzumessen. (Auf diesem Weg werden die Insassen von Vollzugsanstalten rekrutiert und befristet, gegebenenfalls lebenslänglich interniert.)
2. das Strafvollzugsgesetz
    c) für die Vollzugsanstalten als Auftragsprogramm mit spezialpräventiver Zielsetzung wie auch zum Schutz der Allgemeinheit.

Auf die Gesamtgesellschaft bezogen kann die Wahrnehmung dieses Vorgangs zur (rechtlichen) Verhaltensorientierung beitragen, u. a. auch generalpräventiv wirken. Spezialprävention dagegen beinhaltet eine Reihe von Bereitstellungen und Handlungen: die Festlegung rechtlicher Entscheidungsprogramme, die Durchführung von Strafverfahren und von Behandlungsmaßnahmen. Generalprävention kann sich als deren generalisierender Effekt im Prozeß der Wahrnehmung ergeben. Sie nach den einzelnen Stufen zu differenzieren, ist im vorliegenden Zusammenhang nicht erforderlich.

Die auf den Angeklagten bezogene stufenweise Durchführung des Rechtsgüterschutzes zeigt eine sehr wesentliche Diskrepanz: Die Rekrutierung und befristete Internierung der Insassenschaft von Vollzugsanstalten erfolgt — sehen wir von freiheitsentziehenden Maßregeln der Besserung und Sicherung ab — primär unter dem Gesichtspunkt von Schuld und Strafe. Da Schuld als „Grundlage für die Zumessung der Strafe" (§ 46 Abs. 1 Satz 1 StGB) —

was auch immer man darunter versteht — als tatzugehöriges vergangenes Ereignis gedacht wird, ist die Bestrafung, obwohl sie sich oft weit in die Zukunft erstreckt, Vergangenheitsbewältigung. Sie ist ein expressiv-ritueller Akt, der seinen Anfang im Strafverfahren nimmt.

Ich folge dabei einer Begriffsbildung von Talcott Parsons. Parsons sieht die Zweckstruktur des Handelns durch ihre zeitliche Dimension gegliedert. Er unterscheidet danach expressive (oder konsumatorische oder emotionale) von instrumenteller Handlungsorientierung: „Instrumentell orientiert sich, wer befriedigende Zustände der Zukunft anvisiert und vor allem nach den Handlungen fragt, die sie bewirken können. Expressiv ... orientiert sich, wer in der Gegenwart einen sich selbst genügenden Ausdruck oder Befriedigung sucht"[90].

Nun beinhaltet der Akt der Bestrafung einen besonders gelagerten Fall von Handlungsorientierung. An die tatzugehörige Schuld gebunden, ist er keinesfalls instrumenteller Art, also nicht zukunftsbezogen. Ihn lediglich expressiv zu nennen, bringt ihn zu sehr in die Nähe einseitig emotionaler Orientierung. Im Urteilsverfahren, aber auch im Strafvollzug gehen jedoch akausal-emotionale *und* rational-formale Orientierung eine hochspezielle Beziehung ein. Diese soll expressiv-rituell genannt werden. Auf die expressive bzw. emotionale Komponente des Strafverfahrens verweist seine starke Affektbesetzung. Der emotionale Strukturkern kommt vor allem im Sensationsprozeß zum Ausdruck. Im Grunde ist aber jedes Strafurteil Ausdruck einer letztlich stark emotionalen Auseinandersetzung zwischen einem kriminell ausgeprägten Freiheitsanspruch und staatlicher Gewalt.

Gleichzeitig ist charakteristisch, daß dieser Gegensatz hoch ritualisiert abgehandelt wird. Emotionale Befangenheit auf seiten des Richters verstößt gegen diese Regel und kann Ausschlußgrund für die Beteiligung am Verfahren werden. Die Strafprozeßordnung dient u. a. in hohem Maße der Aufgabe, Gewalt zu zügeln und in rechtlich abgesicherten Formen, die notwendigerweise sich auch rituell behaupten, abzuwickeln. Ähnlich ist bei Vollstreckung der Freiheitsstrafe die Formalisierung der Strafhandlung als einem seiner Herkunft nach aggressiven Akt unerläßlich. Ohne zwingenden formellen Rahmen könnte die langjährige Freiheitsstrafe, der im Laufe der Zeit die aktuelle Sinnfälligkeit mehr und mehr abgeht, nicht vollstreckt werden. Dieser Vorgang erfordert neben einer ursprünglich starken emotionalen Grundlage starre Formgebung, die bei Ausfall oder Schwinden der gefühlsbestimmten Motivation sich als Selbstzweck erhält. Eine in dieser Weise abgesicherte Verfahrensweise muß als Ritus bezeichnet werden.

Die Vergangenheitsbezogenheit des Strafverfahrens, die Rolle der Schuld und die Dauer der Bestrafung geben dem Faktor Zeit eine besondere Qualität. Wie Schuld in der Bestrafung andauert, so wird umgekehrt Zeit als fortschreitende menschliche Entwicklung im Gedanken der Schuldabgeltung gleichsam angehalten. Bestrafung ist so gesehen permanente Gegenwart oder angehaltene, gleichsam aufgehobene Zeit. Es erscheint durchaus konsequent, daß mit Einführung eines akausalen Elementes,

---

90 T. Parsons nach Niklas Luhmann, a.a.O., S. 315 f.

nämlich dem der Schuld, andere Kategorien des Denkens, also auch die der Zeit, in Frage gestellt werden. Das ist zwar eine mystische Ausdeutung des Strafrechts und für das praktische Handeln nicht maßgeblich. Die Fortführung des Denkansatzes der strafrechtlichen Schuld verdeutlicht jedoch einiges von seiner Problematik. Der Strafritus ist heute von zweckrationalen Motiven überlagert und erfährt von diesen her seine Rechtfertigung. Das wird, wie hinsichtlich des Schuldstrafrechts schon geschehen, in seiner Bedeutung für den Strafvollzug noch abzuklären sein.

Die expressiv-rituelle Natur der Freiheitsstrafe zeigt sich in der Idee der lebenslänglichen Strafe, die für den Betroffenen keine eigene Zukunftsperspektive gewährt. Sie zeigt sich auch in der Idee der Rechtsbewährung, wie sie vor allem bei zeitlich weit zurückliegenden Straftaten zum einzigen Motiv der rechtlichen Behandlung wird. Lebenslängliche Strafe und Rechtsbewährung als residuales Strafmotiv zeigen den expressiv-rituellen Akt von Rechtsprechung und Strafvollzug an Extremfällen. Durchgängiges, also am Regelfall ablesbares Merkmal ist die Variabilität der Strafdauer nach der Schuld und nach den weiteren in § 46 Abs. 2 genannten Umständen.

Über den für die Freiheitsstrafe maßgeblichen Zeitbegriff äußern sich Strafgesetz und Kommentar bemerkenswert dürftig. Nach § 46 wird „Zeit" nicht aufgeführt. „Zumessung der Strafe" bezieht sich ununterscheidbar auf Geld und Freiheitsstrafe. § 38 StGB legt die zeitliche, bis maximal 15 Jahre dauernde Freiheitsstrafe fest. § 39 gibt die zu verwendenden Zeiteinheiten an. Der Zeitbegriff selbst verschwindet in der Abstraktion seiner Anwendung, und das ist eigentlich eine faktisch zutreffende Begriffsbestimmung. Zeit ist ganz Symbol für die Kriterien seiner Zumessung und vor allen Dingen für die Schuld; ein Symbol wird nicht hinterfragt, es wird gläubig und unreflektiert aufgenommen. Tatsächlich hindert dies nicht, daß „Zeit" strafrechtlich gesehen einen spezifischen Charakter annimmt.

Strafzeit bekommt infolge ihrer Entstehung aus dem Ausmaß der Tatschuld den Charakter eines Tauschwertes. Dazu trägt bei, daß zu einer großen Anzahl von Tatbeständen und bei geringer Schuld Geldstrafen ausgesprochen werden, ferner daß mit der Einrichtung der Ersatzfreiheitsstrafen die Währungen „Geld" und „Zeit" begrenzt konvertierbar sind. Nicht zuletzt erscheint „Zeit" als Tauschwert, weil die Höhe einer Strafe ähnliche Befriedigung bzw. Unzufriedenheit auslösen kann wie der Preis einer Ware, je nach dem wer zahlt und sich als Bezahlter erlebt. *Ein* Charakteristikum für den ökonomischen Tauschwert ist seine Merkmalsarmut. Karl Marx schreibt: „Der Tauschwert erscheint zunächst als das quantitative Verhältnis, die Proportion, worin sich Gebrauchswerte einer Art gegen Gebrauchswerte anderer Art austauschen, ein Verhältnis, das beständig mit Ziel und Ort wechselt. Der Tauschwert scheint daher etwas Zufälliges und rein Relatives, ein der Ware innerlicher, immanenter Tauschwert, also eine contradictio in adjecto"[91]. Der Zumessungscharakter, den die Zeit im Strafrecht einnimmt, kennzeichnet sie als Tauschwert, der inhaltsleer ist, reine Maßgröße, „etwas Zufälliges und Relatives". Die oben erwähnte Nichtbehandlung der Zeit als Begriff des Strafrechts drückt daher genau ihr rechtliches Gewicht, ihre Be-

---

[91] Karl Marx: Das Kapital, Bd. I, Frankfurt / Berlin / Wien 1969, S. 18.

deutung aus. Sie ist ihres eigenen Inhalts beraubte Maßeinheit, Symbol für etwas anderes, Tauschwert.

Zeit wird damit zum bloßen Tages-, zum Wochen- oder Jahresmaß, im Strafverfahren als Äquivalent für Schuld beliebig einsetzbar und ihrer Bindung an Ereignisse insofern ledig. Psychologisch gesehen ist Zeit nicht ablösbar von Ereignissen, anthropologisch gesehen nicht von menschlicher Entwicklung. Als Zeit der verurteilten Person steht sie für eigene Lebensführung, für soziale Beziehungen, eigene(n) Aufenthalt, Kleidung, Bewegung, Tageslauf, Arbeit, Nichtarbeit, Verfügbarkeit für andere usw. Als Strafzeit soll sie namentlich stehen für Schuld, Beweggründe und Ziele des Täters (bei der Tat), Tatgesinnung, Wille zur Tat, Pflichtwidrigkeit, Art der Ausführung, verschuldete Auswirkungen der Tat, Bemühen, den Schaden wiedergutzumachen usw.[92] Die Zeit als Tauschwert im Strafverfahren wird ihres Ereignisfaktors beraubt. Das ist sicher „nur" Rechtsideologie und nicht machbar, denn menschliche Entwicklung ist ja auch Physiologie; Machbarkeit hat auch ihre psychologischen Grenzen. Allerdings riskiert die langdauernde Schuld-Zeitstrafe die Denaturierung der Entwicklung. „Schuld weiß man nicht sehr lange", sagte mir einmal ein ‚Langjähriger', „man versauert hier und weiß nicht, was soll's." Er drückte damit sein durch die Freiheitsstrafe vermitteltes Lebensgefühl aus, seine Entwicklung in der Anstalt.

Strafgesetzgebung und Rechtsprechung definieren nach allem Freiheitsstrafe in einem expressiv-rituellen Akt nach dem Leitprinzip, eine adäquate Bestrafung für Schuld zu suchen. Dieser Vorgang unterscheidet sich gänzlich — und daher seine eingehende Abklärung — vom Ziel des Strafvollzugsgesetzes nach dortigem § 2: „Aufgaben des Vollzugs. Im Vollzug der Freiheitsstrafe soll der Gefangene fähig werden, künftig in sozialer Verantwortung ein Leben ohne Straftaten zu führen (Vollzugsziel). Der Vollzug der Freiheitsstrafe dient auch dem Schutz der Allgemeinheit vor weiteren Straftaten."

Das Strafvollzugsgesetz geht damit von einer zukunftsbezogenen, nach Parsons von einer instrumentellen Handlungsorientierung aus, ein Prinzip, das der expressiv-rituellen Ausrichtung des Strafrechts diametral entgegenläuft. Für die Durchsetzung dieser Zielsetzung ist von sehr wesentlicher Bedeutung, in welcher Weise das Strafrecht und die mit der Rechtsprechung gesetzten Prämissen auf den Strafvollzug einwirken. Als Frage formuliert: Ist der Entscheidungsgang von der Gesetzgebung bis zum Urteil bloße Eintrittskarte für den Strafvollzug, der dann nach eigenen Gesetzen vorgeht, oder dominiert der einmal eingeschlagene Weg der Schuldvergeltung?

2.1 Das Strafvollzugsgesetz, ein Organisationsprogramm

Seit einigen Jahren wird Gefängnisstrafe gern als Resozialisierung interpretiert. Daß Strafe dies bedeute, ist nicht zuletzt Auswirkung des Straf-

---

92 Nach § 46 StGB aufgeführte Zumessungskriterien.

vollzugsgesetzes, das seit 1. Januar 1977 in der Bundesrepublik Deutschland rechtskräftig ist. Rechtskräftig sozusagen in einem gleitenden Verfahren, das die kostenintensiven Realisierungen (beispielsweise im Bauwesen) bis auf Jahrzehnte hinausschiebt. Aber immerhin, man denkt an eine Resozialisierung in Schritten, und es gehört zu den selbstverständlichen Auffassungen, sie von einer Verwirklichung der gesetzlichen Bestimmungen zu erwarten.

Während das Strafgesetzbuch ein konditionales Entscheidungsprogramm darstellt, ist das Strafvollzugsgesetz ein Regelungswerk gänzlich anderer Art. Im Unterschied zur kriminellen Devianz, die als Gegenstand von Strafgesetzbuch und Rechtsprechung prinzipiell nur einen relativ schmalen Teil der Verhaltensvielfalt eines Menschen umfaßt, bildet die Freiheitsstrafe nicht selten einen ganzen Lebensabschnitt mit weitaus größerer Komplexität. Dieser Lebensabschnitt ereignet sich unausweichlich in dem zwar künstlichen, aber von vielfältigen Faktoren bestimmten Sozialgebilde des Gefängnisses.

Das Gefängnis, nach neuerer Sprachregelung Vollzugsanstalt, wird ähnlich wie Kasernen, Erziehungsheime, Klöster u. ä. als „totale Institution" bezeichnet. In derartigen Einrichtungen besteht durch den langfristigen, unausgesetzten Aufenthalt eine fast gänzliche (= totale) Abhängigkeit der Insassen von der Institution bzw. dem zugehörigen Personal. Umgekehrt besteht selten umfassende (= totale) Notwendigkeit zur Regelung aller möglichen Fragen, die sonst an den unterschiedlichsten Stellen und nicht zuletzt in der Familie getroffen werden.

Will ein Gesetz für eine derartige Institution sich nicht auf einige programmatische Äußerungen zum Vollzug der Freiheitsstrafe beschränken, so muß es Normen zur Gestaltung der hauptsächlichen Aufgabenbereiche erlassen. Damit wird es zwar nicht ausschließlich, aber in wesentlichen Teilen zum grundlegenden Organisationsprogramm für die Vollzugsanstalten eines Staates. In ihm sind neben dem Vollzugsziel der Ablauf der Freiheitsstrafe, die wichtigsten Tätigkeitsbereiche, der personelle Aufbau, die Arbeitsverteilung u. a. grundsätzlich geordnet. Das Strafvollzugsgesetz der Bundesrepublik Deutschland stellt bei aller Eigenart als Gesetzeswerk ähnlich wie in anderen Ländern ein derartiges Organisationsprogramm dar.

2.1.1 Organisationsziel und -inhalt

Damit muß Qualität und Inhalt des Strafvollzugsgesetzes nicht nur unter juristischem, sondern auch und vor allem unter organisationssoziologischem Aspekt analysiert werden. Nach der Soziologin Renate Mayntz stellt „eine voll entwickelte und funktionierende Organisation die *Übersetzung* (eigene Hervorhebung) eines Zieles in Struktur und Prozeß dar"[93]. Analytische Gesichtspunkte sind danach die Abläufe (d. h. die geplanten Aktivitäten) sowie die Struktur (beispielsweise Personalaufbau) und ihre Entsprechung zum erklärten Ziel der Organisation. Das Strafvollzugsgesetz ist nach diesen

---

93 Renate Mayntz: Soziologie der Organisation, Reinbek b. Hamburg 1963, S. 77 ff. — Vgl. hierzu auch Georg Wagner: Psychologie im Strafvollzug, München 1972, S. 14 ff.

Aspekten relativ einfach zu analysieren, da sie gleichzeitig Merkmale der thematischen Gliederung sind.

Nach Calliess enthält das Strafvollzugsgesetz zwei Schwerpunkte: „Es gliedert den Vollzug in Prozeß und Struktur. Während im zweiten und in dem ihn ergänzenden dritten Abschnitt (neben der Zielsetzung, eigene Anm.) besonders die Prozesse des Vollzugsablaufs und damit die Interaktionsfelder der Gefangenen mit ihren Kontaktpersonen geregelt sind, enthält der vierte Abschnitt Grundsatzregelungen über die Strukturen des Vollzugs, besonders über dessen organisatorische und personelle Voraussetzungen"[94]. Calliess sieht im engeren Zusammenhang des Strafvollzugsgesetzes die gleiche Beziehung zwischen Vollzugsziel einerseits und Struktur und Prozeß des Vollzugs andererseits, wie sie Renate Mayntz als allgemeines Merkmal jeder Organisation herausstellt. Er schreibt hierzu: „Wie jede Organisation bedarf auch der Vollzug in den Justizvollzugsanstalten einer Zielsetzung und Aufgabenstellung. Unter Ziel ist das vom Gesetz verbindlich formulierte gesellschaftliche Problem zu verstehen, das es im Laufe des Vollzugs zu lösen gilt. Um verwirklicht zu werden, muß es in den sozialen Strukturen und Prozessen des Vollzuges ‚kleingearbeitet' werden. Diese Strukturen und Prozesse sind die Mittel und Wege, das Ziel zu erreichen. Sie sind am Ziel auszurichten und daraufhin ständig zu ‚adjustieren' "[95].

Unter juristisch-normativem Aspekt ist das Verhältnis des gesetzlich formulierten Vollzugsziels zu den gesetzlich formulierten Vollzugsabläufen ebenfalls normativer Art, so daß Calliess verlangt, die gesetzlichen Detailbestimmungen am Gesetzesziel ständig zu „adjustieren". Analytisch betrachtet stellt sich zunächst die Frage, wie weit gesetzlich vorgesehene Anstaltsstruktur und -abläufe, also nach Calliess die Mittel und Wege, eine Zielverwirklichung erlauben.

Das Strafvollzugsgesetz ist in fünf Abschnitte unterteilt, von denen der erste den Anwendungsbereich, der letzte Schlußvorschriften enthält, die zunächst noch nicht interessieren. Der dritte Abschnitt enthält besondere Vorschriften über den Vollzug der freiheitsentziehenden Maßregeln der Besserung und Sicherung (Sozialtherapie, Sicherungsverwahrung, Psychiatrische Unterbringung). Für die Frage der Umsetzung von Organisationsziel in Prozeß und Struktur sind der zweite und vierte Abschnitt („Vollzug der Freiheitsstrafe" und „Vollzugsbehörden") bedeutsam, die mit 149 der 201 Paragraphen auch quantitativ den Hauptteil des Gesetzeswerkes ausmachen. Die Abschnitte sind in Titel untergliedert, die thematisch zusammengehörige Gesetzesvorschriften enthalten. Da die Titelüberschriften den Inhalt der nachfolgenden Vorschriften recht klar zusammenfassen, ermöglichen sie ein erstes inhaltsanalytisches Bild der Relation zwischen Vollzugsziel und den organisatorischen Mitteln nach Prozeß (= Vollzug) und Struktur (= Vollzugsbehörden).

Tabelle 1 (vgl. S. 59) ordnet Zielvorstellungen und organisatorische Mittel, wie sie durch Titelüberschriften und Einzelvorschriften zum Ausdruck kom-

---

94 Rolf-Peter Calliess: Strafvollzugsrecht, Reinbek b. Hamburg 1978, S. 26.
95 Rolf-Peter Calliess, a.a.O., S. 30.

Tabelle 1: Ziel-Mittel-Relation im Strafvollzugsgesetz
(die Zahlen bezeichnen Paragraphen)

Ziel

2 Aufgaben des Vollzugs
„Im Vollzug der Freiheitsstrafe soll der Gefangene fähig werden, künftig in sozialer Verantwortung ein Leben ohne Straftaten zu führen (Vollzugsziel). Der Vollzug der Freiheitsstrafe dient auch dem Schutz der Allgemeinheit vor weiteren Straftaten."

3 Gestaltung des Vollzugs
– Angleichung an das Leben in Freiheit
– Vermeidung von Haftschäden
– Ausrichtung auf Hilfe zur Eingliederung in das Leben in Freiheit

4 Stellung des Gefangenen
– Mitwirkung an Behandlung und am Vollzugsziel …
– Beschränkung der Freiheit durch StVollzG

Mittel: *Abläufe*
– Prozesse –

§	
8 ff.	Verlegung
10	Unterbringung im offenen und geschlossenen Vollzug
11 ff.	Lockerungen, Ausführung, Urlaub
15 f.	Entlassung
17 ff.	Unterbringung, Ernährung
23 ff.	Besuch, Schriftwechsel, Urlaub und Ausführung aus besonderem Anlaß
37 ff.	Arbeit, Ausbildung, Weiterbildung
53 ff.	Religionsausübung
56 ff.	Gesundheitsfürsorge
67 ff.	Freizeit
71 ff.	Soziale Hilfe
76 ff.	Frauenstrafvollzug
81 ff.	Sicherheit, Ordnung
94 ff.	Unmittelbarer Zwang
102 ff.	Disziplinarmaßnahmen
108 ff.	Rechtsbehelfe für Gefangene

Mittel: *Vollzugsbehörden*
– Struktur –

§	
139 ff.	Arten und Einrichtungen der Vollzugsanstalten: Trennung des Vollzugs, Gliederung nach Betreuungs- und Behandlungsgruppen, Raumgrößen, Entlassungsabteilungen, Arbeitsbeschaffung …
151 ff.	Aufsicht über die Vollzugsanstalten: Aufsichtsbehörden, Vollstreckungsplan, Fachaufsicht über Sozialarbeit, Weiterbildung, Gesundheitsfürsorge, sonstige fachlich begründete Behandlung …
154 ff.	Innerer Aufbau der Vollzugsanstalten: Grundsatz der Zusammenarbeit aller zur Erreichung des Vollzugsziels, notwendige Berufsgruppen, Anstaltsleitung mit Gesamtverantwortung, Delegationsmöglichkeit, Seelsorge, ärztliche Versorgung, Konferenzen, Gefangenenmitverantwortung, Hausordnung
162 ff.	Anstaltsbeiräte
166	Kriminologische Forschung zur Weiterentwicklung der Behandlungsmethoden

Tabelle 2: Ziel-Mittel-Relation bei Wahrnehmung von Behandlungsaufgaben
(die Zahlen bezeichnen Paragraphen im StVollzG)

2 Ziel

Befähigung zu Leben ohne Straftaten in sozialer Verantwortung

3 *Gestaltungsgrundsätze*

– Angleichung des Vollzugs an Leben in der Freiheit
– Vermeidung von Haftschäden
– Ausrichtung auf Hilfen zur Eingliederung in das Leben in Freiheit

Planung des Vollzugs

5	Aufnahmeverfahren
6	Behandlungsuntersuchung
7	Vollzugsplan

Unmittelbare Zieltätigkeit

ist gesetzlich nicht vorgeschrieben, da Auftrag zu speziellen, auf Minderung von Rückfälligkeit gerichtete Behandlungsveranstaltungen nicht vorliegt, wie es beispielsweise für Arbeit und Ausbildung der Fall ist

Mittelbare Zieltätigkeit

8 ff.	Verlegung zur Förderung von Behandlung und Eingliederung
10	Entscheidung über offenen oder geschlossenen Vollzug
11 ff.	Lockerungen, Urlaub, u. a. zur Förderung der Behandlung
15 f.	Lockerung zur Entlassungsvorbereitung, Bestimmung eines für Eingliederung günstigen Zeitpunktes
24	Zulassung von Besuchen zur Förderung von Behandlung und Wiedereingliederung
27	Besuchsüberwachung aus Behandlungsgründen
34	Verwerten von Kenntnissen aus überwachten Besuchen und aus Briefen aus Gründen der Behandlung
37 ff.	Arbeit, arbeitstherapeutische Beschäftigung, Ausbildung und Weiterbildung zur Vermittlung, Erhaltung und Förderung der Erwerbstätigkeit

Fortsetzung zur linken Spalte: „Mittelbare Zieltätigkeit":

44	Gewährung von Ausbildungsbeihilfen
51	Sicherung eines Überbrückungsgeldes
53 ff.	Sicherung des Anspruchs auf religiöse Betreuung
63	Ärztliche Behandlung zur sozialen Wiedereingliederung
67 ff.	Gelegenheit zur Freizeitbeschäftigung, u. a. zu Gruppengesprächen
71 ff.	Soziale Hilfe bei der Lösung persönlicher Schwierigkeiten und der Regelung von Sozialversicherung, Unterhalt, Wohlrecht, Entlassung

Strukturelle Faktoren

– Bauliche Anlagen

143	Gestaltung soll auf einzelne abgestellte Behandlung sowie Gliederung in Betreuungs- und Behandlungsgruppen ermöglichen
145	Mit Festsetzung der Belegungsfähigkeit ist ausreichende Anzahl von Räumen vorzusehen, u. a. für therapeutische Maßnahmen

– Personelle Organisation

151	Beteiligung von Fachkräften oder Sicherstellung von fachlicher Beratung bei den Aufsichtsbehörden, u. a. hinsichtlich Sozialarbeit und sonstiger fachlich begründeter Behandlung
155	Einstellung von speziellen Fachkräften, u. a. von Psychologen und Sozialarbeitern (gesetzlich *nicht* vorgesehen ist die Bildung von entsprechenden Dienststellen in der Anstalt wie bei Verwaltungs-, allgemeinen Vollzugs- und Werkdienststellen)

Entwicklung

166	Dem kriminologischen Dienst obliegt es, den Vollzug, namentlich Behandlungsmethoden fort...

men, in drei Spalten nebeneinander, so daß die Relation zwischen diesen Größen deutlich wird. Wenn wir das von Renate Mayntz zitierte Wort, eine funktionierende Organisation stelle die „*Übersetzung*" eines Zieles in Struktur und Prozeß dar, als analytische Arbeitsanweisung verwenden, so müßte sich aus den Seitenspalten der Übersicht das in der mittleren Kolumne aufgeführte Vollzugsziel rekonstruieren lassen, wie umgekehrt Entsprechungen des Zielkomplexes in Prozeß und Struktur in zureichendem Maße nachweisbar sein müßten. Bei Durchsicht der Seitenspalten fällt jedoch auf, daß Strafvollzugsgesetz zahlreiche Angelegenheiten betrifft, die zielneutral sind, zwar notwendige Voraussetzungen der Tätigkeit überhaupt bilden, aber nicht deren eigentlichen Inhalt, so Unterbringung und Ernährung (§§ 17 ff.), Besuch, Schriftwechsel u. ä. (§§ 23 ff.), Religionsausübung (§§ 53 ff.), u. a. Das gleiche gilt für einen Großteil der aufgeführten Behördenstruktur.

Diese Aufmerksamkeit für unspezifische Voraussetzungen, für zielneutrale Aktivitäten hat verschiedene Gründe: Zum einen macht sie den charakteristischen Sachverhalt deutlich, daß für Gefangene gesetzliche Sicherungen der physischen Unversehrtheit (Unterbringung, Ernährung, Gesundheitsfürsorge u. a.) notwendig erscheinen, die für die Mitglieder anderer Institutionen selbstverständlich sind. Die Sicherung vor Haftschäden muß mit anderen Worten, bei den einfachsten Dingen, d. h. bei der physischen Unversehrtheit beginnen. Dieses Anliegen ist Tradition und wird verständlich, wenn man bedenkt, daß vor etwa hundert Jahren durch Bewegungsmangel und karge Ernährung die Sterblichkeit in den Gefängnissen und Zuchthäusern erheblich über der der freien Bevölkerung lag. Ein wichtiges Anliegen — zwar Voraussetzung, aber ebenfalls nicht zielunmittelbare Tätigkeit — ist ferner die Regelung der Kontakte nach draußen, welche die Trennung von der Außenwelt zeitweise aufheben. Entsprechend existieren zahlreiche Bestimmungen für Besuche, Schriftverkehr u. a. Zunehmende Lockerungen bewirken einen allmählichen Abbau der Haftsituation.

Wenn wir die zielneutralen Vorschriften aus der Übersicht herausnehmen und uns auf mittelbare und unmittelbare Zieltätigkeiten beschränken, dann entsteht das in Tabelle 2 wiedergegebene Bild (vgl. S. 60). Das darin nach dem Vollzugsziel der Befähigung zu einem Leben ohne Straftaten ausgefilterte organisatorische Modell macht einen bemerkenswerten Sachverhalt deutlich: Das Strafvollzugsgesetz sieht ungeachtet dieser Zielsetzung die Organisation von Behandlungsveranstaltungen zur Bewältigung kriminogener seelischer Dispositionen, wie sie für eine Befähigung zu einem Leben ohne Straftaten unerläßlich ist, nicht eigens vor. In erster Linie werden Arbeit, sodann in fakultativer Weise Aus- und Fortbildungsveranstaltungen, schließlich Freizeit und kulturelle Veranstaltungen zeitlich vorgesehen und eingeordnet. Die Teilnahme an allgemeinen und berufspädagogischen Veranstaltungen kann als Arbeit gewertet und durch Bezahlung materiell motiviert werden. Für geeignete Gefangene wird nach § 38 Abs. 2 zwar Unterricht während der Arbeitszeit zugelassen, nach § 44 Abs. 1 auch eine Ausbildungshilfe gewährt; für kriminaltherapeutische Behandlungsmaßnahmen fehlt jedoch eine auch nur vergleichbare Regelung, geschweige denn daß ein eigener Gesetzesabschnitt diesem Thema gewidmet wäre, wie es seiner grundsätzlichen Bedeutung wohl zukäme.

Das zur Verwirklichung des Vollzugsziels notwendige organisatorische Subsystem mit Behandlungsveranstaltungen ist nach allem gesetzlich nicht in ausdrücklicher Weise vorgeschrieben. Es ergibt sich jedoch auch nicht indirekt mit einiger Sicherheit aus den anderen vorhandenen Anknüpfungspunkten. So resultiert in faktisch zwingender Weise ein derartiges Subsystem weder aus der individuellen Vollzugsplanung „besonderer Hilfs- und Behandlungsmaßnahmen" gemäß § 7 Abs. 2 Ziff. 5, noch erwächst es notwendig aus der gesetzlichen Vorschrift, mit Festsetzung der Belegungsfähigkeit gemäß § 145 StVollzG eine „ausreichende Anzahl ... von Räumen für Seelsorge, Freizeit, Sport, therapeutische Maßnahmen und Besuche zur Verfügung" zu stellen.

Die zitierten Stellen institutionalisieren die erforderlichen Veranstaltungen nicht direkt; sie verlangen Selbstinstitutionalisierungen in einem Bereich, der inhaltlich (durch Pflicht zur Arbeit, durch Recht auf Freizeit und Ruhezeit sowie durch eventuelle Aus- und Fortbildung) und damit auch zeitlich durch direkte gesetzliche Vorschrift schon ausgefüllt ist. Änderungen erfordern seitens der Anstalten die Einschränkung anderer, organisatorisch unmittelbar vorgeschriebener bzw. gewährter Maßnahmen und Freiräume. Selbstinstitutionalisierungen konkurrieren unvermeidlich mit den gesetzlich unmittelbar vorgesehenen Veranstaltungen. Das bedeutet aber, daß sie im Regelfall auch nicht verwirklicht werden können, da die gesetzlich in bestimmter Weise angeordneten organisatorischen Maßnahmen anderen Inhalts Zeit, Personal und letztlich auch die Insassen blockieren.

Für das Organisationsprogramm des Strafvollzugsgesetzes bezeichnend sind, wie dargelegt, zwar keine kriminaltherapeutischen Veranstaltungen vorgeschrieben, jedoch „arbeitstherapeutische". Die betreffende Gesetzesstelle lautet: „Ist ein Gefangener zu wirtschaftlich ergiebiger Arbeit nicht fähig, soll er arbeitstherapeutisch beschäftigt werden" (§ 37 Abs. 5). „Arbeit, arbeitstherapeutische Beschäftigung, Ausbildung und Weiterbildung dienen insbesondere dem Ziel, Fähigkeiten für eine Erwerbstätigkeit nach der Entlassung zu vermitteln, zu erhalten oder zu fördern" (§ 37 Abs. 1 StVollzG). Angesichts des Fehlens in ähnlicher Weise angeordneter Maßnahmen mit anderer Zielsetzung und der daher strategisch wichtigen Rolle der zitierten Stellen im Zusammenhang des Gesetzeswerkes muß man sich hier ernsthaft fragen, für welche Institution das Strafvollzugsgesetz eigentlich die rechtlichen Grundlagen schaffen will.

Die gesetzlich vorgegebene Anstaltsstruktur ist bestimmt durch die beim Anstaltsleiter zentralisierte „Verantwortung für den gesamten Vollzug", „soweit nicht bestimmte Aufgabenbereiche der Verantwortung anderer Vollzugsbediensteter oder ihrer gemeinsamen Verantwortung übertragen sind" (§ 156 Abs. 2 Satz 2). „Für jede Anstalt ist entsprechend ihrer Aufgabe die erforderliche Anzahl von Bediensteten der verschiedenen Berufsgruppen ... vorzusehen" (§ 155 Abs. 2). Dabei werden bei Aufzählung der erforderlichen Berufe – sehr dem Sprachgebrauch angepaßt, daher unauffällig und vielleicht deswegen weder bei Calliess / Müller-Dietz noch im Alternativ-Kommentar des Strafvollzugsgesetzes erwähnt – die einen als personelle Strukturen aufgeführt (nämlich als allgemeiner Vollzugs-, als Verwaltungs- und als Werkdienst), die anderen im einfachen Plural (darunter auch Pädagogen, Psychologen und Sozialarbeiter). Schon auf Gesetzesebene werden damit verbindlich strukturierte personelle Subsysteme von anderen unterschieden, bei denen eine innere Struktur keine gesetzliche Forderung ist, also auch keine Hilfskräfte, keine Über- und Unterordnung. Bei Anstaltsärzten wird dies eigens noch mit der gesetzlichen Vorschrift zum Einsatz von Krankenpflegern ergänzt. Die etwaige Strukturierung von pädagogischen, psychologischen und sozialen Diensten ist ähnlich wie im Bereich der therapeutischen Veranstaltungen ein Problem der Selbstinstitutionalisierung ohne verbindliche gesetzliche Regelung.

Das gesetzlich vorgeschriebene personelle Strukturmodell sieht Alleinentscheidungen des Anstaltsleiters, delegierte Entscheidungen durch einzelne und Gruppen von Bediensteten vor. Gesetzlich vorgesehenes Entscheidungsmodell ist das sehr allgemein und unscharf formulierte Gebot der Zusammenarbeit. „Alle im Vollzug Tätigen arbeiten zusammen und wirken daran mit, die Aufgaben des Vollzugs zu erfüllen" (§ 154 Abs. 1). Ein kooperativer Entscheidungsmodus der „an der Behandlung maßgeblich Beteiligten" ist vom Anstaltsleiter zur „Aufstellung und Überprüfung des Vollzugsplanes und zur Vorbereitung wichtiger Entscheidungen" durchzuführen (§ 159). Schließlich ist die Gefangenenmitverantwortung Bestandteil der im Gesetz aufgeführten möglichen Entscheidungsformen. Sie sieht die Teilnahme von Gefangenen und Untergebrachten „an der Verantwortung für Angelegenheiten von gemeinsamem Interesse" vor, „die sich ihrer Eigenart und der Aufgabe der Anstalt nach für ihre Mitwirkung eignen" (§ 160).

Die funktionale und soziologische Strukturierung der Insassenschaft erfolgt im Gesetz primär vom Baulichen her. „Die Vorschrift trägt", nach Calliess / Müller-Dietz, „der Erkenntnis Rechnung, daß von der architektonischen Konzeption der Anstalten, von ihrer Gesamtgröße und den baulichen Vorgaben für eine innere Gliederung das Gelingen eines Resozialisierungsvollzuges mit abhängt"[96]. Die Justizvollzugsanstalten sind danach so zu gestalten, „daß auch die Bedürfnisse der einzelnen abgestellte Behandlung gewährleistet ist". Sie sind so zu gliedern, „daß die Gefangenen in überschaubaren Betreuungs- und Behandlungsgruppen zusammengefaßt werden können" (§ 143 Abs. 1 und 2).

Auf den ersten Blick erscheint die gesetzlich grundgelegte Struktur für Anstaltspersonal und -insassen sowie die der vorgesehenen Entscheidungsprozesse dem Vollzugsziel, die Insassen zu einem Leben ohne Straftaten zu befähigen, durchaus angemessen, wenn nicht entgegenkommend. Die Eignung einer Struktur für eine bestimmte Zielsetzung ist jedoch allein aus immanenten Kriterien nicht zu beurteilen. Sie ist nämlich in hohem Maß von der Besonderheit der zu verwirklichenden Ziele abhängig. Nach Eigenart und Zusammenhang ergeben sich völlig unterschiedliche strukturelle Probleme je nach dem, ob „Sicherung" und/oder „Resozialisierung" Aufgabe des Strafvollzugs sein sollen: Sicherungs- und Kontrollaufgaben lassen sich durch Herstellung einer eigenen zeitlich / räumlich / funktionalen Ordnung wahrnehmen, die notwendig Reduktion von individueller und sozialer

---

[96] Calliess / Müller-Dietz: Strafvollzugsgesetz, 3. Aufl. München 1983, 1 zu § 143 StVollzG.

Vielfalt bedeutet. Resozialisierung erfordert dagegen ein prinzipiell anderes Eingehen auf individuelle und soziale Prozesse; Reduktion von Vielfalt kann nicht in nahezu beliebiger Weise erfolgen, wie dies bei Sicherungs-, Ordnungs- und weitgehend auch bei Produktionsaufgaben der Fall sein kann.

Die Gegenüberstellung macht eine grundsätzlich andere Beziehung der verschiedenen Vollzugsaufgaben zur bürokratischen Struktur deutlich. Sicherungs- und Produktionsaufgaben lassen sich leicht damit vereinbaren, während das Ziel der Resozialisierung schwer zu organisieren ist und hohe strukturelle Anpassung erfordert. Entsprechend kann, wie Ohler schreibt, „der Sicherungsvollzug als ‚ideale' und der Resozialisierungsvollzug als ‚problematische' Organisation dargestellt werden"[97]. Diese Relation der vollzuglichen Aufgaben läßt die gesetzlich vorgegebenen Strukturen in einem völlig anderen Licht erscheinen. Die Benachteiligung des Behandlungszieles ist danach offensichtlich[98].

Sie ergibt sich personell aus der auf Gesetzesebene unterbliebenen organisatorischen Strukturierung der Fachkräfte des Behandlungsvollzugs im Verhältnis zu denen des allgemeinen Vollzugs-, des Verwaltungs- und des Werkdienstes. Die als „Dienste" strukturierten Subsysteme sind innerhalb der hierarchischen Gesamtstruktur, weil selbst hierarchisch, besser integriert und in ihren speziellen, behandlungsfernen Aufgaben wesentlich effizienter. Dieses Mißverhältnis an struktureller Position und Stärke kann auch durch die verschiedenen gesetzlich vorgesehenen Entscheidungsmodalitäten nicht ausgeglichen werden. Weder der Grundsatz der Zusammenarbeit aller, noch auf Anstaltsebene erfolgte Entscheidungsdelegation, noch die dem Anstaltsleiter überantwortete Konferenzverfassung haben dazu das nötige Gewicht. „Der Gegensatz zwischen Verwaltung und Behandlung, Sicherung und Resozialisierung", so Ohler, „läßt sich durch Kollegialberatung nicht abbauen, sondern erfordert schließlich pro- und contra-Entscheidungen." „Zielprioritäten ohne strukturelle Hilfen", so wiederum Ohler, sind „nicht dauerhaft gesichert"[99]. Das würde aber eine gänzlich andere personelle Integration der Fachkräfte des Behandlungsvollzugs erfordern, als sie im Gesetz vorgesehen ist.

Die gesetzlich gegebene strukturelle Benachteiligung des Behandlungsvollzugs wird schließlich auch nicht — und das ist vielleicht die überraschendste Feststellung — durch die eindeutig vorgeschriebene Gliederung der Anstalten „in überschaubare Betreuungs- und Behandlungsgruppen" (§ 143 Abs. 2) vermieden. Nach den Übergangsbestimmungen des § 201 ist diese Vorschrift für schon bestehende Anstalten lediglich „Soll-" und keine „Muß-"Norm. Ganz abgesehen davon kann die Eindeutigkeit, mit der „Betreuung" und „Behandlung" mikrosoziologisch integriert werden sollen, die Masse der anders orientierten Gesetzesbestimmungen nicht mehr ändern. Das Gesetzeswerk vermittelt trotz programmatischer Behandlungsideologie im Zusammenhang aller anderen Bestimmungen eine Eigendeutung von „Be-

---

97 Wolfgang Ohler: Die Strafvollzugsanstalt als soziales System, Heidelberg — Karlsruhe 1977, S. 67.
98 Vgl. Ohler, a.a.O., S. 109 f.
99 Ohler, a.a.O., S. 110.

treuung" und „Behandlung", die keine objektiv prägende Wirkung mehr hat und beliebiger Interpretation unterliegt. Es wäre daher unrealistisch, wollte man von einer wie auch immer gearteten Einteilung und Gliederung der Insassenschaft einen wesentlichen Beitrag zur Verwirklichung des Vollzugsziels erwarten.

Schließlich ist noch zu bedenken, ob eine Entwicklung der gesetzlich grundgelegten Struktur des Strafvollzugs durch den gemäß § 166 StVollzG vorgesehenen kriminologischen Dienst möglich ist. Ihm ist zur Aufgabe gestellt, „in Zusammenarbeit mit den Einrichtungen der Forschung den Vollzug, namentlich die Behandlungsmethoden, wissenschaftlich fortzuentwickeln und seine Ergebnisse für Zwecke der Strafrechtspflege nutzbar zu machen". Die Frage der Einwirkungsmöglichkeit einer derartigen Institution ist nicht zu beantworten, da weder Position noch Ort noch Wirkungsbereich gesetzlich näher umschrieben sind. Ein kriminologischer Dienst war schon nach Nr. 59 der Dienst- und Vollzugsordnung geplante Einrichtung, ohne je realisiert zu werden.

Rekonstruiert man nach allem aus den gesetzlich vorgesehenen Strukturen und Prozessen Aufgaben und faktische Ziele unserer regulären Vollzugsanstalten, so stellen sich diese allenfalls als ausbruchssichere oder auch offene Arbeits- und Ausbildungshäuser dar, nicht jedoch als Einrichtungen mit dem Ziel des § 2 StVollzG. Ursache für die Gleichsetzung von Behandlung kriminell auffälliger Personen mit (berufs-)pädagogischen Maßnahmen bei Arbeitsstörungen ist ein jahrhundertealtes Klischee, das sich in dem Sprichwort „Müßiggang ist aller Laster Anfang" ausdrückt. Daß Laster Zeit kosten, ist trivial; es verspricht aber noch keine Ursachenbeseitigung des Lasters, wenn die Zeit vorübergehend zu anderem verwendet wird.

Die Geburt des Zuchthauses geschah in diesem Geist der Bekämpfung des Müßiggangs. So schreibt Rudolf Sievert: „Die Schöffen (eines Amsterdamer Gerichtes, eigene Ergänzung) konnten sich im Jahr 1587 nicht entschließen, einen 16jährigen Dieb nach der bisherigen . . . Strafrechtspraxis hängen zu lassen; sie schlugen stattdessen dem Rat der Stadt vor, ein geeignetes Mittel zu finden, derartige Bürgerkinder in dauernder Arbeit zu halten und womöglich dadurch zu einem besseren Lebenswandel zu erziehen"[100]. Die Tradition dieser Behandlungsmethode schleppt sich, ungebrochen durch Mißerfolge jeglicher Art und Größe, durch die seitherigen Jahrhunderte fort.

Thomas Würtenberger, Mitglied der Strafvollzugskommission, erläutert 1969 in einem Referat über das „Ziel des Strafvollzugs" die prinzipiell gleichen Behandlungsvorstellungen. Auf seine Ausführungen hin wird ein Vorschlag für das Strafvollzugsgesetz folgenden Inhalts formuliert: „Ziel des Vollzugs ist die Eingliederung des Verurteilten in die Rechtsgemeinschaft. Grundlagen dieser Eingliederung sind Arbeit, Aus- und Fortbildung im Beruf und Persön-

---

100 Rudolf Sievert: Zur Geschichte der Reformversuche im Freiheitsstrafvollzug, in: Strafvollzug in Deutschland — Situation und Reform, hrsg. von Dietrich Rollmann, Frankfurt a. M. 1967, S. 44.

lichkeitsbildung"[101]. Dabei ist zu berücksichtigen, daß Persönlichkeitsbildung ein sehr unbestimmter Sachverhalt ist, der sich im Verhältnis zu den sonst aufgeführten Maßnahmen schwer organisatorisch oder gesetzlich präzisieren läßt. Unbestritten sind die genannten Aktivitäten für die Gestaltung des Strafvollzugs bedeutsam. Es ist auch erforderlich, sie in den Zusammenhang der kriminaltherapeutischen Behandlung einzuordnen; sie haben jedoch in der Regel keinen Einfluß auf die spezifisch kriminogenen Faktoren der Delinquenz und sind ohne eigene therapeutische Maßnahmen wirkungslos. Das beweist nicht zuletzt der traditionelle Vollzug, dessen Reform das Strafvollzugsgesetz in Aussicht stellt.

Die an zweiter Stelle in § 2 und mit dem Wörtchen „auch" als deutlich nachrangig gekennzeichnete Aufgabe, daß der Vollzug der Freiheitsstrafe „dem Schutz der Allgemeinheit vor weiteren Straftaten" zu dienen habe, wird im Kommentar von Müller-Dietz und Calliess als zwar eigens erwähnter, jedoch eigentlich integraler Bestandteil des Strafvollzugsziels der Befähigung zum straffreien Leben dargestellt: „In diesem Sinne ist es nur folgerichtig, wenn der Schutz der Allgemeinheit vor weiteren Straftaten als *Aufgabe* des Vollzugs aufgeführt, jedoch nicht zum Ziel des Vollzugs selbst erklärt wird. Primär dient der Vollzug dem Schutz der Allgemeinheit vor weiteren Straftaten dadurch, daß er unter dem Sozialstaatsaspekt in Artikel 20, 28 GG verpflichtet wird, dem Gefangenen Hilfen zu geben, die ihn befähigen, künftig in sozialer Verantwortung ein Leben ohne Straftaten zu führen. Es geht insofern um eine ‚Neuorientierung der Sicherungsfunktion' des Freiheitsentzuges: Die Vorschriften über den offenen Vollzug, den Urlaub und die Lockerungen des Vollzuges zeigen, daß die Isolierung von der übrigen Gesellschaft kein selbständiges Ziel des Strafvollzuges darstellen soll. . . . Sofern der Vollzug auch dem Schutz der Allgemeinheit vor weiteren Straftaten dient, muß die in Satz 2 formulierte Aufgabe des Vollzuges bei der Verfolgung des in Satz 1 umschriebenen alleinigen Zieles beachtet werden, aber die sichernde Isolierung hat eine der Resozialisierung dienende Funktion. . . . Die Strafe macht die Gesellschaft zwar, was der zwangsweise Freiheitsentzug begriffsnotwendig impliziert, vor dem Gefangenen durch dessen ‚Eingesperrtsein sicher', sie ist aber nicht zugleich Gestaltungsmaxime für die Zeit des ‚Eingesperrtseins' "[102].

Wie Tabelle 3 (vgl. S. 67) zeigt, ist die sichere Isolierung der Insassen das differenzierteste und quantitativ am häufigsten dargestellte Anliegen der gesetzlichen Gestaltung des Vollzugs der Freiheitsstrafe. Sichere Isolierung wird gewährleistet durch Kontrollmöglichkeiten bis tief in den engsten Intimbereich des Gefangenen, durch die Möglichkeit zu weitgehender Ordnung und damit Systematisierung und Überschaubarkeit des Verhaltens, sowie durch Berücksichtigung des Sicherungsgedankens bei Entscheidungen über Lockerungen. Dies alles geschieht ganz abgesehen von den baulichen Maßnahmen, die die Einrichtung des geschlossenen Vollzugs ausmachen. Die

---

101 Tagungsberichte der Strafvollzugskommission, VI. Band, Hrsg. Bundesministerium der Justiz, Bonn 1969, S. 94; vgl. dort auch vorausgehendes Referat von Th. Würtenberger: Ziel des Strafvollzugs, S. 92 ff.
102 Calliess / Müller-Dietz, Strafvollzugsgesetz, a.a.O., 5 zu § 2 StVollzG.

Tabelle 3: *Ziel-Mittel-Relation bei Wahrnehmung von Sicherheitsaufgaben*
(die Zahlen bezeichnen Paragraphen bzw. Absätze im StVollzG)

	2 Ziel
	... Der Vollzug der Freiheitsstrafe dient auch dem Schutz der Allgemeinheit vor weiteren Straftaten.

Allgemeine Bedingungen der Zielverwirklichung[1]		*Besondere Maßnahmen zur Zielverwirklichung*[1]		*Strukturelle Faktoren*	
10	Offener und geschlossener Vollzug	17/3	Einschränkung der gemeinschaftlichen Unterbringung aus Gründen der Sicherheit	141/2	(baulich) sichere Unterbringung in Anstalten des geschlossenen Vollzugs
19/2	Übersichtlichkeit des Haftraums			156/3	Anordnungsbefugnis zu Durchsuchungen und besonderen Sicherungsmaßnahmen (§§ 84/2; 88) hat Anstaltsleiter
22/2	Ausschluß von Gegenständen vom Vollzug	24/3	Durchsuchung von Besuchern		
	Einkauf, die die Sicherheit gefährden	25	Besuchsverbot aus Sicherheitsgründen		
27	Überwachung von Besuchen	27	Überwachung von Besuchern[2]		
29	Überwachung des Schriftwechsels	28	Untersagen von Schriftwechsel		
30/3	Aufbewahren von unverschlossenen Schreiben	29	Überwachung des Schriftwechsels[2]		
82/2	Anweisungs- und Platzgebundenheit des Gefangenen	31/1	Anhalten von Schreiben		
		33/3	Verbot des Paketempfangs		
83/1	Einschränkung und Kontrolle des Besitzes der Gefangenen	34/1	Verwertung von Kenntnissen des Schrift- und Besuchsverkehrs		Fortsetzung mittlere Spalte
84/1	Der Gefangene, seine Sachen und Haftraüme dürfen durchsucht werden	54/3	Ausschluß vom Gottesdienst	84/2/3	Recht und Voraussetzungen zu mit Entkleidung verbundener körperlicher Durchsuchung
		68/2	Ausschluß des Bezugs einzelner Ausgaben von Zeitungen ... aus Gründen der Sicherheit	85	Verlegung zur sicheren Unterbringung
				87	Festnahmerecht
85	Erkennungsdienstliche Maßnahmen	69/1	Ausschluß von Hörfunk- und Fernsehempfang	88	Besondere Sicherungsmaßnahmen
				89	Einzelhaft
		83/4	Unterlagen über Sicherungsvorkehrungen in Händen von Gefangenen dürfen vernichtet werden	90	Fesselung
		84/1	wie linke Spalte[2]		

[1] Die gesetzlich vorgesehenen Maßnahmen allgemeiner und spezieller Art sind nicht vollständig aufgeführt.
[2] Die in den §§ 27; 29; 84/1 vorgesehenen Überwachungs- bzw. Durchsuchungsmaßnahmen bestimmen ebenso den Regelfall und werden ohne besonderen Anlaß (beispielsweise als Stichprobe) durchgeführt. Sie können aber auch bei entsprechendem Verdacht als besondere Maßnahmen, dann meist in verschärfter Form, bei einzelnen Gefangenen angewendet werden.

Begriffe „Sicherheit und Ordnung" bedingen sich — wie festzustellen ist — wechselseitig.

Den mit der sicheren Isolierung zwar nicht allein, aber doch eng verbundenen Maßnahmen sind drei eigene Gesetzesabschnitte zugeordnet: 11. Titel: Sicherheit und Ordnung, 12. Titel: Unmittelbarer Zwang, 13. Titel: Disziplinarmaßnahmen. Während das Vollzugs- bzw. Behandlungsziel entgegen seiner grundlegenden Formulierung nach § 2 StVollzG im Gesetzeswerk weit unterrepräsentiert ist, liegen die Verhältnisse hinsichtlich der Aufgabe, die Allgemeinheit durch entsprechende Internierung der Insassen vor Entweichungen zu schützen, gerade umgekehrt. Die sichere Isolierung ist — gerade entgegen § 2 StVollzG — *die* Gestaltungsmaxime des Gesetzeswerkes.

Der unspezifische Charakter der gesetzlichen Bestimmungen zur Anstaltsstruktur (Vierter Abschnitt: Vollzugsbehörden) betrifft nicht nur das Vollzugsziel der Behandlung, sondern auch die Aufgabe des Schutzes der Allgemeinheit. Jedoch erscheint dies im Hinblick auf das Ziel der Sicherung der Anstalt nach innen und außen auch kaum erforderlich. Die institutionelle Struktur als Sicherungsanlage resultiert aus dem Zusammenhang der zahlreichen gesetzlichen Bestimmungen, die Sicherungsmaßnahmen vorschreiben.

Ein organisatorisches Zielmodell ist für § 3 Abs. 1 („Das Leben im Vollzug soll den allgemeinen Lebensverhältnissen soweit als möglich entsprechen") sowie für § 3 Abs. 2 („Schädliche Folgen des Freiheitsentzugs ist entgegenzuwirken") unter Beschränkung auf das Gesetzeswerk allein kaum zu entwickeln. Dies würde die Anwendung soziologischer und psychologischer Thesen erfordern, die den engeren Rahmen einer sich auf das Gesetzeswerk beschränkenden Inhaltsanalyse überschritten. § 3 Abs. 3 StVollzG („Der Vollzug ist darauf auszurichten, daß er dem Gefangenen hilft, sich in das Leben in Freiheit einzugliedern") ist Teil bzw. Ergänzung des Vollzugsziels gemäß § 2[103]. Seine Zielverwirklichung ist mit in Tabelle 1 aufgeführt.

§ 4 StVollzG regelt die Rechtsstellung des Gefangenen. Er lautet:

„(1) Der Gefangene wirkt an der Gestaltung seiner Behandlung und an der Erreichung des Vollzugszieles mit. Seine Bereitschaft hierzu ist zu wecken und zu fördern.

(2) Der Gefangene unterliegt den in diesem Gesetz vorgesehenen Beschränkungen seiner Freiheit. Soweit das Gesetz eine besondere Regelung nicht enthält, dürfen ihm nur Beschränkungen auferlegt werden, die zur Aufrechterhaltung der Sicherheit oder zur Abwendung einer schwerwiegenden Störung der Ordnung der Anstalt unerläßlich sind."

Nach Abs. 1 soll der Gefangene nicht Objekt, sondern seine Behandlung mitbestimmendes Subjekt sein. Er darf zu ihr nicht gezwungen werden, sondern muß dazu sowohl fähig als auch bereit sein. „Wenn der Gefangene nicht mitwirken will, muß der Vollzugsstab das respektieren"[104]. Die Verwirklichung dieser Aufgabe im Gesetzeswerk ergibt sich im wesentlichen aus der Inter-

---

103 Calliess / Müller-Dietz, Strafvollzugsgesetz, a.a.O., vgl. 7 und 8 zu § 3 StVollzG.
104 Calliess / Müller-Dietz, Strafvollzugsgesetz, a.a.O., vgl. zum Ganzen 2 ff. zu § 4 StVollzG.

pretation von Tabelle 2[105]. Danach ist die Mitwirkung des Gefangenen so weit realisierbar, als seiner Individualität entsprechende Möglichkeiten bestehen und die strukturellen Gegebenheiten eine Umsetzung seiner Bereitschaft in Handlungen gewährleisten. Dafür bringt das Gesetzeswerk allerdings wenig.

§ 4 Absatz 2 steht zum übrigen Gesetzeswerk nicht in einer Ziel/Mittel-Relation, sondern in dem seiner Bestätigung und des weitestgehenden Ausschlusses gesetzlich nicht aufgeführter Freiheitsbeschränkungen. Er will die traditionelle Unterwerfung des Gefangenen unter das „besondere Gewaltverhältnis" vorausgehender Rechtsverordnungen in ausdrücklicher Weise ablösen, relativiert jedoch das Enumerationsprinzip der Freiheitsbeschränkungen durch eine Art Notstandsklausel, für die anläßlich der diesem Passus vorausgehenden gesetzlichen Beratungen allerdings kein möglicher Anwendungsfall aufgewiesen wurde[106].

Die mit § 4 StVollzG definierte Rechtsstellung des Gefangenen läßt sich vor allem bezüglich seiner Freiheitsbeschränkungen nicht aus den Bestimmungen des Strafvollzugsgesetzes allein beurteilen. Erforderlich wäre ein eingehender Vergleich mit dem vorausgehenden Rechtszustand sowie mit den Strafvollzugsgesetzen anderer Länder.

Die dem Strafvollzugsgesetz vorausgehend bestehende Dienst- und Vollzugsordnung (DVollzO) umschrieb die Rechtsstellung des Gefangenen als Unterwerfung nach der Generalklausel des besonderen Gewaltverhältnisses. Sie ist im Strafvollzugsgesetz durch die detaillierte Aufzählung zulässiger Beschränkungen bedingt eingeschränkt, denn damit sind nicht vorgesehene Beschränkungen nicht völlig ausgeschlossen. „Soweit das Gesetz eine besondere Regelung nicht enthält, dürfen ihm (dem Gefangenen, eigene Anm.) nur Beschränkungen auferlegt werden, die zur Aufrechterhaltung der Sicherheit oder zur Abwendung einer schwerwiegenden Störung der Ordnung unerläßlich sind".

Ob die differenzierte Darstellung der Rechtsbehelfe des Gefangenen nach §§ 108 – 121 seine rechtliche Stellung verbessert, erscheint zweifelhaft. Differenziertheit erhöht auch die Probleme der Ingebrauchnahme. Eindeutiger erscheinen diesbezüglich die relativ präzis umschriebenen Ansprüche auf Lockerungen und auf mit dem Strafvollzugsgesetz eingeräumte Möglichkeiten der sozialen Sicherung.

2.1.2 Das normative Systemmodell

Wie vorausgehend geschehen, läßt sich im Strafvollzugsgesetz ein charakteristisches Verhältnis zwischen den darin aufgeführten allgemeinen Zielen des Vollzugs und den dafür gesetzlich vorgesehenen Mitteln nachweisen. Das Resultat ist ein organisatorisches Zielmodell der Behandlung und eines der Sicherung der Allgemeinheit durch Isolierung. Das Zielmodell ist für die

---

105 Vgl. oben, S. 60 ff.
106 Calliess / Müller-Dietz, Strafvollzugsgesetz, a.a.O., vgl. 18 zu § 4 StVollzG.

Gestaltung der realen Verhältnisse weitaus aufschlußreicher und maßgeblicher als es gesetzlich formulierte Zielvorstellungen allein sein können. Der Ansatz, mit Hilfe eines derartigen Zielmodells eine Organisationsanalyse zu vermitteln, ist nach Etzioni jedoch nicht der einzige Weg für die Analyse des voraussichtlichen Organisationserfolgs[107]. Auch im vorliegenden Fall der Untersuchung des Organisationsprogramms auf der Ebene gesetzlicher Bestimmungen ist die Ziel/Mittel-Analyse ergänzungsbedürftig. Aspekte außerhalb dieses Zusammenhanges werden damit nämlich nicht deutlich.

Etzioni schlägt zur Ergänzung des Zielmodells ein Systemmodell der Organisationsanalyse vor. Inhalt ist die praktische Tätigkeit der Organisation. Nun enthält ein Gesetzeswerk keine empirische Beschreibung seiner Realisierungen, es enthält jedoch neben Bestimmungen allgemeineren Grades, wie zum Beispiel dem nach § 2 gesetzten Vollzugsziel, relativ konkrete Vorschriften, so zum Beispiel § 93 Abs. 1: „Der Gefangene ist verpflichtet, der Vollzugsbehörde Aufwendungen zu ersetzen, die er durch eine vorsätzliche oder grob fahrlässige Selbstverletzung oder Verletzung eines anderen Gefangenen verursacht hat . . ." Es sind Handlungs- und Entscheidungsanweisungen, die auf einen eindeutigen Sachverhalt bezogen sind und im Vergleich zu den allgemeinen Zielen besser auf ihre Verwirklichung überprüft werden können.

Ausgangspunkt einer möglichen Systemanalyse des Gesetzeswerkes ist die Überlegung, daß leicht konkretisierbare und dadurch nachprüfbare Gesetzesvorschriften — wie organisatorische Erfahrungen aus anderen Bereichen zeigen[108] — ein System bilden, das der Verwirklichung näher liegt. Die Analyse dieser speziellen Gesetzesvorschriften verweist daher auf eine institutionelle Zielvorstellung, der größere praktische Bedeutung zukommt. Sie wird je nach innerer Widerspruchsfreiheit des Gesetzeswerkes mit dem allgemeinen Zielprogramm (§ 2 u. a.) übereinstimmen oder sich von ihm unterscheiden. Diese Systemanalyse ist im Vergleich zur Ziel/Mittel-Analyse differenzierter und liefert zusätzliche Informationen.

Gegenstand der Systemanalyse sind im wesentlichen die Handlungsanweisungen des Gesetzeswerkes ohne seine (allgemeinen) Grundsätze. Ersten Zugang geben die Überschriften des zweiten Abschnitts „Vollzug der Freiheitsstrafe". Sie werden nachfolgend mit der Zahl der enthaltenen Paragraphen aufgeführt:

Die angeführten Gesetzestitel lassen sich unter folgende Untersysteme praktischen Entscheidens und Handelns subsumieren:

1. Bestimmung des Grades der Internierung
   (= Zusammenhang der Vorschriften über Sicherheit und Lockerungen des Vollzugs)

2. Verhaltensregulierung der Gefangenen durch das Personal
   (= Zusammenhang von Vorschriften, die für die anstaltsinternen Herrschaftsbeziehungen relevant sind)

---

107 Amitai Etzioni, a.a.O., vgl. S. 34 f.
108 Amitai Etzioni, a.a.O., vgl. S. 22.

3. Bestimmung der Existenzform der Insassen
(= Zusammenhang aller Handlungsanweisungen, insbesondere der Vorschriften über Unterbringung, Versorgung, Beschäftigung und Betreuung der Gefangenen)

Tabelle 4

(1)	Planung des Vollzugs	§§ 5 bis 16	= 12
(2)	Unterbringung und Ernährung der Gefangenen	§§ 17 bis 22	= 6
(3)	Besuche, Schriftwechsel sowie Urlaub, Ausgang und Ausführung aus besonderem Anlaß	§§ 23 bis 36	= 14
(4)	Arbeit, Ausbildung und Weiterbildung	§§ 37 bis 52	= 17
(5)	Religionsausübung	§§ 53 bis 55	= 3
(6)	Gesundheitsfürsorge	§§ 56 bis 66	= 11
(7)	Freizeit	§§ 67 bis 70	= 4
(8)	Soziale Hilfe	§§ 71 bis 75	= 5
(9)	Sicherheit und Ordnung	§§ 81 bis 93	= 13
(10)	Unmittelbarer Zwang	§§ 94 bis 101	= 8
(11)	Disziplinarmaßnahmen	§§ 102 bis 107	= 6
(12)	Rechtsbehelfe	§§ 108 bis 121	= 14

2.1.2.1 Der Grad der Internierung

Die Bestimmung des Grades der Internierung setzt sämtliche Maßnahmen, die sich auf Sicherheit und Ordnung einerseits sowie auf Lockerungen des Vollzugs und der Kontakte mit der Außenwelt andererseits richten, in einen komplementären Zusammenhang[109]. Eine gesetzliche Maßnahme der einen Art kann nämlich nicht ohne Berücksichtigung einer der anderen getroffen werden.

Charakteristisch für das Strafvollzugsgesetz ist die Art und Weise, wie dieser Zusammenhang ausgedrückt wird. Danach wird die Durchführung von Ordnungs-, Sicherheits- und Zwangsmaßnahmen durch den Grundsatz der Verhältnismäßigkeit der Mittel, gefaßt in entsprechenden Generalklauseln (§ 81 Abs. 2; § 94 Abs. 1; § 96), begrenzt. Zu den Vorschriften über die Anwendung unmittelbaren Zwangs werden weitere einschränkende Gesichtspunkte geltend gemacht. Charakteristikum bleibt jedoch, daß in diesen Vorschriften die Gesetzesanwendung durch den allgemeinen Vorbehalt der Generalklausel kontrolliert wird und dieser offenbar als ausreichend betrachtet wird. Anders ist es bei Vorschriften, die eine Verringerung des Grades der Internierung, also eine Lockerung, beinhalten. Hier verläßt sich der Gesetzgeber nicht nur auf die Wirkung von § 2 Satz 2 als Generalklausel allein[110] sowie auf die im einzelnen aufgeführten Sicherheitsbestimmungen des Gesetzeswerkes; er verbindet vielmehr jede Reduzierung des Grades der Internierung mit dem ausdrücklichen Hinweis auf Ausschluß von Sicherheitsgefahren.

---

109 Im wesentlichen §§ 10 bis 14 über offenen und geschlossenen Vollzug, über Lockerungen und Urlaub, ferner die Titel unter (3), (9) und (10) nach Tabelle 4.
110 „Der Vollzug der Freiheitsstrafe dient auch dem Schutz der Allgemeinheit vor weiteren Straftaten."

Die Bestimmungen über freiere Formen des Vollzugs bzw. über die Reduzierung des Grades der Internierung erfahren ferner eine charakteristische Häufung von Vorbehalten, die ihre Anwendung verbieten können. Dagegen fehlen bei Sicherheits- und Ordnungsmaßnahmen Vorbehalte, die sich aus einem behandlungsorientierten Konzept von Lockerungsmaßnahmen ergeben könnten. Der Grundsatz einer gleichwertigen Vertretung von repressiven Sicherheits- und Ordnungsmaßnahmen durch Behandlungsmaßnahmen, seien es langfristige therapeutische Veranstaltungen oder Kriseninterventionen, bleibt unausgesprochen. Es fehlt mit anderen Worten ein durch das Vollzugsziel ausdrücklich qualifizierter Grundsatz der Verhältnismäßigkeit, geschweige daß er — ähnlich wie Sicherheitsvorbehalte bei Lockerungsmaßnahmen — bei jeder Erhöhung des Grades der Internierung bzw. der Repression wiederholt würde.

Prototypisch für diese Relation sind die §§ 10 Abs. 1 über offenen und geschlossenen Vollzug und 84 Abs. 1 über die Zulässigkeit von Durchsuchungen:

§ 10 Abs. 1: „Ein Gefangener soll mit seiner Zustimmung in einer Anstalt oder Abteilung des offenen Vollzugs untergebracht werden, wenn er den besonderen Anforderungen des offenen Vollzugs genügt und namentlich nicht zu befürchten ist, daß er sich dem Vollzug der Freiheitsstrafe entzieht oder die Möglichkeiten des offenen Vollzuges zu Straftaten mißbrauchen kann."

§ 84 Abs. 1: „Der Gefangene, seine Sachen und die Haftträume dürfen durchsucht werden. Bei der Durchsuchung männlicher Gefangener dürfen nur Männer, bei der Durchsuchung weiblicher Gefangener nur Frauen anwesend sein. Das Schamgefühl ist zu schonen."

Während die gesetzliche Soll-Vorschrift über die Unterbringung im offenen Vollzug mit vierfachem Vorbehalt verbunden ist und jeder einzelne davon die Durchführung verhindern kann, ist die Zulässigkeit der Durchsuchung bedingungsfrei formuliert. In beide Gesetzesparagraphen wirken natürlich andere Bestimmungen hinein; auffällig ist jedoch die unterschiedliche Begründungslast, der die vorgesehenen Maßnahmen unterliegen: Während die Verringerung des Grades der Internierung eine qualifizierte, mehrdimensionale Begründung erfordert, entfällt diese in der Regel bei Sicherheits- und Ordnungsmaßnahmen. Der größeren Freiheit zur Anwendung repressiver Maßnahmen steht eine geradezu zwanghaft eingeschränkte Freiheit in der Anwendung von Lockerungsmaßnahmen jeglicher Art gegenüber. Nicht unter diese Regel fällt die Rücknahme ausdrücklich zugebilligter Freiheiten sowie die Anwendung unmittelbaren Zwangs. Hier ist die gesetzlich erforderliche Begründungslast der der Durchführung von Lockerungsmaßnahmen vergleichbar.

Auf einen einfachen Nenner gebracht, läßt sich nach Strafvollzugsgesetz ein Gefängnis leichter verschließen als zu irgendwelchen Lockerungsmaßnahmen öffnen. Das erscheint für den von einem traditionellem Bild des Gefängnisses geprägten Leser plausibel und vernünftig. Die dargelegte Beziehung begünstigt jedoch folgende Auswirkungen: Die Bestimmung des Internierungsgrades bewegt sich zwischen der selbstverständlichen Wahrnehmung von Sicherheits- und Ordnungsmaßnahmen und ihrer detailliert begründeten Lockerung. Sie repräsentiert formalisiertes Sicherheits- und Ordnungsdenken relativ frei von Behandlungsorientierung. Weder ist, um es im Beispiel zu charakterisieren, eine intensive Betreuung von Gefangenen in Einzelhaft obligatorisch, noch wird generell die Durchführung von Sicherheitsmaßnahmen als kritische Situation herausgestellt, die einer Intensivierung der Behandlung bedarf.

2.1.2.2 Die Verhaltensregulierung

Einen bestimmten Grad der Unfreiheit zu fixieren, erfordert ein entsprechendes gesetzliches Instrumentarium wirksamer Mittel, angefangen von Anweisungsbefugnissen bis zur Anwendung von Disziplinarmaßnahmen und zu der von physischer Gewalt.

Verhaltensregulierung erfolgt auf zwei Ebenen:

1. Die physische Gewalt der baulichen Anlagen (Mauern, Gitter, Haftträume, Schlösser) stellt ein System verdinglichten Zwangs dar, das in Fällen vermuteten Ausbruchs oder Entweichung durch besondere Sicherungsmaßnahmen (zum Beispiel sichere Unterbringung nach § 85), im Fall körperlichen Widerstandes von Gefangenen durch die Anwendung unmittelbaren Zwangs (§§ 94 – 101) ergänzt wird. Das System des physischen Zwangs kommt also überwiegend schon in den verschiedenen Haftformen zum Ausdruck (geschlossener, offener Vollzug, Gemeinschaft, Einzelhaft).

2. Verhaltensvorschriften legen die generelle Überordnung des Personals, deren ausdrückliche Anweisungsbefugnis hinsichtlich Tageseinteilung, Aufenthalt, Eigentumsverfügung sowie deren allgemeine Kontrollbefugnis fest.

Sicherheit als Erzwingung und Ordnung als Verhaltensnormierung ergänzen einander. Sie sind sowohl Mittel der Internierung als auch der Verhaltensregulierung. Die Wirkung bzw. Autorität von Sicherheit und Ordnung werden durch Sanktionen (Disziplinarmaßnahmen) vor Fehlverhalten geschützt. So ist das Vereiteln von Sicherheitsmaßnahmen, beispielsweise die Entweichung, notwendig auch ein Ordnungsdelikt.

2.1.2.3 Die Existenzform der Insassen

Im dritten wichtigen Untersystem werden die praxisnahen gesetzlichen Handlungs- und Entscheidungsanweisungen zu einem Zusammenhang integriert, der die Grundlage für Daseinserhaltung und -förderung der Insassen sowie für deren wertschaffende Tätigkeit darstellt. Dafür sind sowohl Internierungsgrad als auch Verhaltensregulierung bestimmend. Ferner werden die folgenden Vorschriften wirksam:

Arbeit, Ausbildung, Weiterbildung	§§ 37 bis 52
Unterbringung und Ernährung	§§ 17 bis 22
Gesundheitsfürsorge	§§ 56 bis 66
Freizeit	§§ 67 bis 70

Religionsausübung §§ 53 bis 55
soziale Hilfe §§ 71 bis 75

Die aufgeführten Bestimmungen organisieren Inhalt und zeitliche Abfolge des Lebens der Gefangenen in der Anstalt. Sie schaffen darüber hinaus Anpassungsvoraussetzungen für die Zeit nach der Haft. Sie strukturieren mit anderen Worten die Basispersönlichkeit des Anstaltsinsassen. Das Strafvollzugsgesetz setzt dabei die folgenden Schwerpunkte:

1. Es gewährleistet die Existenzform eines alleinstehenden Menschen, der in einem gleichförmigen zeitlichen Rhythmus der Aktivitäten sowie der sozialen Kontakte lebt (Unterbringung während der Arbeit, Freizeit und Ruhezeit §§ 17; 18 und 67). Der Insasse trägt im allgemeinen Anstaltskleidung (§ 20). Er verfügt in stark eingeschränktem Maße über Eigentum, das er in seinem Haftraum aufbewahren darf (§§ 19 und 20). Der Insasse hat Zugang zu Massenmedien (§§ 68 und 69); er erhält Gelegenheit zu anstaltsinternen Freizeitaktivitäten (§ 67).

2. „Körperliche und geistige Gesundheit" unterliegen der Sorge der Anstalt (§ 56). Dies betrifft u. a. auch den Aufenthalt im Freien (§ 64), die ärztliche Überwachung der Anstaltsverpflegung (§ 21). Religionsausübung wird gewährleistet (§§ 53 – 55).

3. Das Strafvollzugsgesetz verpflichtet den Insassen grundsätzlich, eine ihm zugewiesene wirtschaftlich ergiebige Arbeit bzw. eine Beschäftigung zu verrichten oder bei Arbeitsunfähigkeit, sich einer Arbeitstherapie zu unterziehen (§§ 37 und 41).

4. Nach von der Anstalt festgestellter Eignung soll Gelegenheit zur „Berufsausbildung, beruflichen Fortbildung, Umschulung oder Teilnahme an anderen ausbildenden oder weiterbildenden Maßnahmen gegeben werden" (§ 37 Abs. 3). Ähnlich soll für „geeignete Gefangene, die den Abschluß der Hauptschule nicht erreicht haben, . . . Unterricht in den zum Hauptschulabschluß führenden Fächern oder ein der Sonderschule entsprechender Unterricht vorgesehen werden" (§ 38 S. 1).

5. Die Anstalt erleichtert die Wiedereingliederung nach der Entlassung durch generell gültige Vorschriften (Bildung eines Überbrückungsgeldes nach § 51), durch selektive Maßnahmen (berufliche Aus- und Weiterbildung, s. unter 4.), durch zunehmende Angleichung des Arbeitslebens an das in der Freiheit (Außenbeschäftigung und Freigang gem. § 11 Abs. 1 Ziff. 1), durch Ausführung, Ausgang (§ 11 Abs. 1 Ziff. 2), durch Urlaub aus der Haft (§ 13), durch Hilfe bei der Suche nach „Arbeit, Unterkunft" und durch „persönlichen Beistand" (§ 74).

In den aufgeführten Bereichen strukturiert das Strafvollzugsgesetz die Basispersönlichkeit des Gefangenen nach drei Methoden:

1. Es reduziert Selbstbestimmung.
2. Es läßt Zugangschancen offen.
3. Es läßt Freiräume.

Zugangschancen und Freiräume werden im Rahmen und unter der Voraussetzung einer reduzierten Selbstbestimmung gewährt. Die Einschränkung der Selbstbestimmung ist umfassender Art:

Sie erstreckt sich auf die Tageseinteilung (§ 82 Abs. 1), den Aufenthalt (§ 82 Abs. 2), auf gebotene und zugelassene Aktivitäten, auf Kontakte und Eigentumsverfügung (§ 83). Ihr wichtigstes Merkmal und gleichzeitig Ergebnis der vielfältigen Einschränkungen ist der Objektcharakter der Persönlichkeit. Nach Strafvollzugsgesetz wird der Gefangene hinsichtlich seiner körperlichen und geistigen Gesundheit Gegenstand der institutionellen Sorge (§ 56 Abs. 1). Er ist grundsätzlich Adressat von Anweisungen (§ 82 Abs. 2) sowie Objekt ständig möglicher Kontrollen (§ 84). Reduktion der Selbstbestimmung drückt nämlich nichts anderes aus als Fremdbestimmung durch die Träger der Institution.

Sicher ist jeder Mensch zeitweise Objekt und Adressat von Anweisungen, oft in nicht geringem Maße. Die Existenzform des Gefangenen ist jedoch etwas anderes, da sie ununterbrochen durch Rollen in anderer Situation besteht. Sie dauert rund um die Uhr und aktualisiert sich in jeder mitmenschlichen Situation im Gefängnis neu. Ferner ist bedeutsam, daß die Verwaltung nahezu der gesamten Umwelt des Gefängnisses durch die Institutionsträger erfolgt. Zum Objektcharakter scheint zu gehören, daß dem Objekt kein eigenes Objekt zugedacht ist, daß es kein größeres Eigentum bzw. die Verfügung darüber hat. Mißverständlich wäre es, die Objekthaftigkeit durchweg von negativen Einwirkungen her begreifen zu wollen. Objekthaftigkeit vermittelt schließlich auch die Sorge für die körperliche und geistige Gesundheit. Sie erweist sich hier im öffentlichen Anspruch auf den Zustand des Menschen. Gesteigert wird sie mit der Forderung des folgenden Absatzes: „Der Gefangene hat die notwendigen Maßnahmen zum Gesundheitsschutz und zur Hygiene zu unterstützen."

Neben der Sicherung der Fremdbestimmung durch generelle Anweisungsbefugnis des Personals sind unmittelbar verhaltenswirksame Normen in auffälliger Weise um die Produktivkraft des Insassen konzentriert. Der zu Freiheitsstrafe verurteilte Rechtsbrecher wird zwar nicht auf das Ziel hin verpflichtet, seine kriminellen Regungen abzubauen oder ihrer Herr zu werden; die einzige inhaltlich bestimmte und grundsätzlich jeden bindende Pflicht ist dagegen die zur Arbeit (§ 41). Sie erstreckt sich erforderlichenfalls sogar auf die Ausübung einer arbeitstherapeutischen Beschäftigung zur (Wieder-)Erlangung der Erwerbsfähigkeit. Das ist bemerkenswert, weil ansonsten im Gesetz eine Verpflichtung zur Teilnahme an Behandlungen ausdrücklich ausgeschlossen wird. „Wenn der Gefangene (am Behandlungsprozeß; eigene Anm.) nicht mitwirken will, muß der Vollzugsstab das respektieren"[111]. Die Herausnahme vom Arbeitsprozeß jedoch unterliegt ähnlichem Begründungszwang wie die Lockerung des Vollzugs gegenüber zu leistenden Sicherheitsaufgaben. Das normativ (durch Anweisungen, durch mögliche Sanktionen, durch materiell und personell gewährleistete Arbeitsveranstaltungen) am besten abgesicherte Persönlichkeitsideal ist das des *Homo Faber*, des industriell oder handwerklich in „wirtschaftlich ergiebiger Weise" tätigen Menschen.

---

111 Calliess / Müller-Dietz, Strafvollzugsgesetz, a.a.O., 5 zu § 4StVollzG; siehe oben, S. 68, das gleiche Problem in anderem Zusammenhang.

Neben den Einflüssen in dieser Richtung gibt es kein ähnliches gesetzliches Instrumentarium zur Normierung einer von anderen Zielen bestimmten Basispersönlichkeit. Vor allem bestimmt die Vorstellung kriminogener Persönlichkeitsdefekte in keiner Weise die spezielle Vollzugsgestaltung außerhalb der allgemeinen Grundsätze und gewisser Planungsaspekte. Der Veränderungsprozeß, dem die Persönlichkeit des Insassen unterliegt, erscheint im Gesetz letztlich als Selbstgestaltung aus mehr oder weniger starker eigener Motivation heraus. Es liegt eine gewisse Ironie darin, daß in die Persönlichkeit des Straffälligen in keiner anderen Hinsicht soviel Zutrauen gesetzt wird als gerade in ihrem Besserungswillen, der offenbar gegen alle eigenen Versuchungen und Widrigkeiten der Internierung für resistent gehalten wird. Man fragt sich, warum eine solcherart vorausgesetzte ideale Motivation Freiheitsentzug überhaupt nötig macht.

Das Gesetz zeigt im übrigen zwei Unterformen der Einschränkung von Selbstbestimmung: die einfache Rede vom Gefangenen als Objekt zu ergreifender Maßnahmen, wie sie in der selbstverständlichen allgemeinen Regelung der Gesundheitsfürsorge nach § 56 Abs. 1 verwendet wird: „Für die körperliche und geistige Gesundheit des Gefangenen ist zu sorgen." Der Insasse figuriert hier nicht als Willensträger. Mit direkten Anweisungen an ihn, wie im Falle der Arbeitspflicht, wird dagegen seine Selbstbestimmung ausdrücklich eingeschränkt. Man kann darüber streiten, in welcher Form das Individuum mehr zum Objekt gemacht wird. Eine angeordnete Maßnahme oder eine Anweisung nehmen zwar Menschen zu Objekten, das ist jedoch eine Alltäglichkeit, die für sich allein nicht die Existenzform als Objekt ausmacht. Wechselseitige Objektivierung sowie Entlastung davon gehören zur üblichen Kommunikation. Die Objekthaftigkeit der persönlichen Situation schlechthin ist das eigentümliche Merkmal der Gefangenschaft.

Zugangschancen und Freiräume erscheinen zunächst als Ausnahmen, als Inseln in der Situation der Fremdbestimmung. Das Gesetz eröffnet Zugangschancen überall dort, wo es von Anträgen der Insassen ausgeht oder auch nur deren Zustimmung vor Durchführung einer Maßnahme voraussetzt. Überall dort bietet es dem Gefangenen das Dasein als Möglichkeit, auf die hin er Wünsche entwickeln kann oder über die er zu entscheiden hat. Die Anstalt selbst wirkt in solchen Fällen subsidiär. Ihre Bereitstellungen können sehr weitgehend sein, den Willen des Gefangenen überformen und lediglich eine formale Zustimmung erforderlich machen, wie beispielsweise vor Beschäftigung außerhalb der Anstalt unter Aufsicht (§ 11 Abs. 1).

Subsidiarität der Maßnahmen kann aber auch voll auf die Eigenaktivität des Gefangenen abstellen wie bei Genehmigung von Selbstbeschäftigung nach § 39 Abs. 2: „Dem Gefangenen kann gestattet werden, sich selbst zu beschäftigen." Während im ersten Fall die Anstalt Außenarbeit anordnet, besteht im zweiten eine reine Kann-Vorschrift. Einwirkung auf die Motivation ist gesetzlich nicht vorgesehen. Wie die bundeseinheitlichen Verwaltungsvorschriften belegen, versteht sich die Behörde hier ausschließlich als prüfende Instanz. Das Beispiel zeigt, daß subsidiäre Gesetzesvorschriften je nach Akzentuierung Zugangschancen zu bestimmten Aktivitäten und damit zur Selbstgestaltung der Persönlichkeit vermitteln oder auch verwehren.

Das Gesetz ordnet die Verpflichtung zur Arbeit an (§ 41 Abs. 1 S. 1) und umschreibt somit — mangels anderer Kriterien dieser Art — das Persönlichkeitsbild des Gefangenen. Darüber hinaus gewährt es Zugangschancen zur individuellen Entwicklung, die Tendenzen in der einen Richtung begünstigen, in einer anderen erschweren. Bezeichnenderweise gibt das Gesetz vorwiegend dort Zugangschancen, wo es den Schwerpunkt seines Persönlichkeitsideals sieht: im Bereich der beruflichen Ertüchtigung, in dem der Vermittlung oder Förderung der Erwerbstätigkeit, mit anderen Worten in der Reproduktion der Produktivkraft.

Weitere Zugangschancen werden bezüglich der Erhaltung oder Knüpfung sozialer Bindungen sowie hinsichtlich der zunehmenden Integration des Anstaltslebens mit der Außenwelt gewährt — jedoch vor allem im Bereich beruflicher Tätigkeit. Abgesehen von der Entlassungsvorbereitung kurz vor Strafende ist hierzu weniger die persönliche Eignung als der mögliche Ausschluß von Sicherheitsbedenken Voraussetzung. Bei der Lockerung des Vollzugs ist die Unabhängigkeit vom anstaltsinternen Arbeitsangebot ein wichtiger und wohl auch primär maßgeblicher Gesichtspunkt (§ 11 Abs. 1 Ziff. 1). Die Mobilität des Insassen über die Anstaltsmauern hinweg ist nämlich eine bedeutsame Voraussetzung, um unabhängig von den anstaltsinternen Möglichkeiten wirtschaftlich ergiebige Arbeit in ausreichendem Maße zu beschaffen. Der sogenannten Außenarbeit, die schon lange vor Geltung des Strafvollzugsgesetzes praktiziert wurde, kam eine wesentliche Vorreiterrolle zu: In dem Maße wie Außenarbeit und Teilnahme der Gefangenen am Arbeitsangebot außerhalb der Anstalt ökonomisch sinnvoll wurde und Entweichungen nicht zu befürchten waren, erschienen auch andere Lockerungen wie Ausgang und Urlaub möglich.

Freiräume ergeben sich dort, wo Handlungsmotive und deren Ausführung nicht mehr der direkten Einwirkung der Anstalt unterliegen, also weder durch institutionelle Entscheidungen noch Kontrollen unterbrochen werden. Das gilt etwa für die Freizeitbeschäftigung (§ 67) und für den Bezug von Zeitschriften (§ 68). Im geschlossenen Vollzug ist das Ausmaß an Freiräumen gering, da letztlich jede Aufenthaltsveränderung über den Haftraum hinaus Kontrollen unterliegt. Die Wohngruppe oder die Gelegenheit zum sogenannten Umschluß (dem Besuch von Zelle zu Zelle) gibt Freiraum für soziale Aktivitäten. Je mehr Gesetzesvorschriften in einen Bereich hineinwirken, um so geringer erscheint der gewährte Freiraum. So besteht etwa ein Recht auf Besuch durch Angehörige oder Bekannte (§ 24), trotzdem wirken in dieses Recht derart viele Kontrollmöglichkeiten hinein, daß von einem Freiraum im Sinne des Wortes nur eingeschränkt die Rede sein kann. Eine Ausweitung des Freiraums ergibt sich naturgemäß mit allen Aktivitäten, die ausdrücklich ohne Kontrollmöglichkeit durch die Anstalt ablaufen, also mit Ausgang, Urlaub, Freigang.

Letztendlich entsteht durch Normen Freiraum nur dort, wo diese ausdrücklich zurücktreten oder — mangels Durchsetzbarkeit aufgrund der Anonymität der Ereignisse oder fehlender Möglichkeit zur Erzwingung — nicht gelten. Das trifft für all jene Erscheinungen zu, die unter der Bezeichnung Subkultur der Gefangenen zusammengefaßt werden. Das Gesetz definiert Freiraum mithin nicht allein. Allerdings begründet es u. a. den subkulturellen Freiraum als Kompensation auf die Normenlage. Darauf soll an anderer Stelle eingegangen werden.

2.1.3 Das widerspruchsträchtige Gesetz

Die Analyse der Handlungsanweisungen für den Vollzug der Freiheitsstrafe ergibt ein differenziertes Bild des Zusammenhangs der gesetzlich angeordneten Aktivitäten. Diese sind primär auf eine entweichungssichere Internierung gerichtet. Anthropologische Richtlinie für das Verhalten des Gefangenen ist das Ideal des arbeitsamen, um Entwicklung der Erwerbstätigkeit bemühten Menschen. Soweit Fluchtmotive durch Zeitablauf bzw. baldige Entlassung nicht mehr vermutet werden, wird durch partielle Integration in die Außenwelt (vornehmlich hinsichtlich der Arbeit, ferner hinsichtlich des Kontaktes mit Angehörigen u. a.) der Internierungsgrad herabgesetzt.

Die Handlungsanweisungen sind die vergleichsweise am engsten auf die Vollzugspraxis bezogenen gesetzlichen Bestimmungen. Sie bilden ein verhältnismäßig geschlossenes Ganzes, das ausdrücklich definierte und limitierte Aktivitätsmuster im Hinblick auf das Verhalten gegenüber den Gefangenen. Als Entscheidungsprogramm aufeinander folgender Phasen, beginnend mit der allgemeinen Zielsetzung über architektonische und organisatorische Bereitstellungen, hat das Strafvollzugsgesetz in den Handlungsanweisungen die letzte Phase vor seiner Umsetzung in die Praxis des Vollzugsalltags. Auf sie beziehen sich sowohl die allgemeinen Grundsätze der §§ 2 bis 4 als auch die übergreifenden Bestimmungen zur Planung nach den §§ 5 bis 7 als auch schließlich die strukturellen Bereitstellungen im Abschnitt über die Vollzugsbehörden. Die vollzuglichen Handlungsanweisungen endlich kanalisieren den gesetzlichen Entscheidungsprozeß, sie setzen einen konkreten Rahmen für mögliche Realisierungen und schließen — da sie den Vollzugsalltag mit gewisser Vollständigkeit abdecken — nicht aufgeführte Handlungen weitgehend aus.

So gilt beispielsweise der Urlaub aus der Haft „als eine Behandlungsmaßnahme im Sinne des § 7 (des Vollzugsplanes) . . . Als Behandlungsmaßnahme dient er dazu, die aus der Isolierung der Anstalt entstehenden Gefahren für die Lebenstüchtigkeit zu vermindern. Er hat zugleich den Zweck, daß der Gefangene sich unter den normalen Bedingungen des Lebens erproben kann"[112]. Angesichts dieser Zuweisung von Bedeutungen muß sich jeder fragen, wie weit der Urlaub als allgemeine Einrichtung unseres Arbeitslebens solche besonderen Funktionen übernehmen kann. Ausgleichswirkungen in seelischer und gesundheitlicher Hinsicht möchte man aus der eigenen Erfahrung des Urlaubs schon annehmen, aber gezielte Behandlungswirkungen im Sinne deliktfreier Lebensführung, das erscheint denn doch zweifelhaft.

Die allgemeine Praxis des Urlaubs verhindert nicht das Auftreten von Kriminalität. Ähnliches gilt für die Zuweisung von Arbeit, für die Teilnahme an

---

112 Calliess / Müller-Dietz, Strafvollzugsgesetz, a.a.O., 1 zu § 13 StVollzG.

beruflichen Ausbildungskursen und an anderen nach § 37 StVollzG vorgesehenen Maßnahmen. Das sind allgemeine Einrichtungen, aber letzten Endes keine mit einiger Zuverlässigkeit kriminaltherapeutisch wirksamen Maßnahmen[113]. Sie sind mit anderen Worten behandlungsneutral, soweit sie nicht auf spezifische kriminaltherapeutische Maßnahmen bezogen werden können. Für letzteres gibt das Strafvollzugsgesetz jedoch keine Handlungsanweisungen. Indem es lediglich bei allgemein pädagogischen und berufsbildenden sowie auch bei arbeitstherapeutischen Maßnahmen Gefangene von der Arbeitspflicht freistellt und dafür Arbeitszeit sowie den Anspruch auf Entgelt oder Ausbildungsbeihilfe zur Verfügung stellt, schließt es sogar etwaige therapeutische Behandlungsmaßnahmen während der Arbeitszeit aus.

Eine ähnliche Filterfunktion möglicher Realisierungen haben die vollzuglichen Handlungsanweisungen in bezug auf die gesetzlich angeordneten strukturellen, d. h. organisatorischen, personellen und architektonischen Bereitstellungen. So fordert § 143 Abs. 1: „Die Justizvollzugsanstalten sind so zu gestalten, daß eine auf die Bedürfnisse des einzelnen abgestellte Behandlung gewährleistet ist." Absatz 2: „Die Vollzugsanstalten sind so zu gliedern, daß die Gefangenen in überschaubaren Betreuungs- und Behandlungsgruppen zusammengefaßt werden können." Der zitierten Vorschrift käme natürlich eine hervorragende Bedeutung für einen auf Vermeidung von Rückfälligkeit ausgerichteten Behandlungsvollzug zu, wenn sie sich nicht in Handlungsanweisungen realisieren müßte, die entsprechende Maßnahmen gar nicht enthalten. In besonderer Weise trifft diese aus den Lücken gesetzlicher Handlungsanweisungen sich ergebende Sperrfunktion etwaige Präzisierungen des Behandlungsplanes gemäß § 7 StVollzG. Woraufhin soll Planung erfolgen, wenn spezifische Behandlungsveranstaltungen organisatorisch nicht vorgesehen sind.

Damit stellen die vollzuglichen Handlungsanweisungen das sprichwörtlich dünnste Glied der (Entscheidungs-)Kette dar, die das Strafvollzugsgesetz zwischen wenig präzisen allgemeinen Wertvorstellungen über die Aufgaben des Strafvollzugs und seiner tatsächlichen Durchführung knüpft. Das nach § 2 formulierte Vollzugsziel kann bei dem vorliegenden Aufbau des Gesetzeswerkes nicht realisiert werden. Keineswegs geht die Zielverfehlung in der Praxis auf die häufig beschworene und als Alibi beliebte Polarität zwischen Sicherheits- und Behandlungsziel primär zurück; sie ist vor allem durch die gesetzlichen Ausformulierungen selbst verursacht. Das Strafvollzugsgesetz weist als Entscheidungsprogramm aufeinanderfolgender und -bezogener Zielsetzungen vom allgemein definierten Ziel der Resozialisierung bis zu den nach gesetzlicher Vorschrift gebotenen konkreten Ausführungshandlungen eine beträchtliche Inkongruenz der Zielrichtungen aus. Damit begünstigt das Strafvollzugsgesetz zwei gegensätzliche Arten des Normgebrauchs:

1. die Dominanz der auf Behandlung ausgerichteten Normanwendungsnormen, also des Versuchs der Gestaltung des Vollzugs im Sinne der allgemeinen Grundsätze nach §§ 2 bis 4
oder:

---

113 Calliess / Müller-Dietz, Strafvollzugsgesetz, a.a.O., vgl. 1 zu § 37 StVollzG.

2. die Dominanz der Handlungsanweisungen, also die Betonung von Belangen der Internierung und der Arbeit.

Folge dieser, wie mir scheint unvermeidlichen Schwerpunktbildung ist im ersten Fall, also dem der grundsätzlich loyalen Gesetzesanwendung, die unmittelbare Übertragung des gesetzesimmanenten Strukturkonflikts in die Vollzugspraxis. Es werden nämlich nach § 2 Ziele zu verwirklichen gesucht, zu denen die entsprechenden Handlungsanweisungen fehlen. Größere Desorganisation erscheint mir dabei wahrscheinlicher als ein bei ungewöhnlich günstigen Voraussetzungen vielleicht möglicher Strafvollzug im Sinne des Vollzugsziels.

Im zweiten Fall, d. h. bei Dominanz der Handlungsanweisungen als gesetzlichem Teilaspekt unter weitgehender Vernachlässigung allgemeiner Grundsätze, dürfte eine Strukturverfestigung im Sinne des dargestellten Systemmodells die Folge sein: Das Vollzugsziel nach § 2 wird damit zum ideologisch bedeutsamen Interpretationsgesichtspunkt und nicht zur allgemeinen Handlungsrichtlinie.

Das Makabere der letztgenannten Lösung liegt darin, daß die ungesetzliche Praxis solange nicht nachgewiesen werden kann, solange von innerer Widerspruchsfreiheit des Gesetzes ausgegangen wird. Das Gesetz selbst ist in der vorliegenden Form ein recht problematisches Mittel, um seine Einhaltung zu überprüfen. Makaber erscheint ferner, daß die grundsätzlich ungesetzliche Praxis eher zu einer im Gleichgewicht befindlichen Institution beiträgt als ihr loyaler Gegenpol. Das gibt leicht zu dem Mißverständnis Anlaß, daß ein behandlungsorientierter Vollzug nicht praktikabel ist, während das Gesetz selbst seinen Erfolg vereitelt.

2.2 Vom Nutzen und Schaden des Widerspruchs im Straf- und Vollzugsrecht

Blicken wir nach der Analyse des strafrechtlichen Urteils und des Strafvollzugsgesetzes zurück, so bietet sich das Bild eines heterogenen Rechtszusammenhangs, der gegensätzliche Entscheidungsprozesse geradezu intendiert: Die sogenannte Urteilsfindung stellt eine im wesentlichen schuld- und das bedeutet vergangenheitsbezogene Wenn-Dann-Erwägung dar, die gerade hinsichtlich Schuldfeststellung und Strafzumessung mit projektiven psychischen Akten durchsetzt ist. Die Abschätzung der wahrscheinlichen Folgen des Urteils für Täter und Gesellschaft ist vorgesehen, wird aber in dem komplexen, letztlich irrationalen Entscheidungsprozeß der Verurteilung zu einer Freiheitsstrafe so gut wie bedeutungslos. Rechtsprechung ist ein expressiv-ritueller Akt, in dem funktionale bzw. zweckrationale Erwägungen weit nachrangige Bedeutung haben, mag auch das berufliche Selbstverständnis des Richters dieser Schlußfolgerung diametral entgegenstehen.

Das Strafvollzugsgesetz ist seinem anderen Gegenstand nach nicht ein konditionales, sondern ein organisatorisches Entscheidungsprogramm. Es setzt ein in jedem Einzelfall zukunftsbezogenes Vollzugsziel als übergreifenden, für die Gestaltung des gesamten Vollzugs gültigen Grundsatz an den Anfang. Mit den nachfolgenden gesetzlichen Bestimmungen, die die praktischen Abläufe regeln sollen, wird die Erreichung des Vollzugszieles, d. h. der Resozialisierung, jedoch wiederum verunmöglicht. Die Institution Strafvollzug verliert damit schon auf der Ebene ihrer normativen Grundlegung ihre die ursprünglichen Zwecke Internierung und Produktion überschreitenden Aufgaben. Sie ist nicht mehr auf künftige Veränderung ihrer Insassen ausgerichtet, sondern überwiegend auf deren Anpassung an eine statischen Zielen der Selbstbewahrung ausgerichteten Institution.

Als Entscheidungsprogramme haben Strafrecht und Strafvollzugsgesetz — wie unterschiedlich auch ihre Aufgaben inhaltlich und methodisch sein mögen — eines gemeinsam: Aufbau und praktische Funktion der Gesetzeswerke annulieren wichtige Entscheidungselemente: im Falle der Rechtsprechung die Berücksichtigung der Folgen der Verurteilung zu einer Freiheitsstrafe — im Falle des Strafvollzugs das Ziel, den Gefangenen zu befähigen, „künftig in sozialer Verantwortung ein Leben ohne Straftaten zu führen" (§ 2 StVollzG). Dieses Zusammentreffen ist nicht zufällig. Übereinstimmend werden nämlich in Strafrecht und Strafvollzugsgesetz die zukunftsträchtigen Elemente durch die strukturell bedingte Dominanz anderer Entscheidungsfaktoren aufgehoben.

Das auf eindrucksvolle Weise gleichartige Ineinanderwirken von Entscheidungselementen in beiden Gesetzeswerken ist von *der* Art, daß im Wege der bisherigen Reformen eingeführte Änderungen im systematischen Zusammenhang geradezu verschluckt werden und den Status quo weitgehend unverändert lassen. Der Vorgang hat eine nur scheinbar weithergeholte Parallele: Er erinnert an die Darstellung der Traumarbeit nach Freud. Ein unliebsames Gefühl oder eine dementsprechende Vorstellung werden solange gewendet, gedreht, verschoben, bis sie im endlich manifesten Traumbild nicht mehr ohne weiteres erkennbar sind und den Schlaf nicht stören. Ähnlich lassen Urteil zu Freiheitsstrafe und Strafvollzugsgesetz ihre progressiven Neuerungen hinter sich und machen sie spätestens bei Umsetzung in die Realität wirkungslos. Die Beunruhigung auslösende Veränderung ist neutralisiert, ohne daß sie — und das ist der Unterschied zur Traumarbeit — im Bild des Gesetzeswerkes als vermeintlich verpflichtende Vorstellung fehlt. Zensiert die Traumarbeit unliebsame Wünsche und Vorstellungen, so revidiert der Gesetzeszusammenhang die Auswirkungen progressiver Vorstellungen.

Im Strafrecht wird noch verständlich, daß diese innere Zensur offensichtlich unvermeidbar ist. Der im allgemeinen Teil fixierte Gedanke des Schuldstrafrechts paßt genau zum konditionalen Entscheidungscharakter der Gesetze des speziellen Teils. Beide verhalten sich zueinander wie ein im Gleichgewicht stehendes System, das — wenn nicht radikalere Umgestaltungen vorgenommen werden — Veränderungen absorbiert und zur Erhaltung der inneren Stimmigkeit unwirksam macht. Das Strafvollzugsgesetz ist dagegen — so sollte man meinen — ein neues Gesetzeswerk mit der Chance zu Neuem. Diese Erwartung übersieht die wohl jahrhundertealte problematische Geschichte des Besserungsgedankens im Strafvollzug.

Seit Begründung der Freiheitsstrafe ist die Vorstellung der Resozialisierung ein stets mitgenanntes, aber nie sonderlich erfolgreiches Motiv ihrer Anwendung. So schreibt Michel Foucault nach einem Überblick über die einander ablösenden Reformbewegungen des französischen Gefängniswesens seit dem 18. Jahrhundert: „Wort für Wort wiederholen sich von einem Jahrhundert zum anderen dieselben Grundsätze und Vorschläge. Und jedesmal geben sie sich für die endlich erreichte, endlich akzeptierte Formulierung einer bis dahin immer versäumten Reform aus. Dieselben Sätze hätten anderen ‚fruchtbaren' Reformperioden entliehen werden können: dem Ende des 19. Jahrhunderts mit seiner ‚Bewegung der sozialen Verteidigung' oder den letzten Jahren mit den Häftlingsrevolten"[114].

Foucault sieht das Auftreten von Reformideen, des Besserungsgedankens in der Geschichte des Gefängniswesens, nicht als historische Phase, sondern als Element eines „simultanen Systems". Er schreibt: „Das Kerkersystem schließt Diskurse und Architekturen, Zwangsregelungen und wissenschaftliche Thesen, wirkliche gesellschaftliche Effekte und nicht aus der Welt zu schaffende Utopien, Programme zur Besserung der Delinquenten und Mechanismen zur Verfestigung der Delinquenz zu einem einzigen Komplex zusammen"[115].

Wie die Analyse des deutschen Strafrechts und des Strafvollzugsgesetzes von 1976 nahelegt, gilt der Zusammenschluß von gegenläufigen Tendenzen in einem „simultanen System" nicht nur für Frankreich, er ist auch bei uns Charakteristikum. Freiheitsstrafe stellt ein kulturelles Subsystem dar, das seine eigene Reform impliziert, nicht notwendig im Sinne ihrer Entwicklung, sondern als ideologische Interpretationshilfe, als Rechtfertigung des Bestehenden, als permanenten Verweis auf die Zukunft, der eigentlich nie voll eingelöst wird, auch normativ gar nicht in einer dafür geeigneten Weise verankert wäre.

Offensichtlich läßt sich – und beim Stand der Überlegung bezieht sich dies auf die untersuchten rechtlichen Voraussetzungen – von einem strukturbedingten Scheitern der Reformidee sprechen. Sie wird als normative Vorstellung in das Gesetzeswerk eingeführt, um schließlich vereitelt zu werden. Darin einen bewußt aufgebauten logischen Prozeß zu sehen, wäre paranoid und würde die logisch-bewußte Erklärung mit dem Phänomen selbst gleichsetzen. Eher ist in Anlehnung an Freuds Traumtheorie an ein zwangsläufiges psychisches Arrangement zu denken, wie es die Entscheidungsprozesse *der* Gremien charakterisiert, die Gesetze vorbereiten und im wesentlichen bestimmen.

Hubert Treiber weist anhand der Analyse kooperativer Entscheidungsprozesse im Bereich konkreter Reformvorhaben des Strafvollzugs – nämlich bei der Errichtung von neuen Anstalten – auf die Abhängigkeit der Entscheidungsresultate vom Konfliktregelungspotential hin. Bei geringem Konfliktregelungspotential wirkt die Überlastung mit Entscheidungsaufgaben derart, „daß die Tendenz zu bestehen scheint, marginale Konflikte aus-

---

114 Michel Foucault: Überwachen und Strafen – die Geburt des Gefängnisses, Frankfurt a. M. 1977, S. 348 f.
115 Michel Foucault, a.a.O., S. 339.

zuklammern, also die Strategie des Nichtentscheidens einzuschlagen — wobei diejenigen Konflikte als marginal angesehen werden, bei denen die Konflikt- und Organisationsfähigkeit der dahinter stehenden Interessen gering ist"[116].

Nach Treiber entstehen dabei Entscheidungsprozesse nach dem Muster der deduktiven Planung: „Deduktive Planung staffelt den Entscheidungsprozeß in voneinander ableitbare und zunehmend konkreter werdende Entscheidungsstufen, so daß bei den jeweils anfallenden konkreten Sachentscheidungen der Entscheidungsdruck soweit abgebaut ist, daß die davor liegenden Entscheidungsprämissen kaum noch problematisiert werden können"[117].

Die Stelle charakterisiert glänzend den Entscheidungsprozeß, den das Strafvollzugsgesetz in seiner Beziehung zwischen allgemeinen Grundsätzen und konkreten Handlungsanweisungen widerspiegelt. Das Problem, eine reformeffiziente Strafrechts- und Strafvollzugsgesetzgebung zu entwickeln, reicht jedoch wohl tiefer als etwaige ökonomisch bedingte Interessenlagen. Die Größe des Problems wird meines Erachtens durch die Schwierigkeit deutlich, innerhalb unseres Sprachschatzes eine ähnlich geläufige Bezeichnung wie „Strafe" zu finden, die eine Institution mit anderem Ziel und Inhalt mit gleicher Selbstverständlichkeit bezeichnet. Als rechtliche Reaktion auf kriminelles Verhalten resozialisierende Maßnahmen zu setzen, richtet sich letztlich gegen weit verbreitete und tief verwurzelte Denkgewohnheiten und emotionale Einstellungen. Daraus erklärt sich, warum die Entscheidungsgremien zur Reform des „Strafvollzugs" mit der Durchsetzung rational bejahter Resozialisierungsziele einem starken, wenn auch häufig uneingestandenen inneren Konflikt ausgesetzt sind. Dieses sowohl psycho- als auch gruppendynamisch wirksame Faktum prägt natürlich die Entscheidungsergebnisse.

Auf diesem Weg entwickelte sich das Strafvollzugsrecht zum absurden System, in dem entgegengesetzte Realvorstellungen Anknüpfungspunkte und Bestätigung finden. Hatte in vorausgehenden gesetzlichen Regelungen und Verwaltungsvorschriften der Besserungsgedanke noch deutlich sekundäre Bedeutung oder dekorative Funktion, so ist die Widersprüchlichkeit im Zuge der Entwicklung der letzten Jahre vertieft worden. Der Abstand zwischen Ideologie und Wirklichkeit hat sich 'vergrößert. Die Notwendigkeit zu Umdeutungen wird besonders dann ansteigen, wenn erwartbare Mißstände und vordergründige Veränderungen auf Gesetzesprobleme aufmerksam machen. Wie der Gang der Entwicklung danach jedoch sein wird, läßt sich aufgrund von Normanalysen allein nicht abschätzen. Dazu ist es erforderlich, die realen Verhältnisse des Gefängniswesens in die Untersuchung einzubeziehen. Stellen wir daher die Frage nach der möglichen Fortentwicklung zurück.

---

116 Max Treiber: Widerstand gegen Reformpolitik — Institutionelle Opposition im Politikfeld Strafvollzug, Düsseldorf 1973, S. 60.
117 Max Treiber, a.a.O., S. 62.

3. Das Biotop „Gefängnis" oder die normative Last des Faktischen

> *„Recht und Ordnung kommen aus den Prozessen, die sie beherrschen"* oder als sprachliche Pop-Art: *„Die Aktivität der sich selbst erzeugenden Kohärenz ist mit der kontrollierenden Aktivität identisch" (George Caspar Homans).*

Blicken wir zurück auf die Ausgangsfrage, in welcher Weise der strafrechtliche Schuldgedanke für den Strafvollzug bestimmend ist, so antwortet das Gesetz darauf nicht oder zumindest nicht eindeutig. Es gibt dem Strafvollzug zwar ein andersgerichtetes Ziel als das der Schuldvergeltung, schränkt aber im Laufe der eigenen gesetzlichen Ausformulierungen dessen Bedeutung weitestgehend ein und macht seine Verwirklichung von außergesetzlichen Faktoren in hohem Maße abhängig. Der gesetzesimmanente Widerspruch läßt mit anderen Worten die faktische Zielsetzung des Strafvollzugs ungeregelt und verweist auf den Status quo der bestehenden Verhältnisse. Diese gesetzliche Ineffizienz besagt jedoch nicht, daß der Status quo ungeordnet wäre; er bezieht lediglich seine Zielausrichtung nicht aus dem Gesetz, sondern aus den eigenen tradierten Formen und Abläufen, aus Faktorenkomplexen anderen Ursprungs, die – ohne gesetzlich verursacht zu sein – als informelle Normen bestimmt sind.

Damit wird in hohem Maße eine Rückkopplung von Verläufen und daraus resultierenden normativen Erwartungen bedeutsam. Normen entstehen aus den Prozessen, die sie zu beherrschen scheinen; die soziale Kontrolle ist mit anderen Worten dem sozialen Verhaltensgeflecht immanent, da dieses eine bestimmte Erwartungsstruktur voraussetzt wie auch verstärkt. Bezogen auf den Strafvollzug heißt das: Die Ordnung der Freiheitsstrafe bildet sich aus ihrer ständigen Verwirklichung. Diese These bleibt Tautologie bzw. ein Kreisschluß, solange nicht erkennbar wird, was Freiheitsstrafe ist. Nun ist sowohl der Begriff der Freiheit als auch der der Strafe definitorisch wenig ergiebig. Juristisch kann festgestellt werden, was Freiheitsstrafe sein soll, psychologisch oder gar philosophisch führen beide Begriffe wie auch ihre Verbindung in Subjektivität bzw. ideologische Wirrnis.

Aufschließen läßt sich das Problem am besten von der in jedem Fall gültigen Tatsache, daß Freiheitsstrafe eine tiefgreifende und umfassende Milieuänderung mit sich bringt. Sie stellt nichts geringeres dar als den Versuch, menschliches Leben mittels einer mehr oder weniger langfristigen Milieuänderung zu veranstalten. Gefängnis und Gefängnisorganisation treten dabei an die Stelle der Umwelt des freien Lebens mit all seiner Spontaneität, seinen gewachsenen und zufälligen Assoziationen, seiner materiellen und immateriellen Kultur.

Da das freie Leben unabgeschlossen, vielfältig und komplex ist, muß jede Wiederholung dieses menschlichen Biotops Strukturänderungen, Verkürzungen und Auslassungen mit sich bringen. (Die Künstlichkeit dieses Vorgangs wird nicht besser getroffen als durch die Karrikatur, den Witz. Bekanntermaßen lebt der Gefängniswitz als ständiger Bestandteil humoristischer Periodika von diesem Phänomen.) Die Herstellung des Biotops Gefängnis erfordert eine andersartige Arbeitswelt, andersartige Konsumsitten und Verhaltensweisen und schließlich eine andere Sozialstruktur. Aufbau und Erhaltung des Biotops setzen aber auch spezifische Prozesse der Auswahl sowie der Regelung der Beziehungen zur Außenwelt voraus. Kontrolle und Verhaltensregulierung der Insassen, im Fachjargon „Sicherheit und Ordnung", sind im Grunde Teil dieses Prozesses, der das soziologische Biotop „Gefängnis" ständig neu erzeugt.

Das Ereignis „Gefängnis" beginnt mit der Architektur, es setzt sich fort in einer eigenen Konsum- und Arbeitswelt. Als Ganzes stellt Gefängnis eine nahezu jeden Lebensbereich erfassende Reduktion möglicher Vielfalt und Eigenbestimmung dar. Mit der totalen Einbeziehung des Menschen in eine Institution ist diese Folge unausweichlich, d. h. gesetzmäßig. Sie ist derart bestimmend, daß die Gleichsetzung „Gefängnis = Reduktion" berechtigt erscheint und die Aussage „Gefängnis reduziert ökonomische und soziologische Vielfalt" eine grundlegende Gesetzmäßigkeit darstellt. Es wäre bei allem jedoch zu einfach, die im Gefängnis bewirkten Reduktionsleistungen im Ort des Geschehens allein verursacht zu sehen. Gerade als Reduktionsleistung, als beabsichtigte Verringerung und Verarmung, ist Gefängnis Produkt gesamtgesellschaftlicher Anschauung und Handlungen.

3.1 Das sozio-architektonische System

Die programmatischen rechtlichen Ansätze – Freiheitsstrafe als Reaktion auf schuldhaftes Handeln oder als Resozialisierung zu sehen – verdecken allzu leicht die damit verbundenen spezifischen, u. a. materiell bedingten Gesetzmäßigkeiten, zumal hinsichtlich des geschlossenen Vollzugs. Rechtsideologische Umkleidung und spezifische Gesetzmäßigkeit einer einmal als Freiheitsentzug definierten Sanktion werden durch eine einfache Denkaufgabe voneinander unterscheidbar:

Der Leser stelle sich vor, er würde in einem Zimmer eingesperrt. Eine einfache Versorgung sollte gesichert sein. Er würde eine einfache Beschäftigung erhalten, vielleicht eine Facharbeit. Einmal am Tag könnte er etwa eine Stunde ins Freie gehen. Während der Arbeit und Freizeit sind Kontakte mit anderen Personen gleichen Geschlechts möglich, die recht willkürlich ausgesucht sind und sich in ähnlicher Situation befinden. Besuche von Angehörigen kämen in der Regel einmal monatlich für kurze Zeit und in einer Situation, die eher Distanz als Nähe schafft. Der Leser stelle sich weiterhin vor, er bliebe unter diesen Verhältnissen einige Monate, zwei, drei, fünf, zehn Jahre oder auch mehr. Damit sind die wesentlichen Bedingungen des geschlossenen Vollzugs, der für den Großteil der Strafe und den größten Teil der Haft gilt, skizziert.

Nun die daran anschließende Denkaufgabe, deren Lösung jedem nach eigener Anschauung überlassen bleibt: Wäre zu erwarten, daß nach *Ihrer* Entlassung etwaige persönliche Fehler gemindert oder gar verschwunden sind. Oder: Man habe vorher gestohlen, betrogen, jemanden umgebracht. Was an den vorgestellten Umständen zwänge, diese Taten künftig nicht zu wiederholen?

Dieses innere Experiment beleuchtet ein wichtiges Problem: Man gerät in einige Verlegenheit, wenn zum Strafvollzug lediglich die angeführten, aber sehr wesentlichen Merkmale gesehen werden und die sonst die Diskussion bestimmenden rechtlichen Prämissen außer acht gelassen werden. Die Selbstbefragung trifft schlaglichtartig die enorme Bedeutung von Raum, Zeit und Einsperrung, unabhängig von allen landläufigen Erwartungen und Klischees hinsichtlich einer solch verbreiteten Institution wie die der Freiheitsstrafe.

Die Gefängnissituation bindet den Insassen für lange Zeit unausweichlich an einen Raum, an ein Bauwerk, ohne daß er viel mehr erlebte als nicht selten über Jahre die gleichen Quadratmeter, die gleichen Gänge, Gitter, ummauerten Höfe, Galerien — eine komplette Kunstwelt. Friedensreich Hundertwasser faßt die Bedeutung der gebauten Umwelt in das Bild von drei Häuten: Der Mensch hat drei Häute, seine ihm angeborene, seine Kleidung und — die Architektur, in der er lebt. — Gefängnisbauten unserer Zeit stellen ein Sammelsurium unterschiedlichster Stile und Formen dar: umgebaute Klöster, während der Säkularisation vom Staat übernommen; alte und älteste Zweckbauten des 18. und 19. Jahrhunderts, „moderne" Betonburgen und einige wenige Neuansätze. Ihrer Verschiedenartigkeit nach zu urteilen, müßten die Auswirkungen auf die Bewohner dieser Gefängnisanlagen uneinheitlich sein. Das ist jedoch nur bedingt der Fall. Ob ursprünglich als Gefängnisbau angelegt oder nachträglich auf den Haftzweck hin umgestaltet, eine entscheidende Gemeinsamkeit ist bei den meisten Bauten ihr Kontrollcharakter und ihr Funktionalismus.

Gefängnisbauten haben Kontrollarchitektur: Mauern, Gitter, schleusenartig aufeinander folgende Türen wirken als Bewegungssperren für den Insassen. Die Einrichtung der Fahrträume mit sanitären Anlagen, mit Wasserbecken und WC reduziert alltäglich nötige Platzveränderungen und wirkt als Kontrollerleichterung. Architektonisch angelegte Sichtfelder im Bereich zwischen den Außenmauern und den Gefängnisbauten ermöglichen von Wachtürmen aus Kontrollen über die Freiflächen innerhalb der Mauern. In den Häusern selbst werden durch Zentralpositionen die Verkehrswege, Gänge und Galerien einsehbar. Schließlich gestattet der Spion an jeder Haftraumtür die jederzeitige Beobachtung der Zellenbewohner. Einschneidende Folge des Kontrollzwecks ist die Trennung des Gefängnisses von der Außenwelt durch Mauern, gelegentlich Sichtblenden und die Verringerung der Kontaktstellen zwischen den Gefangenen und ihren Angehörigen auf verhältnismäßig wenige Besuchseinrichtungen mit entsprechend geringem Kontrollanfall und persönlichem Aufwand.

Ist der Kontrollcharakter der Gefängnisarchitektur für den Außenstehenden noch ein Merkmal, das seinen Vorstellungen von Gefängnis entspricht, so ist der Funktionalismus, wie er am ausgeprägtesten in großen Anstalten auftritt, eine architektonisch grundgelegte Erscheinung, die häufig viel zu selbstverständlich erlebt wird, als daß sie auffällt oder gar als Problem erkannt wird. Funktionalismus meint die räumliche Zusammenfassung der Versorgungsaufgaben (= Funktionen), die hinsichtlich der Gefangenen wahrzunehmen sind, also Ernährung, Bekleidung, Körperpflege, Bewegung im Freien, Aufbewahrung von Besitzgegenständen u. a. m. in zentralen Anlagen oder auch durch gemeinsame Veranstaltungen. Funktionalismus entsteht architektonisch mit der Einrichtung zentraler Großküchen, mit Lagerungsräumen für den mitgebrachten Besitz der Gefangenen, mit der Anlage von Gemeinschaftsduschen, aber auch mit anscheinend nebensächlichen Einrichtungen wie zusammengefaßten elektrischen Schaltungen für die Beleuchtung der Hafträume.

Manche Merkmale des architektonischen Funktionalismus sind dem Außenstehenden aus eigenem Erleben bekannt, wie etwa Großküchen und angeschlossene Kantinen in Fabriken und größeren Behörden. Prima vista erscheinen derartige Einrichtungen nicht ideal, aber im Grunde praktisch und unproblematisch. Das sind sie für sich gesehen sicher. Doch im Gefängnis entsteht das Problem nicht aus einer einzelnen Einrichtung allein, es ist der baulich grundgelegte Verbund zentraler Anlagen, innerhalb dessen allzu viele Abläufe des alltäglichen Lebens zusammengefaßt und entsprechend funktionalisiert werden. Ob bewußt oder unbewußt wurden bei der Anlage von Gefängnissen „Erfahrungen beim Bau industrieller Produktionsstätten und Großversorgungsanlagen"[118] übernommen.

In bezug auf die Insassen bewirkt Funktionalismus soziale Angleichung vieler trivialer individueller Bedürfnisse. Deren Befriedigung wird entsprechend vereinheitlicht und zeitlich zusammengefaßt. So ist beispielsweise das Baden, der Austausch getragener Wäsche mit frischer bei gemeinschaftlicher Duschanlage und zentraler Wäscheversorgung häufig nur zeitlich zusammengefaßt möglich. Die Abwicklung derartiger Vorgänge setzt Veranstaltungen voraus mit entsprechender personeller und zeitlicher Organisation: Zusammenfassen der Gefangenen in Gruppen, Abruf zu bestimmter Zeit, Wartefristen, vielfach möglichst rasche, aufeinander abgestimmte Abfertigungen. Das gleicht den arbeitsteiligen, zeitlich und örtlich zusammengefaßten Produktionsvorgängen in Fabriken. Dieser Organisationsstil geht in viele kleine Details. So macht die schon erwähnte zentrale Schaltung der Zellenbeleuchtungen nichts anderes als eine strikte Tages- und Nachteinteilung möglich.

Die architektonisch grundgelegten Versorgungszentren provozieren vielfach bürokratische Abläufe: Die Beschaffung eines Stückes aus dem persönlichen Eigentum, etwa eines Schriftstückes oder eines Buches aus der zentralen Kammer, wo das über den Besitz auf der Zelle hinausgehende Eigentum des Gefangenen deponiert ist, kann Tage dauern. Sie erfordert schriftliche Beantragung, einen entsprechenden Abholauftrag, eventuell einen Aufsichtsbeamten, der mit dem Gefangenen zur Kammer geht usf. Es kostet in der Regel eine Menge Phantasie, um einzelne Abläufe von den baulich vorgegebenen Bedingungen unabhängig zu machen. Mit einer großzügigen Handhabung ist es nicht getan, da das Ausmaß an Arbeit oder der Problemanfall unverhältnismäßig stark wächst. Kontrollarchitektur und architektonische

---

118 Hans-Joachim Graul: Der Strafvollzugsbau einst und heute, Düsseldorf 1965, S. 104.

Versorgungszentren setzen zahlenmäßig verringerte und vereinheitlichte Bedürfnisse voraus. Jede Entwicklung der Bedürfnisbefriedigung erfordert vielfache architektonische und organisatorische Veränderungen. Der Mensch ist das lebendige Versatzstück eines vorgegebenen relativ starren architektonischen Musters. Wie reagiert er in dieser dritten Haut?

Es wäre einseitig, diese Frage — wie überwiegend in der Strafvollzugsdiskussion der Fall — nur hinsichtlich der Gefängnisinsassen beantworten zu wollen. Personal und Insassen sind die lebendigen Bestandteile des sozioarchitektonischen Systems und können daher nicht jeder für sich allein betrachtet werden. Die Architektur setzt dabei sowohl materielle als auch psychologische Zwänge: So etwa in der gegebenen Situation zentraler Kontroll- und Versorgungsstellen den Zwang, viele Personen durch wenige bewachen bzw. unterbringen und versorgen zu müssen, außerdem die für viele selbstverständliche Auffassung, daß ein Kontroll- und Versorgungssystem dieser Art unausweichlich ist, daher gut und richtig. Anders ausgedrückt: Architektur vermittelt Überzeugungen, und dies sowohl beim Personal als auch bei Insassen.

Als Sozialstruktur definiert diese Architektur zwei voneinander getrennt stehende Gruppen: wenige Bedienstete, die vielen Gefangenen gegenüberstehen. Die quantitative Verteilung von für eine Gruppe von Gefangenen zuständigen Beamten ist durch die Größe der voneinander abgeschlossenen Abteilungen festgelegt. Eine Abteilung kann in seltenen günstigen Fällen aus 15 Gefangenen bestehen, in häufigeren ungünstigeren Fällen aus 40 bis 70. Dazu gehört ein Dienstzimmer mit in der Regel einem oder zwei Aufsichtsbeamten. Die Aufsichtsbeamten schließen die Gefangenen in festgelegten zeitlichen Abständen ein bzw. lassen sie aus ihren Hafträumen zur Arbeit, zu Besuchen, zu Freizeitveranstaltungen, zum Hofgang und anderen Aktivitäten. Sie regeln die Versorgung, zum Beispiel die Essensausgabe durch Gefangene. Sie überwachen das Verhalten der Gefangenen auf die Einhaltung der Hausordnung, sehen auch auf die Sauberkeit der Zellen und suchen etwaigen Entweichungsversuchen durch entsprechende Kontrollen nach Ausbruchswerkzeugen u. ä. vorzubeugen.

Aus dieser Aufgabenstellung resultieren einige triviale, aber zwingende und in soziologischer Hinsicht ungemein bedeutsame Relationen:

Je mehr Gefangene auf einen Personalangehörigen entfallen, um so mechanischer muß er die Vielzahl seiner Aufgaben regeln, um so bürokratischer müssen sie ablaufen, zu bestimmten Zeiten, in kurzen Fristen, für möglichst viele.

Je mehr Gefangene auf einen Personalangehörigen entfallen, desto weniger kennt er den einzelnen, desto weniger kann er sich um ihn kümmern, desto ausschließlicher ist der einzelne Gefangene auf die Kontakte mit Mitgefangenen angewiesen.

Je mehr Gefangene ein Bediensteter versorgt, desto mehr wird sein Berufsalltag durch die Erhöhung und Differenzierung der Bedürfnisse der Gefangenen belastet.

Die Verbindung Raum – Zahl – Aufgabe schafft mithin Sozialstrukturen. Sie fördert Trennung zwischen Personal und Insassen, Distanz und Parteilichkeit – die Bildung zweier in gespannter Beziehung zueinander stehender Personengruppen.

Von Bedeutung für die soziologische Struktur von Personal und Insassen ist nicht nur die Abteilungsgröße. Gliederung, Größe und Verteilung der Verkehrsflächen, also von Gängen, Treppenhäusern sowie der Gemeinschaftsräume, sind der bauliche Rahmen für Gruppenbildung und Zusammenleben. Von besonderem Einfluß erscheint, daß es zwischen den Einzelhafträumen, auch gemeinsamen Schlafräumen und der Anstaltsöffentlichkeit der Verkehrsflächen in der Regel so gut wie keine räumliche Überleitung gibt, wie etwa vom Schlafraum einer Wohnung oder von einem privaten Wohnzimmer einer Etagenwohnung zum Treppenhaus eines größeren Wohnhauses, das allgemein zugänglich ist.

Im sogenannten panoptischen Sternbau, dem vielerorts noch bestehenden klassischen Gefängnis des 19. Jahrhunderts, liegen meist Hunderte von Einzelhafträumen an strahlenförmig auseinanderlaufenden Gängen. Die Stockwerke werden durch Eisengalerien mit Geländern gebildet. Alle Gänge und damit jede Bewegung ist vom zentralen Schnittpunkt des Sternbaus aus einzusehen, daher die Bezeichnung „panoptisch". Zur Kontrolle benötigt eine derartige Anlage nur wenige Personen. Weitere Folge dieses baulichen Systems bei den alltäglichen gemeinsamen Veranstaltungen, wie dem gleichzeitigen Verlassen der Zellen zu Beginn der Arbeit, ist das plötzliche „Umschlagen" hunderter Einzelsituationen in den Hafträumen in die Masse der Mitgefangenen: Jeden Morgen das hundertfache Geräusch des Übertritts der Individuen in den Zustand der Massen. Natürlich besteht in diesen Großgruppen eine unüberschaubare Anzahl informeller Beziehungen, doch das morgendliche Aufstehen der Gefangenen beschreibt beispielhaft die architektonisch bestimmte soziologische Struktur. Markante Situationen sind Alleinsein und Leben in der Masse, weitgehend ohne Übergang.

Verlust der Intimität des Allein- und Fürsichseins ergibt sich nicht nur im Hinblick auf die Mitgefangenen durch das reglementierte Zusammenleben in ungegliederten baulichen Anlagen. Er ergibt sich auch durch die ständig mögliche Beobachtung des Gefangenen innerhalb der Sichtfelder der Kontrollarchitektur: in den Außenanlagen, durch jederzeit aufschließbare Türen, durch Gucklöcher. Die zeitweise in den Vordergrund gestellte sensorische Deprivation als Hauptschaden der Haft (Desorientierung der Persönlichkeit durch drastische Einschränkung der Wahrnehmung) ist als Problem weitaus weniger bedeutsam als das Erlebnis des Ausgesetztseins an Mitgefangene und Personal und das der Umgestaltung der persönlichen Intimsphäre.

Schließlich definiert Gefängnisarchitektur nicht nur soziologische Struktur und Abläufe als wertfreies dynamisches System von Positionen und Rollen; es definiert damit auch Statusunterschiede. Leitfunktion dafür hat der mit der architektonischen Gestaltung vermittelte Lebensstandard. Die Ärmlichkeit der Gefängnisbauten nach Qualität (abgesehen von etwelchen Sicherungseinrichtungen) und Ausstattung ist notorisch. Sie nach Investition und Unterhalt im Vergleich zu anderen öffentlichen Einrichtungen zu fixieren, ist kompliziert. Ein Haftplatz kostet in der Regel einen imponierenden Betrag von 250 000 bis 300 000 DM. Der Kostenanteil für Sicherungszwecke ist dabei jedoch beträchtlich. So ist eine Stahltüre mit Verschlußarmatur, die eher an eine Kühlschrank- oder Tresortüre erinnern läßt, teurer als die gesamte Haftraumeinrichtung. Diese ist wiederum im Kostenvergleich zu Einrichtungen von Einzelzimmern in Wohnheimen zu sehen. Ärmlichkeit wäre dann das Ergebnis einer Rechnung.

Ärmlichkeit ist aber auch ein recht überzeugender Eindruck, der sich etwa angesichts der Kleinheit der Waschbecken, des vielfachen Fehlens mobiler Sitzmöbel, eines normal dimensionierten Einzelschrankes u. a. m. ergibt. Als ich Anfang der sechziger Jahre erstmals ein Gefängnis von innen sah, dabei zahlreiche Crafträume besichtigte: die Kleider am Haken, einfache Strohmatratzen auf an der Wand hochklappbaren Eisenrahmen, kleine rohe Holzregale für wenige Toilettengegenstände. Alles ärmlich, meist sauber. Da assoziierte ich fast mechanisch: Landarbeiterunterkünfte der dreißiger Jahre. Sicher sind wir heute eine kleine Epoche weitergekommen, vielleicht Anfang der fünfziger Jahre. Ärmlichkeit ist jedoch nach wie vor bleibendes Kriterium der Gefängniseinrichtung, abgesehen von einigen architektonischen Ausnahmen, die jedoch nicht den Lebensstandard der Mehrheit bestimmen.

Architektonische Ärmlichkeit prägt nicht allein den geringen Lebensstandard; sie ist auch ein Merkmal des niedrigen Status der Insassen. Dazu kommt die statusmindernde Objekthaftigkeit der Insassen, die sich aus Kontrollarchitektur und aus nivellierender Gleichbehandlung nach baulich festgelegten Funktionen ergibt: Kontrolle und Funktionsabhängigkeit sind nicht nur Mittel, um Sicherheit und Ordnung zu gewährleisten; für die Betroffenen werden sie nolens volens zu Kriterien niedrigen Status im Verhältnis zu denen, die Kontrollen ausüben bzw. Funktionen regeln. Gefängnisarchitektur liefert nach allem eine Vielzahl zusammenwirkender materieller Schichtkriterien, die den Statusunterschied zwischen Personal und Insassen manifestieren und aufrechterhalten.

Zusammenfassend gesehen ist Gefängnisarchitektur die materiell verfestigte Sozialordnung, die in ungemein zwingendem Wechselverhältnis zum sozialen Bewußtsein von Personal und Insassen steht: Nichts ist einleuchtender und wird eher zur selbstverständlichen eigenen Einstellung als die Zwänge, die architektonisch begründet und kurzfristig nicht geändert werden können. Die Logik des Alleinseins im Haftraum, des Systems der zugehörigen Verteilung, die „Logik" der Massenverpflegung wird letztlich nicht per Vorschrift als zwingend erlebt, sondern aufgrund der gegebenen baulichen Anlagen, des Mangels an eigenen Speiseräumen, der Notwendigkeit (!) der Türschlösser für den Einschluß der Gefangenen von außen usf.

Noch hintergründiger betrachtet, beweist sich der Zwang der Internierung für Insassen und Personal durch nichts mehr als durch die Anschauung von und das Umgehen mit Mauern und Gittern. Sie begründen die Logik der Freiheitsstrafe, bilden den verdinglichten Zwang. Architektur ist daher in einem sehr weitgehenden Sinn mit der Idee der Freiheitsstrafe identisch und definiert sie augenscheinlicher als vorliegende Gesetze; sie ist steingewordenes Gesetz, das jedoch weit mehr umfaßt als die derzeit formulierten Normen.

3.2 Das ökonomische Subsystem in der Gesellschaft

Wie jede andere Institution, so steht auch das Gefängnis in einem ökonomischen Austausch zum gesellschaftlichen Umfeld; einerseits ist es Gegenstand von Investitionen, sei es zur materiellen und personellen Ausrüstung oder zur Versorgung seiner Insassen; andererseits ist es Produktionsstätte, deren Mitglieder (Personal und Insassen) Dienstleistungen erbringen oder ökonomisch wertschaffend tätig sind. Dies gilt ebenso für zahlreiche andere Einrichtungen. Die Besonderheit der Vollzugsanstalt resultiert aus der Unfreiheit ihrer Insassen und dem Zuwachs an Entscheidungen, der sich daraus für das Personal ergibt. Freiheitsentzug nimmt nämlich die davon Betroffenen aus ihren gesellschaftstypischen sozialen, beruflichen und wirtschaftlichen Verhältnissen heraus. In bezug auf ihre unfreien Mitglieder setzt die Vollzugsanstalt einen eigenen sozial-ökonomischen Status von entsprechend formierten Arbeitnehmern und Konsumenten. Dies prägt die Institution als Ganzes in ebenso charakteristischer Weise wie ihre Wechselwirkungen zur weiteren Gesellschaft.

Wenn man in Rechnung stellt, daß in der Bundesrepublik Deutschland ständig ca. 60 000 Gefangene[119] in Haft sind, überwiegend in relativ großen Anstalten zusammengefaßt, so stellen diese ökonomische Kraftfelder von einiger Größenordnung dar, die weder ihre Umwelt unbeeinflußt lassen noch unbeeinflußt von ihr bleiben. Dieses Bild macht deutlich, wie sehr die Vollzugsanstalt als soziales Gebilde auf dem Hintergrund der Gesamtgesellschaft gesehen werden muß, um in ihrer Eigenart erfaßt zu werden. Das ist nicht nur ein rechtliches und ökonomisches, sondern ein weit umfassenderes Phänomen.

Das Gefängnis ist ein Subsystem eigener Art. Weit mehr als bei anderen Institutionen der Fall, wird seine Verfassung und Entwicklung von der Gesellschaft und von ihren Beauftragten, der Justizverwaltung, und nicht von den Insassen als eigentlichen Mitgliedern bestimmt. Diese Feststellung gilt natürlich auch für Schulen, Krankenhäuser und ähnliche Einrichtungen, für keine jedoch wohl so extrem wie gerade für das Gefängnis. Es unterliegt mittelbarer Beeinflussung, extern den Interessen, die die Gesellschaft − so komplex der zugehörige Begriffsinhalt auch ist − verwirklichen will, intern den Interessen, die dem Gefängnispersonal als Zwecke oder Notwendigkeiten manifest werden. Dem Personal als Träger der Verwaltung kommt eine wichtige Vermittlungsfunktion zu: Es meldet Bedürfnisse aus dem eigenen Erleben der Institution an und verarbeitet gleichzeitig tatsächliche oder vermeintliche Zwänge von außen, aus der öffentlichen Meinung.

Da ein jeder, ob bewußt oder unbewußt, seine eigenen Interessen am besten identifiziert, oder zumindest diejenigen anderer nicht frei von eigenen Wünschen erlebt, so ist diese mittelbare Interessenidentifikation für Zustand

---

119 Frieder Dünkel / Anton Rosner: Die Entwicklung des Strafvollzugs in der Bundesrepublik Deutschland seit 1970, Freiburg 1982, vgl. S 39 und S. 56. Die Autoren stellen 1980 eine Jahresdurchschnittsbelegung von 55 910 fest, seither deutlich steigende Tendenz.

und Entwicklung des Strafvollzugs von grundlegender Bedeutung. Zwar ist die Schule als Institution in einer ähnlichen Lage, denn ihre Gestaltung hängt notwendig von den Auffassungen der erwachsenen Gesellschaft und der Pädagogen ab, lediglich zum geringsten Teil vom Dafürhalten der Schüler. Die Interessenidentifikation der erwachsenen Gesellschaft mit ihren Kindern ist jedoch anderer Art als die mit kriminell auffälligen Personengruppen. Das Gefängnis beherbergt eine Randgruppe der Gesellschaft, und das wirkt sich notwendig in anderer Weise auf seine ökonomische Lage aus.

Die Einstellung der Gesellschaft hinsichtlich ihrer verurteilten Kriminellen ist sicher nicht einheitlich. Ein bei aller inneren Differenzierung verbreitetes Merkmal ist jedoch das gemeinsame Auftreten von Diskrimination und schlechtem Gewissen, von Distanzierungswünschen und Reaktionsbildungen, die die Distanzierung wiederum aufzuheben oder zumindest zu verschleiern versuchen. Diese Zwiespältigkeit der Einstellung setzt sich um in Entscheidungen der Parlamente, der Justizverwaltungen, der Finanzausschüsse, der Kommunen, der Bürgerinitiativen, der Hilfsorganisationen, der Anstaltsverwaltungen, des Personals, in Reaktionen von Bevölkerungsgruppen und Äußerungen von Massenmedien. Das Gefängnis ist auf vielen Umwegen und als solches vielfach nicht wiedererkannt, das endliche Resultat der bestehenden gesellschaftlichen Einstellungen gegenüber dem verurteilten Straftäter, Symbol von Ängsten, Aggressionen und schließlich auch von Behandlungswünschen.

Wesentliches, wenn nicht überhaupt grundlegendes Indiz dafür ist die Bewältigung von ökonomischen Problemen im Strafvollzugswesen. Das gilt für die verschiedensten Bereiche, angefangen von der Standortwahl eines Gefängnisneubaues bis zum Lebensstandard und zu den Arbeitsmöglichkeiten von Anstaltsinsassen.

3.2.1 Kostenfaktoren

Eines der schwierigsten Probleme besteht heutzutage darin, einen Standort für eine Vollzugsanstalt zu finden und das entsprechende Baugelände zu erwerben. Hubert Treiber macht dieses Faktum in dem schon angeführten Buch „Widerstand gegen Reformpolitik" zum Gegenstand einer aufschlußreichen Analyse. Er untersucht die Anstrengungen der Justizverwaltung des Landes Baden-Württemberg von 1966 bis 1973, das erforderliche Gelände für eine halboffene Jugendanstalt zu erwerben.

Das Unternehmen scheiterte in zwei ursprünglich vorgesehenen Gemeinden an Protesten, Ausweichmanövern, Alternativvorschlägen, Öffentlichkeitskampagnen . . . der Parteien, anderer Verwaltungen (Innenministerium, Finanzministerium, Kultusministerium), kommunalen Einrichtungen, Bürgerinitiativen usw. Zum Abschluß der Untersuchung 1973 wurde schließlich in einer dritten Gemeinde nach Überwindung ähnlicher Widerstände wie in den beiden ersten ein Grundstück für die Vollzugsanstalt gefunden. Es wird ein Architektenwettbewerb ausgeschrieben. Der Autor schließt seine Arbeit recht hoffnungsfroh. Das nachfolgende Schicksal des Projektes bestätigte seinen Optimismus nicht, jedoch seine Theorie von der Stärke des institutionellen Widerstandes. Die geplante Anstalt entstand auch am letzten Ort nicht, aus welchen Gründen auch immer.

Hubert Treiber resümiert im Laufe seiner Untersuchung: „Was den Strafvollzug von anderen Politikfeldern unterscheidet, ist der Tatbestand, daß sich in diesem Bereich keine ‚konfliktfähige lobby' angesiedelt hat, die zur Unterstützung des Ministeriums (der Justiz, eigene Anm.) eingesetzt werden könnte"[120]. Gegen die Absicht, eine Vollzugsanstalt zu errichten, wendet sich in gesetzmäßiger Weise eine „negative Koalition von Bürgermeistern, Kreisräten, Landräten, Landtags- bzw. Bundestagsabgeordneten, auch Ministern"[121]. Tatsächlich ist eine derartige institutionelle Opposition nicht denkbar ohne hohe Repräsentanz dessen, was die ansässige Bevölkerung in ihrer Mehrheit bejaht. Die Flächennutzungspolitik richtet sich sowohl im Interesse der Grundstückseigner, die in der Nachbarschaft ein Sinken der Preise befürchten, als auch in dem breiterer Bevölkerungsgruppen mit weniger bestimmten Ängsten gegen die Ansiedlung von Vollzugseinrichtungen.

Die Standortzuweisung von Gefängnissen drückt eindeutig den Wunsch der Gesellschaft nach Distanzierung aus. Die soziologische Metapher, daß der Strafvollzug eine Randposition im Vergleich zu anderen öffentlichen Institutionen einnimmt, wird damit zur geographischen und städtebaulichen Realität. Eine seit Jahren in einem Vorort Augsburgs vorgesehene Sozialtherapeutische Anstalt läßt sich auch nach fortgeschrittener Planung nicht mehr errichten. Die Standortgegner schlagen als Alternative ein Gelände neben einer künftigen Mülldeponie vor. Der verbreitete Widerstand gegen den Bau von Vollzugsanstalten in der eigenen Nachbarschaft drängt die Institution nicht nur in abseitige Standorte; er führt mittelbar zu Folgen, die für die Institution von maßgeblicher, meist negativer Bedeutung sind.

Der Zwang zur geographischen Randstellung reduziert in unserem dicht besiedelten Land die Möglichkeit zum Bau von Anstalten, wenn diese von geringer Größenordnung und entsprechend zahlreich sein sollen. Er fördert dagegen die Tendenz zum Bau von größeren Anstalten, sei es durch Ausweitung bestehender Kapazitäten ohne Neuerwerb von Grundstücken oder durch exzessive Nutzung von Neuanlagen. Letzteres trifft beispielsweise für die in den siebziger Jahren gebaute Jugendvollzugsanstalt in Hameln zu, mit 556 Plätzen eine für den Jugendvollzug ungewöhnlich groß dimensionierte Einrichtung. Die innere Struktur dieser Anstalten wird durch ihre hohen Personalzahlen belastet. Die notwendigen Beziehungen zur Außenwelt werden erschwert. Die Beschaffung von Arbeit für die Insassen des geschlossenen Vollzugs steht ebenso wie die von Arbeitsstellen für sogenannte Außenkommandos oder Freigänger vor Problemen der großen Zahl.

Die gesellschaftstypische Flächennutzungspolitik macht nach allem deutlich, daß die Investition von Grundstücken die letztendliche Funktion hat, kriminell Auffällige auszuschließen, sie mit den Anstalten an den Rand der Gesellschaft zu drängen. Was für die Bereitstellung von Baugelände gilt, trifft ähnlich für die Investition von finanziellen Mitteln zu. Im Hinblick auf die

---

120 Hubert Treiber, a.a.O., S. 57.
121 Hubert Treiber, a.a.O., S. 56.

baulichen Anlagen wurde diese Gesetzmäßigkeit mit all ihren Folgen schon ausführlich dargestellt.

Die Haushaltspolitik ist im übrigen durch eine Art Doppelstrategie gekennzeichnet: Entscheidungsprozesse, die die Zuweisung von Mitteln für Nahrung, Kleidung und Unterbringung der Gefangenen betreffen, „geraten" in der Art, daß die untere Grenze des gesellschaftlichen Lebensstandards in der Regel nicht überschritten wird. Ein ähnliches Limit für Entscheidungen besteht dagegen nicht bei Ausgaben, die die nachgeordnete soziale Position der Insassen unberührt lassen oder jedenfalls keinen Anstieg zur Folge haben.

Die Vorgänge, die in derartigen Entscheidungsprozessen wirksam werden, sind durchaus psychologischer Art. Es gibt keine gesetzliche Regelung mehr, die verbietet, daß Gefängnisse komfortabel gebaut und eingerichtet werden könnten. Man kann aber ziemlich unbesorgt sein, daß dies tatsächlich geschieht. Vollzugsanstalten haben letztlich die Funktion, sozial niedrige Positionen kenntlich zu machen, und diese Wirkungsweise stellt sich weitgehend unabhängig von gesetzlichen Bestimmungen dar. Das ist Tradition, und das anschaulichste Beispiel dafür ist die Gestaltung der Untersuchungshaft. Abgesehen von einigen Möglichkeiten zur Aufbesserung durch den Gefangenen selbst, wie das Tragen von Privatkleidung u. ä., weicht sie im wesentlichen nicht von der der Strafhaft ab. Reformwillige Kriminologen des 19. Jahrhunderts hielten nach Rusche / Kirchheimer an der Vorstellung fest, „daß der Lebensstandard innerhalb der Gefängnisse unter dem sonstigen Minimum (in der freien Gesellschaft, eigene Anm.) liegen müsse"[122].

Eine derart offene Bejahung dessen, was letzten Endes geschieht, ist heute nicht mehr so ohne weiteres möglich. Selten zeigt sich beispielsweise die sozial-strukturelle Funktion der Mittelzuweisung so offenkundig wie in der in vielen Anstalten besseren Kantinenverpflegung des Personals und der vergleichsweise schlechteren der Insassen. Gemeinhin werden derartige Diskrepanzen mit Sachzwängen erklärt. Die Höhe der zugewiesenen Mittel sei im Zusammenhang der Ausgaben tradiert, an bestimmte Verwaltungsvorschriften gebunden, so daß Änderungen oder gar Prioritätsverschiebungen nur schwer möglich seien.

Von wichtiger Bedeutung für die Begründung des eingeschränkten Lebensstandards sind ferner Motive der Sicherheit, der Gleichbehandlung, der Ordnung. Unter Berufung darauf wird der mögliche Bestand an Besitzgegenständen begrenzt, werden Unterschiede im Lebensstil verringert u. a. m. In bemerkenswerter Weise werden damit in der freien Gesellschaft verbreitete Vorstellungen negiert: wie Anspruch auf individuelle Eigenart, auf unbehinderten Konsum und auf unterschiedlichen Besitz. Diese Vorstellungen gehören zu den geschätzten Grundwerten im Selbstverständnis der liberalen kapitalistischen Gesellschaft.

Die Furcht vor ausdrücklicher Mißachtung dieser verbreiteten Wertvorstellungen ist neben anderem Ursache dafür, daß sich das ebenso verbreitete Bedürfnis, Gefangenen einen sozial und ökonomisch minderwertigen Status zuzuweisen, nicht mehr als solches ausdrückt. Die Mittelzuweisung für den

---

122 Georg Rusche / Otto Kirchheimer, a.a.O., S. 210.

Strafvollzug folgt daher überwiegend Motiven, die nicht kenntlich gemacht werden. Im Ergebnis entsteht ein ökonomischer Status, der zwar veränderungsfähig ist, der allgemeinen Entwicklung des Lebensstandards jedoch in gebührendem Abstand folgt, und dies sicher über die bestehenden Sachzwänge hinaus.

Die allgemeine Entwicklung der Lebensverhältnisse hat insofern für die des Strafvollzugs eine begrenzende Funktion, geht ihr zeitlich voran und limitiert die Reichweite etwaiger Vollzugsreformen. Dies spiegelt auch die Entwicklung des Gefängniswesens nach dem Zweiten Weltkrieg wider. Nach Wirtschaftswunder, Wiederaufrüstung und vor allem technischem Fortschritt in vielen Bereichen folgte Ende der sechziger Jahre eine Reformphase des Strafvollzugs. In diesem Rahmen entwickelten sich die Lebensverhältnisse der Gefangenen in den Anstalten: Gemeinschaftsveranstaltungen nach der Arbeit wurden in vermehrtem Maße zugelassen und zur Grundlage einer bescheidenen Freizeitkultur. Zusammen mit anderen Veränderungen wurden Lockerungsmaßnahmen wie Ausgang und Urlaub eingeführt. Die bürgerliche Anrede mit „Frau" bzw. „Herr" wurde — in diesem Zusammenhang erwähnenswert — obligatorisch.

Eine relativ rasche Entwicklung ergab sich, bezogen auf die gesamte Bundesrepublik Deutschland, ab 1970 im Personalbereich. „Zwischen 1970 und 1979 nahm das Personal des Justizvollzugs von 16 375 auf 23 986 Bedienstete zu — eine Steigerungsrate von + 45 %." Dies entspricht der angedeuteten Aufeinanderfolge von Entwicklungsschüben in verschiedenen gesellschaftlichen Bereichen. Gleichzeitig mit dem Strafvollzug wuchs in ähnlichem Ausmaß lediglich die personelle Ausstattung der Polizei sowie des Schulwesens. Innerhalb des Strafvollzugs hatten die sogenannten Fachdienste (Psychologen, Sozialpädagogen, Lehrer sowie eine kleine Gruppe Soziologen) an dieser Personalmehrung den relativ höchsten Anteil. So standen im Jahr 1980 für Psychologen 265 Planstellen in der Bundesrepublik Deutschland zur Verfügung, gegenüber nur 57 Bediensteten dieser Berufssparte im Jahr 1970 (letztgenannte Zahl ohne Stadtstaaten)[122a].

Bezogen auf die Anzahl der Gefangenen und sonstige Umstände, zeigt die Erhöhung der Zahlen nicht den tatsächlichen Fortschritt. Die Ausgangssituation, 1970 und vorher, ist durch personelle Unterbesetzung, besonders in den Fachdiensten, aber auch im allgemeinen Vollzugsdienst, gekennzeichnet. Die Jahresdurchschnittsbelegung der Gefangenen ist im gleichen Zeitraum von 46 679 auf 55 910 erheblich gestiegen. Es gab ferner Arbeitszeitverkürzungen von 44 auf 40 Stunden und längeren Urlaub, Maßnahmen, die insbesondere den Zuwachs an Aufsichtsbeamten neutralisieren. Es bleibt im wesentlichen eine verbesserte, aber trotzdem noch unzureichende Versorgung mit speziellen Behandlungs- und Betreuungskräften.

Große Durchlässigkeit der Mittel besteht grundsätzlich für Investitionen von Sicherungsanlagen. Diagnostischen Signalwert haben diesbezüglich die Anstrengungen, die zur sicheren Unterbringung terroristischer Gewalttäter unternommen wurden. Aufwendige Sicherheitseinrichtungen wurden in

---

122a Frieder Dünkel / Anton Rosner, a.a.O., vgl. S. 249 ff.

vielen Gefängnissen installiert, zusätzliches Personal in Sonderhaushalten zur Verfügung gestellt.

Nach dem kursorischen Aufweis der Reformansätze und Veränderungen, die seit den späten sechziger Jahren die Entwicklung des Gefängniswesens in der Bundesrepublik Deutschland beeinflußten, entsteht vielleicht der Eindruck, als ob die sozial-strukturelle Funktion, eine mindere soziale Position der Gefangenen zu bewahren, mehr und mehr an Bedeutung verlöre. Das ist jedoch lediglich ein Problem der Erkennbarkeit, die geringer geworden ist. Statuseinschränkung wird nicht mehr manifest in Abzeichen der Diskriminierung wie in Gefangenenkleidung; sie ist vielmehr durchgängiges Qualitätsmerkmal und wird in Kleidung, Essen und Räumlichkeiten signalisiert. Statuseinschränkung ergibt sich ferner aus den für alle Gefangenen ähnlichen, individuelle Unterschiede nivellierenden Lebensumständen, aus geringerer Differenzierung von Aktivitäten, Konsum und Arbeit. Und schließlich aus den Verfahrensweisen, die nötig werden, um das eigentümliche Biotop Gefängnis in der geschilderten Weise ökonomisch aufrechtzuerhalten.

3.2.2 Gefängnisindustrie

Die Rolle der Gesellschaft als Kostenträger des Strafvollzugs wirkt notwendig dahingehend, daß die dominierenden sozialpsychologischen Einstellungen in der Investitionspolitik zum Ausdruck kommen. Dieses Beziehungsgefüge scheint da unterbrochen, wo die Gefängnisinsassen selbst mit ihrer Arbeit wirtschaftliche Werte erzeugen und sich zumindest teilweise aus der Abhängigkeit vom Kostenträger „Gesellschaft" herausbegeben.

Die Durchführung der Freiheitsstrafe stellt die Gefängnisverwaltung vor das ständige Problem, Arbeitskräfte nach ihrer oft plötzlichen Herausnahme aus den eigenen beruflichen Verhältnissen anstaltsintern neu einzugliedern. Sie muß dafür geeignete Arbeitsplätze und eine entsprechende betriebliche Organisation bereithalten. Natürlich kann das Gefängnis nicht die gleichen Möglichkeiten wie die freie Gesellschaft bieten. Das würde einer Verdoppelung der Arbeitswelt, noch dazu auf engstem Raum gleichkommen. Die gesellschaftliche Vielfalt läßt sich nun einmal nicht en miniature reproduzieren. Machbar ist eine sowohl nach ihrer Vielfalt als auch nach ihrem inneren Aufbau vereinfachte Arbeitswelt. Sie kann entweder durch Inanspruchnahme von privaten Arbeitsplätzen oder durch Einrichtung eigener Anstaltsbetriebe aufgebaut werden. In diesen beiden Richtungen kann sich – national unterschiedlich – Gefängnisindustrie mit Übergängen zwischen der einen und anderen Form entwickeln.

So kann ein privater Unternehmer einzelne oder Gruppen von Gefangenen in seinen Betrieb eingliedern oder auch das Gefängnis selbst als Privatbetrieb führen. Letzteres war im Zeitalter des Merkantilismus möglich. „Es gab zwei Arten, die Arbeitskraft der Insassen auszunutzen: entweder wurde die Anstalt von der Leitung selbst betrieben; oder die Insassen wurden an private Unternehmer verdingt. Gelegentlich wurde die ganze Anstalt von einem

Unternehmer gepachtet"[123]. Von der Anstalt selbst betriebene Werkstätten werden als Eigen- oder auch Regiebetriebe bezeichnet. Nach John Gahlen sind Eigenbetriebe „staatliche Betriebseinheiten, die bei staatseigenen Investitionen ein eigenes Fertigungsprogramm durchführen, dieses im Eigenabsatz über den Markt laufen lassen und im echten Sinne dieses Wortes staatsunternehmerische Funktion haben"[124].

Zwischen der bloßen Inanspruchnahme von Arbeitsplätzen für Gefangene außerhalb der Anstalt und den anstaltsinternen staatlichen Unternehmen gibt es die Möglichkeit, Zweigwerkstätten eines privaten Unternehmens oder auch länger dauernde private Arbeitsprogramme in die Anstalt hereinzunehmen. Diese Form der Arbeitsorganisation bezeichnet man als Unternehmer- oder Fremdbetriebe. Nach Gahlen werden von der Anstalt „nur Arbeitsraum und Arbeitskraft der Gefangenen zur Verfügung gestellt. Der Unternehmer stellt das Material und den Maschinenpark (gelegentlich auch eigene Hilfskräfte, eigene Ergänzung)"[125].

Im Laufe der Geschichte des heutigen Gefängnisses, aber auch im Vergleich der Nationen zeigen sich mehrere Lösungen des Problems, in welcher wirtschaftlichen Struktur Gefängnisindustrie zu betreiben ist. Die historisch älteste Form ist die Gestaltung des gesamten Gefängnisses als staatliche Manufaktur, die späterhin als Ganzes an private Unternehmer verpachtet werden konnte. Wie Michel Foucault in seiner Studie „Überwachen und Strafen – Die Geburt des Gefängnisses" nachwies, trugen diese Betriebsformen in bedeutsamer Weise zur Entwicklung des industriellen Arbeitswesens der letzten beiden Jahrhunderte bei: Die Tradition der heutigen Arbeitsdisziplin, die für den Bestand einer hochtechnisierten Gesellschaft unerläßliche Voraussetzung ist, wurde in den Gefängnissen, den militärischen Zuchtanstalten und den Schulen des Merkantilismus geboren[126].

Als ausschließliches Staatsunternehmen ist das Gefängnis vor allem in sozialistischen Ländern denkbar, da dort die Vergesellschaftung des industriellen Eigentums ohnedies durchgängiges Prinzip und die Bedeutung des privatwirtschaftlichen Unternehmertums weit nachrangig ist. Gefängnisindustrie gliedert sich damit in höchst homogener Weise, weitgehend unbehindert durch Konkurrenz und Absatzprobleme in das allgemeine System ein. Da Anstaltsinsassen regelmäßig aus ihren sozialen und familiären Bezügen gerissen sind, sind sie für die Zwecke einer starren Planwirtschaft weitaus verfügbarer und mobiler als freie Arbeitskräfte. Dies erklärt die Rolle der Zwangsarbeit, den Archipel „Gulag", der stalinistischen Gewaltherrschaft.

Nirgends sonst konnte Zwangsarbeit derart umfassende Bedeutung gewinnen wie in dem technisch zurückgebliebenen riesigen Sowjetstaat. „Für seine Bauvorhaben in unwirtlichen Gegenden, für Kanäle und Eisenbahnen, Holzfällerei und Bergbau brauchte Stalin Millionen Arbeiter, die als Lohn ledig-

---

123 Georg Rusche / Otto Kirchheimer, a.a.O., S. 64.
124 John Gahlen: Gedanken zur Neuordnung des Arbeitswesens im Strafvollzug unter Einschluß der Frage des Arbeitsentgelts, in: Zeitschrift für Strafvollzug 1 (1970), S. 29.
125 John Gahlen, a.a.O., S. 29 f.
126 Michel Foucault, a.a.O., vgl. S. 192 ff. und 226 ff.

lich bescheidene Verpflegung erhielten. In der allgemeinen Verlustwirtschaft der UdSSR waren die Lager, so Ex-Kommunist Karlo Stajner in „7000 Tage in Sibirien", die einzigen Betriebe, die Gewinn abwarfen. So wurden weitere Zwangsarbeiter rekrutiert — aus allen Bevölkerungsschichten"[127]. Nun, die Bedingungen, die eine derartige Ausweitung von Zwangsinstitutionen bewirken, sind wohl umfassenderer Art und hängen nicht nur am Auftreten eines Despoten allein.

Interessanterweise ist die einzig zulässige Betriebsform der Bundesgefängnisse in den USA ebenfalls die des Staatsunternehmens. Diese arbeiten ausschließlich nur für den auf bestimmte Produkte eingeschränkten staatlichen Bedarf. So werden alle staatlichen Uniform- und Rangabzeichen in einem Bundesgefängnis mit dafür ausgerüstetem Maschinenpark produziert. Ähnlich werden defekte Möbel von Bundesbehörden in einem Gefängnis repariert. Privater Absatz ist den Strafanstalten in USA gesetzlich untersagt. Diese Betriebsform führt — wohl außer in Zeiten einer ungewöhnlichen Konjunktur entsprechender Arbeitsaufträge — zu einer hohen Rate von Arbeitslosen in den Anstalten.

In der Bundesrepublik Deutschland ist Gefängnisindustrie nicht an eine Betriebsform allein gebunden. In den Anstalten bestehen sowohl staatliche Eigenbetriebe als auch von privaten Unternehmern unterhaltene Fremdbetriebe, meist auf der Grundlage längerer Arbeitsprogramme, vereinzelt auch in Teilwerkstätten. Außerdem werden in Privatfirmen außerhalb Arbeitsplätze für einzelne oder Gruppen von Gefangenen, die unter gelockerter Aufsicht stehen, in Anspruch genommen. Im Falle des Freigangs von Gefangenen entfällt auch die gelockerte Aufsicht durch von der Anstalt gestellte Bedienstete. Die Zahl der Möglichkeiten gewährt eine relativ flexible Anpassung an den Arbeitsmarkt innerhalb und außerhalb der Gefängnisse sowie eine grundsätzlich höhere Beschäftigungsquote, als sie durch die im Absatz festgelegten Staatsunternehmen in den Gefängnissen der USA gewährleistet wird.

Wie die Situation in den USA und auch in der UdSSR zeigt, setzt die Produktivität der Insassen bzw. die des Gefängnisses keineswegs eine geänderte Beziehung zwischen ihm und der Gesamtgesellschaft voraus, d. h. sie durchbricht nicht das für den finanziellen Unterhalt und sonstige Investitionen charakteristische Beziehungsgefüge. Die Situation in der Versorgung ähnelt mit anderen Worten durchaus der in der Arbeit. Das gilt auch für die Gefängnisindustrie in der Bundesrepublik Deutschland und betrifft sowohl die Tätigkeit der Insassen als auch die Gefängnisbetriebe als Ganzes.

Bei beginnender Arbeitsverknappung werden in Privatbetrieben als erstes die dort tätigen Gefangenen entlassen. „Selbstverständlich müssen zuerst die Gefangenen weg", sagte mir ein Betriebsrat anläßlich der Wirtschaftsdepression 1966/67. Als in der Vollzugsanstalt Amberg in der Oberpfalz mit dem Neubau einer Schweinemästerei deren Kapazität verdoppelt werden sollte, protestierte zunächst erfolglos die Interessengruppe der Umwelt-

---

[127] aus „100 Jahre Stalin — Rußlands unbewältigte Vergangenheit", in: Der Spiegel 52 (1979), S. 103.

schützer, sodann die der Jungbauernschaft. Es kam zu einer siebenjährigen Auseinandersetzung um die Schweinemast, die die Gemüter und die Lokalpresse beschäftigte. Schließlich kam es auch zu einer Landtagseingabe. Die Justiz mußte zurückstecken[128]. Heute ist der landwirtschaftliche Anstaltsbetrieb so gut wie eingegangen.

Derartige Vorfälle wie das letztgenannte Beispiel beschäftigen selten die Öffentlichkeit, weil das Kräfteverhältnis zwischen Gefängnisindustrie und Privatunternehmern oder auch Gewerkschaften relativ stabil ist. Lediglich wenn — wie in dem Amberger Beispiel — die Gewichte verschoben werden sollen, dann entsteht eine aufsehenerregende Gegenbewegung, die in der Regel solange anhält, bis das alte Gleichgewicht oder besser Ungleichgewicht der Kräfte hergestellt ist. Der Protest der Landwirte in der Oberpfalz hat insofern ähnliche Wurzeln wie der der Standortgegner einer Vollzugsanstalt in Baden-Württemberg.

Die Beziehung zwischen Gefängnisindustrie und freier Wirtschaft zeigt in der Bundesrepublik Deutschland folgende Merkmale:

1. Die Gefängnisindustrie besteht aus einer Vielfalt von Kleinbetrieben und Betriebsformen in den Anstalten. Damit ist sowohl eine absatzstarke Massenproduktion als auch eine höhere organisatorische Differenzierung verhindert. Charakteristisch ist der Handwerksbetrieb als Eigenbetrieb und der einfach strukturierte private Zweigbetrieb in einer Anstalt.

2. Gefängnisarbeit beansprucht in der Regel einfach qualifizierte Tätigkeit: Anlernarbeiten, handwerkliche Fertigkeiten und Facharbeit, die der Insasse in der Regel außerhalb der Anstalt erlernt hat. Die zahlenmäßig kleine Gruppe der Insassen, die qualifiziertere berufliche Arbeit erlernt hat, kann meist nicht entsprechend eingesetzt werden. Die dargelegte einfache berufliche Differenzierung gilt entsprechend auch für die Werkbediensteten. Eine Qualifikation über die Stufe der Meisterausbildung hinaus ist weder erforderlich noch ohne weiteres verwertbar.

3. Durch die Aufteilung der Arbeitskräfte auf zahlreiche Kleinbetriebe, die insgesamt konjunkturellen Schwankungen weniger ausgeliefert sind als ein großer Betrieb allein, wird eine relativ hohe und konstante Beschäftigungsquote erreicht. Hinzu kommt jedoch als weitere notwendige Voraussetzung die Beschäftigung der Insassen mit in der Freiheit wenig begehrter und schlecht bezahlter Arbeit: stupides Zusammenstecken von Werbeartikeln, einfachste Knüpf- und Klebearbeiten u. ä. — entsprechend der klassischen Zuchthausarbeit des Tütenklebens.

Vergleicht man die amerikanische Gefängnisindustrie mit der westdeutschen, so gehorchen beide trotz großer Unterschiede im Aufbau der Gesetzmäßigkeit, daß die Anstaltsproduktion das ökonomische Gesamtsystem nicht beeinträchtigen darf. Weder darf der Absatz unverhältnismäßig expandieren, noch darf das niedrige Lohnangebot an den Insassen den Arbeitsmarkt beeinflussen. Das gleiche Ergebnis wird in USA durch strikte Absatzeinschränkung, in Westdeutschland durch Zersplitterung der Arbeitskräfte und techno-

---

128 Vgl. Amberger Volksblatt vom 6. 5. 1980 und Amberger Zeitung vom 7. 5. 1980.

logische Unterentwicklung erreicht. Die Gefängnisindustrie unterliegt mit anderen Worten einem ähnlichen Außendruck wie Investitionen zur materiellen Ausstattung der Anstalten in anderen Bereichen.

Von diesem wirtschaftlichen Außendruck ist in der Bundesrepublik Deutschland am stärksten der Eigenbetrieb betroffen, dessen betriebliche Investitionen sich über Produktion und Absatz schlecht amortisieren. Die billigsten und bei Einbehaltung des Lohns lukrativsten Arbeitsplätze sind diejenigen in der Privatindustrie. Am rentabelsten ist daher die Vermietung von Insassen als Arbeitskräfte. Die Unterbringung in der Privatindustrie wird durch Lockerung der Sicherheitsbestimmungen erleichtert. Insassen können dann in sogenannten Arbeitskommandos unter „gelockerter" Aufsicht eines Bediensteten oder gänzlich ohne Aufsicht tagsüber außerhalb der Mauern in Privatbetrieben arbeiten. Die unter dem Ziel der Resozialisierung propagierte Öffnung des Vollzugs entspricht somit auch Gewinninteressen der Anstalten und liegt in Richtung ihrer besseren Anpassung an die ökonomischen Außenbedingungen.

Nach allem bewirkt das Verhältnis zwischen der Betriebswirtschaft der freien Gesellschaft und der der Gefängnisse, daß Gefangene gehäuft einfache, wenig beliebte und schlecht bezahlte Arbeit zugewiesen erhalten. Der wirtschaftliche Außendruck auf die Gefängnisindustrie hat insofern die gleiche Funktion wie die Investitions- und Unterhaltspolitik gegenüber dem Strafvollzug: Beide erzeugen eine niedrige soziale Position der verurteilten Delinquenten; sie erhalten und verschärfen deren soziale Randstellung.

3.2.3 Die ökonomische Existenzform der Insassen

Die wirtschaftliche Situation der Gefangenen ist hinsichtlich Konsum und Arbeit gegenüber der der freien Menschen unserer Gesellschaft in einem merklichen Rückstand. Gefängnisse gleichen so gesehen unterentwickelten Ländern. Im Unterschied zu diesen sind es jedoch winzige Inseln eines wirtschaftlich reduzierten Zustandes, unmittelbar umgeben von einer Gesellschaft mit einer vielfältig entwickelten Konsum- und Arbeitswelt, die zudem die eigentliche Herkunft aller Insassen darstellt. Die erforderliche ökonomische Abgrenzung zu schaffen und zu erhalten, ist daher keineswegs nur eine Frage des Konsum- und Arbeitsangebots; sie wirkt tief in die Regulierung des Verhaltens der Insassen hinein. Letztlich definiert sie eine eigenartige Existenzform, die die Persönlichkeit in ganz anderer Art und Weise wie die Verhältnisse in der freien Gesellschaft zu bestimmen imstande ist.

Unter den wirtschaftlichen Bedingungen unserer Gesellschaft mit einem vielfach mehr als ausreichendem Konsumangebot, mit einer differenzierten, stark unterschiedlichen Arbeits- und Eigentumsstruktur, entstehen spezifische soziale Grundprozesse, die sich beispielsweise von denen einer sozialistischen Gesellschaft oder einem unterentwickelten Land deutlich unterscheiden. In unserer Gesellschaft dominieren Interaktionen mit bedürfnisbestimmtem Austausch von Waren, Leistungen und Gefühlen. Bedürfnissteuerung erfolgt weniger durch direkte Anweisung oder Verteilung als durch vitale Motivanreize infolge periodisch auftretendem Mangel, ergänzt durch die vielfältigen Maßnahmen der Bedürfnismanipulation. So ist der Motivkomplex der eigenen Lebenserhaltung und -gestaltung zentrale Ursache für den Austausch von Arbeitskraft und Geld sowie für den von Geld und Ware. Um diesen Kreislauf auf dem bestehenden differenzierten Niveau zu erhalten, werden immer wieder neue Motivanreize durch Informationen der Massenmedien, die alltägliche Kommunikation und nicht zuletzt durch die Familienerziehung erzeugt. Es ist eine Bewegung, an der jeder teilnimmt. Wer zu steuern glaubt, ist ebenso manipuliert wie der offenkundig gesteuerte. Wesentlich ist, daß in diesem Feld das Individuum das Bewußtsein gewinnt, eigenen Motiven nachzugehen, daß es den Kreislauf mitbestimmt. Eine gewichtige, wenn auch nicht ausschließliche Rolle kommt sicher den Eigentumsverhältnissen zu.

Ein ökonomisch-sozialer Grundprozeß dieser Art ist im Gefängnis nicht oder nur sehr eingeschränkt möglich. Er setzt nämlich eine weitaus größere Entfaltung der Bedürfnisentwicklung des Konsums und der Produktion voraus. Das ist aber unter den Bedingungen der Internierung kaum zu leisten. In der Mauerinsel der Vollzugsanstalt läßt sich weder die differenzierte und hochentwickelte Arbeitswelt der heutigen Gesellschaft ansiedeln, noch ist ein entsprechender Konsumabsatz möglich: Die Anschaffung von Kraftfahrzeugen, Möbeln, vielen Freizeitgeräten, vielerlei Kleidung verbietet sich mangels Platz oder zumindest Verwendungsmöglichkeit. Jedoch nicht nur Konsum, Besitz und Produktion sind notwendig eingeschränkt, ähnliches gilt auch für außerhalb der Anstalt selbstverständliche und damit um so wesentlichere Aktivitäten wie Ortswahl und Tageseinteilung sowie für die Partnerwahl.

Der ökonomisch-soziale Austausch ist notwendig anders, weil er in einem künstlichen Biotop stattfindet, in dem eine Großzahl sonst wesentlicher Handlungsvoraussetzungen und -anreize entfällt. Notwendig entsteht eine im Vergleich zur weiteren Gesellschaft andersartige Konsum- und Arbeitswelt. Sie ist eine wesentliche Grundlage für die Freiheitsstrafe. Der besonderen Gestaltung und der Kontrolle der gefängnistypischen sozialen Grundprozesse kommt daher eminent wichtige Bedeutung zu: Notwendig sind Konsum- und Arbeitswelt − ähnlich wie das zugehörige sozio-architektonische System − Produkt einer Reduktion ökonomischer Vielfalt und grundlegender Bedürfnisse. Ein freier, unkontrollierter Austausch hat darin kaum Platz und damit weder der selbständige Konsument, noch ein freies Arbeitsverhältnis, noch verfügbares größeres Eigentum. Damit entstehen mit der Absicht, Menschen für längere Zeit zu internieren, nolens volens gesetzmäßige Zwänge, die sich sowohl auf eine Einschränkung des Arbeits- und Konsumangebots richten als auch auf die ökonomisch-sozialen Beziehungen dieser Menschen untereinander. In der Regel, d. h. unabhängig von nationalen Eigentümlichkeiten, kann lückenlose Internierung[129] durch die folgenden Maßnahmen abgesichert werden:

---

129 Eine Ausnahme bildet der Hausarrest, also die Internierung in der eigenen Wohnung, wie sie in sozialistischen Staaten bei prominenten Persönlichkeiten u. a. geübt wird. Bekanntes Beispiel ist der zweijährige Hausarrest von Robert Havemann in Berlin (Ost), der bis 1979 ging. Solche Formen der Internierung wie Abstufungen der Ortsbeschränkung setzen eine entsprechende enge Polizeikontrolle voraus, eine nach innen armierte Gesellschaft.

1. durch das institutionelle (staatliche) Besitzmonopol zumindest über einen Teil der zur Selbsterhaltung notwendigen Mittel wie Nahrung, Unterbringung, Kleidung ...
2. durch die ausschließliche Zuweisung beruflicher Arbeit seitens der Gefängnisleitung, sei es als Arbeitgeber oder dessen Vertragspartner,
3. durch die Wegnahme des Geldes als Zahlungsmittel und die Abwicklung sämtlicher Kaufabschlüsse und sonstiger finanzieller Bewegungen über die Kasse der Anstalt,
4. durch die Einschränkung der Verfügung über die vorhandenen finanziellen Mittel,
5. durch die Kontingentierung des Konsumangebots, das bei regelmäßigem Einkauf zugänglich ist,
6. durch ein mehr oder weniger umfassendes allgemeines Geschäftsverbot unter den Gefangenen,
7. durch Kontrollmöglichkeiten auf Sach- und etwaigen Geldbesitz sowie auf Kontakte zur Außenwelt.

Die vollständige Anwendung aller Maßnahmen ist nicht zwingend. So ist das institutionelle Monopol über den lebenswichtigen Konsum variier- und einschränkbar und eine Nahrungs- und Kleiderversorgung aus eigenen Mitteln denkbar. Das geschieht in der Bundesrepublik Deutschland am verbreitetsten während der Untersuchungshaft: Die Gefangenen können durch Angehörige mit Kleidung versorgt werden und sich die täglichen Mahlzeiten von einem Gasthaus liefern lassen. Während die Versorgung mit Kleidern häufig praktiziert wird, scheitert die Anlieferung von Speisen meist an den fehlenden Mitteln. Weiter sind auch größere Freiheiten des anstaltsinternen wirtschaftlichen Austauschs vorstellbar, etwa auch der Besitz von begrenzten Geldmitteln.

Mit der Freiheit des anstaltsinternen Austausches steht die Sicherheit der Internierung in Wechselwirkung. Wird mehr ökonomische Selbständigkeit gewährt, ergeben sich leichter Eigentums- und Machtkonzentrationen unter Gefangenen. Die soziale Dynamik wächst, Kooperation, Abhängigkeiten, innere Spannungen treten verstärkt auf, Widerstand und Ausbrüche als Ergebnis intensiverer Bindungen sind eher vorstellbar. Freizügigkeit innerhalb der Anstalt führt daher häufig zu einer Verstärkung der Sicherheitsanlagen nach außen und zu rigorosen Kontrollmaßnahmen. Der US-amerikanische Strafvollzug mit starker Armierung der Außenanlagen, größerer Freiheit des ökonomischen Austauschs, nicht selten mit starken inneren Spannungen in den Großgefängnissen entspricht diesem Typ.

Zusammenfassend gesehen ist mit der Internierung die Verfügung des Individuums über sein Eigentum und seine Entmachtung als Vertragspartner zwingend verbunden. „Nur ausdrücklich genehmigte Sachen aus seiner Habe darf der Gefangene im Besitz haben (§ 83 StVollzG); allenfalls Gegenstände von geringem Wert darf er einem Mitgefangenen überlassen, und auch solche Geschäfte können für einzelne Gefangene, Abteilungen oder ganze Anstalten von der jeweiligen Zustimmung der Vollzugsbehörde abhängig gemacht werden. So besteht der Besitz des Gefangenen heute aus Armbanduhr und Zahnbürste, Rasierapparat, einer Grundausstattung an Gegenständen der Körperpflege, Briefblock, Federhalter oder Kugelschreiber, eventuell einem Rundfunkgerät . . ., Bildern von Angehörigen, dem Ehering, Fachbüchern in geringem Umfang, Bastelgerät, allenfalls eigener Schreibmaschine und eigenen Sportschuhen"[130].

Die zur Erhaltung und Sicherung dieses Zustandes notwendigen Kontrollen definieren den Insassen jedoch nicht nur auf diese ökonomisch umschriebene Weise als enteignet und entmächtigt; sie bewirken darüber hinaus ein entsprechend gelagertes Selbstgefühl und -bewußtsein, das die wirtschaftliche Zwangssituation reflektiert. In gewisser Weise, allerdings mit weitgehenderen Konsequenzen, ähnelt die ökonomische Struktur des Gefängnisses der einer real-sozialistischen Gesellschaft. Im Unterschied dazu geschieht die Enteignung durch Internierung auf einer tatsächlich privaten Stufe, bis hinein in den persönlichen Bereich. Sie nimmt die Verfügung über *das* Eigentum, das außerhalb der Anstalt der Realisierung des individuellen und familiären Lebens unmittelbar dient.

3.3 Das soziale Subsystem

Architektur und ökonomische Verhältnisse sind materielle Grundlagen des Lebens im Gefängnis. Sie bilden wichtige Voraussetzungen für Aktivitäten und Interaktionen der Menschen hinter den Mauern. Sie bestimmen Denkweisen und bevorzugte Gefühlsreaktionen. Kurz, sie gestalten das soziale System auf wesentliche Art und Weise, grenzen Spielräume des Verhaltens und Erlebens ein und greifen letztlich auch tief in deren Abläufe ein. Nun stellen die materiellen Gegebenheiten einer Gesellschaft, auch die des Biotops „Gefängnis" zwar unabdingbare Wirkfaktoren des sozialen Systems dar; doch läßt sich dieses von ihnen allein her weder vollständig beschreiben noch zureichend erklären. Die Beziehung zwischen materiellen und sozialen Sachverhalten ist zwar unbedingt und in vielem zwingend, aber sicher nicht erschöpfend. Im sozialen System ist „funktionelle Autonomie"[131] von den materiellen Grundlagen erkennbar.

Wie Architektur und ökonomische Verhältnisse ferner zeigen, ist das Gefängnis nicht irgendein soziales Gebilde, das aus sich selbst heraus besteht und so oder so sein könnte; es ist nahezu gänzlich Produkt und Ausdruck der gesamten Gesellschaft, ihrer Einstellungen und Interessen. Diese Verflochtenheit zwischen „außen" und „innen" besteht nicht nur materiell; sie gilt auch und in besonders unmittelbarer Weise für die psychologischen Faktoren, die das soziale System „Gefängnis" ausmachen. Dabei ist von dem vielleicht trivial erscheinenden Sachverhalt auszugehen, daß die alltäglich praktizierte Rechtsprechung nach abstrakten strafrechtlichen Kategorien Anstaltsinsassen rekrutiert. Sie stiftet damit Zwangsassoziationen von Gefangenen, deren Mitglieder keine andere Gemeinsamkeit haben als dem einen, kriminell auffällig

---
130 Alexander Böhm: Strafvollzug, Frankfurt a. M. 1979, S. 103.
131 Gordon W. Allport: Persönlichkeit, Stuttgart 1949, vgl. S. 191 ff.

geworden und zu einer Freiheitsstrafe verurteilt zu sein. Allerdings ist gerade dieses Merkmal Gegenstand einer relativ einheitlichen öffentlichen Meinungsbildung, die in einer wie auch immer gearteten Weise auf das soziale System im Gefängnis Einfluß haben wird.

3.3.1 Der gesellschaftliche Stellenwert kriminellen Verhaltens

Weniges erscheint aus der täglichen Erfahrung der Massenmedien augenfälliger als die Tatsache, daß kriminelles Verhalten, seine Verfolgung, Aufdeckung und Bestrafung zu den offensichtlich interessantesten Gegenständen gehört. Informationen darüber stoßen auf verbreitete, kaum nachlassende Nachfrage, wenn es sich auch immer wieder um ähnliche Ereignisse, die Variation einiger Grundthemen handelt. Vergewaltigung, Diebstahl, Raub und Mord, kurz „sex and crime", sind ständig wiederkehrendes Thema von Zeitungen, von Rundfunk und Fernsehen, von Dichtung und Dramaturgie und offensichtlich auch häufiger Gesprächsinhalt.

Die tatsächliche Erfahrung des Durchschnittsbürgers über eine in seiner nächsten Umgebung oder an ihm verübte kriminelle Handlung tritt gegenüber dem Ausmaß an Informationsinteresse und medialer Befriedigung weit zurück. Dieser Kontrast ist bemerkenswert. Psychologisch gesehen ist auch bemerkenswert, daß zusammen mit der Befriedigung der exzessiven Informationsinteressen an kriminellem Verhalten negative Affekte gegenüber dem gesuchten oder dem dingfest gemachten Übeltäter verbunden sind. Affekte, die einen gewissen Lustgewinn mit sich bringen und den Reiz der Sache ausmachen.

Offenbar steht das verbreitete Informationsinteresse mit emotional tiefgreifenden Einstellungen der Gesellschaft gegenüber dem Verbrecher in engem Zusammenhang. – Nun ist ein Gefängnis zunächst einmal nichts anderes als die Inszenierung einer Dauerbegegnung zwischen kriminell Unauffälligen (den Personalangehörigen) und mutmaßlichen sowie verurteilten Straftätern (den Untersuchungs- und Strafgefangenen). Zwar interagieren beide Gruppen hinter Mauern; das schafft jedoch bei weitem keine vollständige innere Ablösung von der Außenwelt. Vielmehr wirken die in der Gesellschaft erzeugten Meinungen und Einstellungen unausweichlich in den Gefängnisalltag hinein. Dem gesellschaftlichen Stellenwert des Phänomens „Kriminalität" kommt daher höchste Bedeutung für das soziale System in den Anstalten zu, gerade weil in ihnen die affektbestimmte, aber in der Regel mediale Beziehung zwischen kriminell Auffälligen und Unauffälligen zum unmittelbaren, alltäglichen Kontakt auf engstem Raum wird.

Wie die unaufhörliche Berichterstattung über Kriminaltaten in den Medien, das immense Ausmaß an trivialer und künstlerischer Bearbeitung von Kriminalität als Sujet verbreitetes und leicht erregbares Interesse voraussetzt, so ist dessen Zustandekommen ohne psychische Vorgänge der Identifikation nicht vorstellbar. Der Wahrnehmende „versetzt sich" mehr oder weniger bewußt und tiefgreifend in das Schicksal des Opfers, des Täters, des Verfolgers oder des Gejagten. Er kann als Außenstehender Jagd- und Aggressionsgelüste nachempfinden, moralische Entrüstung, auch ein angenehmes Gruseln erleben und die Befriedigung, selbst doch nicht betroffen zu sein. So gesehen ist das identifikatorische Erleben, der regelmäßig von den Massenmedien vorgefertigte Tagtraum von Räuber und Gendarm eine Angelegenheit der täglichen Unterhaltung, des Lustgewinns; darüber hinaus nicht weiter von Bedeutung.

Allerdings kann stutzig machen, wie prompt derartige Auslöserschemata wirken, wie zuverlässig abrufbar die angeführten Gefühlsreaktionen sind. Ganze Industriezweige leben davon. Die „Verbrechen-als-Freizeitvergnügen"-Hypothese ist sicher wirksam, jedoch zu oberflächlich. Sie erklärt nicht, warum Affekte gegen den gesuchten oder dingfest gemachten Straftäter so tiefgreifend sind, wie sich dies etwa in der kaum gebrochenen Popularität der Todesstrafe und in der eines abschreckenden Strafvollzugs bemerkbar macht. Der Zugang zu einer Erklärung liegt darin, daß jeder Mensch in seinen ungemein zahlreichen Handlungen sich nicht nur normenkonform, sondern zu einem wichtigen Anteil auch deviant, auch kriminell verhält und erlebnismäßig darauf reagiert. Die Ursache der auffälligen und verbreiteten Identifikation, der affektgetragenen Antwort auf kriminelle Sachverhalte liegt mit anderen Worten in der Selbsterfahrung eines jeden.

Hinweise für die Eigentümlichkeit, daß Kriminalität nicht nur Erfahrung der in dieser Weise Auffälligen ist, ergeben sich aus dem anonymen Umfeld der tatsächlich bekanntgewordenen Straftaten. Es ist derart umfangreich, daß ungemein verbreitete kriminelle Aktivitäten angenommen werden müssen, die die Zahl der tatsächlich auffälligen weit übersteigt. Dies gilt beispielsweise für Delikte, die aufgrund ihres geradezu epidemischen Auftretens kaum verfolgt werden können, wie Kleindiebstähle an der Arbeitsstelle, Steuerhinterziehungen, Straßenverkehrsdelikte, Abtreibungen gegen das vormals gültige Gesetz u. v. m. Wenden wir uns dem Bereich schwerer Delikte zu, so ist auch hier das Ausmaß praktizierter Kriminalität wesentlich umfassender als der Anteil bekanntgewordener und vielleicht sanktionierter Vergehen.

Selbst bei Kapitaldelikten wie Mord und Totschlag (einschließlich Versuch) liegt bei vorsichtiger Schätzung der Anteil nicht bekanntgewordener Delikte weit über dem der bekanntgewordenen. Minimalschätzungen nehmen ein Verhältnis von 1 zu 3, Maximalschätzungen eines von 1 zu 6 zwischen bekanntgewordenen und tatsächlich begangenen Taten in diesem Deliktsbereich an. Bei einfachem Diebstahl werden Quoten von 1 zu 10 und höher angenommen, bei Betrug 1 zu 8[132].

Anonyme Erhebungen über die Verbreitung von leichter oder schwerer Delinquenz lassen den zwingenden Schluß zu, daß zwar Anzahl und Eigenart krimineller Delikte hohe Unterschiede der Verteilung aufweisen, daß jedoch ein jeder an dem Phänomen Kriminalität aktiv beteiligt ist. Kerner stellt daher lapidar fest: „Kriminalität ist eine ubiquitäre Erscheinung, d. h. auch Personen, die offiziell nicht als Straftäter registriert sind, begehen Straftaten in einem Ausmaß, das teilweise die klassischen Dunkelfeldschätzungen noch übersteigt. Das gilt in besonders hohem Maße für klei-

---

[132] Hans-Jürgen Kerner: Verbrechenswirklichkeit und Strafverfolgung, München 1973, vgl. S. 45.

nere Delikte und für Formen jugendlichen Fehlverhaltens, doch nicht nur dort"[133].

Die ubiquitäre Erscheinungsweise der Kriminalität signalisiert keineswegs Gesetzlosigkeit. Überraschenderweise ist sie sogar für das Funktionieren der Strafrechtsordnung eine offenbar notwendige Begleitbedingung: Bei der unglaublichen Masse, Verschiedenheit und Vielzahl abgrenzbarer menschlicher Handlungen in einer Gesellschaft ändert eine selbst hohe Dunkelfeldziffer nichts an dem Sachverhalt, daß die Verhaltensgeltung von Strafgesetzen ungleich höher ist als der Anteil gesetzeswidriger Handlungen. Im Regelfall stört das Bestehen eines Dunkelfeldes diese Relation nicht. Für die ökonomisch sinnvolle Anwendung von Sanktionen im Falle gesetzeswidriger Handlungen ist sein Bestehen angesichts der unaufhebbaren Ubiquität rechtswidrigen Handelns nicht nur in Kauf zu nehmen, sondern unerläßlich.

Am ehesten wird diese zunächst widersprüchlich erscheinende Beziehung am Beispiel der Verhaltensregelung von Straßenverkehrsvorschriften deutlich: Das Funktionieren des Straßenverkehrs setzt eine verhältnismäßig hohe, permanent wirksame Geltung bestehender Verkehrsregeln voraus. Jeder weiß jedoch, daß die Dunkelziffer verkehrswidrigen, ja -kriminellen Verhaltens trotzdem enorm ist. Der Straßenverkehr funktioniert also einerseits aufgrund einer hohen Verhaltensgeltung, wie sie die Verkehrsvorschriften intendieren; andererseits unter der Bedingung einer niedrigen Sanktionsgeltung.

Heinrich Popitz[134] erklärt die Unerläßlichkeit eines relativ hohen Dunkelfeldes und niederer Sanktionsgeltung aus der Unmöglichkeit und Destruktivität gerade der entgegengesetzten Bedingungen: Hohe Sanktionsgeltung und entsprechend niedrige Dunkelziffer erforderte eine technisch undurchführbare und antisoziale Transparenz des gesamten Verhaltens, des gesetzwidrigen wie auch konformen. Die technische Undurchführbarkeit mag nach heutigem Stand der elektronischen Datenverarbeitung stark reduziert sein; eine umfassend realisierte Transparenz jeglichen Verhaltens würde jedoch essentiell notwendige Differenzierungen der Gesellschaft gefährden. Intimgruppen und informelles Verhalten überhaupt setzen notwendig Informationsschranken und Verhaltensintransparenz voraus. Eine lebendig gegliederte Gesellschaft ist immer auch eine der wechselseitig undurchlässigen Kommunikationssysteme.

„Kein System sozialer Normen könnte einer perfekten Verhaltenstransparenz ausgesetzt werden, ohne sich zu Tode zu blamieren. Eine Gesellschaft, die jede Verhaltensabweichung aufdeckte, würde zugleich die Geltung ihrer Normen ruinieren"[135]. Hohe Sanktionsgeltung würde nach Popitz nicht nur deviantes Verhalten beeinträchtigen, sondern mit ihren unvermeidbaren Implikationen auch jene informellen Gruppierungen und Prozesse stören, die zur sozialen Selbstregulation und für das Zustandekommen eines hohen Betrages an gesetzestreuem Verhalten unerläßlich sind. Ganz abgesehen davon, daß Zahl und Masse der dann zu verhängenden und durchzuführenden Stra-

---

133 Hans-Jürgen Kerner, a.a.O., S. 160.
134 Heinrich Popitz: Über die Präventivwirkung des Nichtwissens – Dunkelziffer, Norm und Strafe, in: Recht und Staat in Geschichte und Gegenwart, Tübingen 1968.
135 Heinrich Popitz, a.a.O., S. 9.

fen die institutionellen Kapazitäten von Rechtsprechung und Strafvollzug regelrecht sprengen würden. Dienstleistung nach Vorschrift ist also nicht nur für den Arbeitsalltag, sie wäre kriminalpolitisch auch für die ganze Gesellschaft destruktiv.

Das dargestellte Aufeinanderwirken von Verhaltens- und Sanktionsgeltung bestehender gesetzlicher Vorschriften ist nicht nur als soziologisches Phänomen erklärbar. Sein Zustandekommen setzt eine entsprechende individualpsychologische Verfassung voraus, die genau besehen die äußeren Verhältnisse widerspiegelt. Psychoanalytisch gesehen, entsteht normgerechtes Verhalten aus dem Gegenspiel zwischen Triebregungen und Über-Ich. Letzteres stellt nichts anderes dar als eine Bezeichnung, eine Chiffre für die internalisierten, im Laufe der persönlichen Entwicklung in die eigene Seele aufgenommenen Normen. In der Auseinandersetzung mit dem Über-Ich werden Handlungen als eigenverantwortlich identifiziert, als Gewissensschuld oder auch nicht.

Diese Form der individuellen Verhaltensregulation ist für normgerechtes Handeln zwar von grundlegender Bedeutung, angesichts der generellen Verbreitung devianten Verhaltens erweist es sich aber als offensichtlich unzureichend. Das Über-Ich ist an die jeweilige persönliche Entwicklung gebunden und hat insofern biographischen Charakter. Zumal unter den heutigen Verhältnissen einer hochkomplexen Gesellschaftsordnung kann es weder sämtliche handlungsrelevanten Normen in sich aufnehmen noch allein von da her sein gesamtes Verhalten steuern und bewerten. Deviantes Verhalten ist damit unausweichlich, kann aber zu einem Großteil nicht persönlich verarbeitet werden. Das Individuum würde sowohl bei dem Versuch, sämtliche Normen als persönliche Imperative zu erleben, als auch bei dem, jegliches Versagen sich selbst zuzurechnen, seelisch zusammenbrechen. Es gibt derartige Erscheinungsbilder, die dann allerdings neurotischer Art sind und erhebliche Verhaltensstörungen hervorrufen, wenn auch nicht unbedingt solche krimineller Natur.

Bedingt durch die defizitäre Ausstattung des Über-Ichs, bedarf die innerpersönliche psychische Regulation grundsätzlich der Entlastung von außen. Die ausschließliche Eigenzurechnung begangenen normwidrigen Verhaltens würde ansonsten das zuträgliche Maß an Verunsicherung und Selbstaggression überschreiten. Analog den sozialen und institutionellen Mechanismen, die die Funktion gesetzlicher Normen sichern, erfordert eine intakte Gewissensfunktion neben der nur selektiven Berücksichtigung von Normen ebenfalls einen Zustand herabgesetzter Sanktionsgeltung. Dies geschieht vorzüglich durch die Projektion von Schuld und Strafe in die nähere oder weitere soziale Umwelt. Es besteht deswegen ein ständiger und verbreiteter Bedarf an der Betätigung von psychischen Abwehrmechanismen in der Art des „Haltet den Dieb!" Damit erhält der Straftäter, zumal der festgestellte und verurteilte, eine wichtige Eckfunktion für die allgemeine psychische Verhaltensregulation.

Im kriminell Auffälligen werden einerseits unbewußt gewünschte Handlungen identifikatorisch nacherlebt; andererseits unterstützt seine Bestrafung die eigene Verdrängungsarbeit. Schließlich erscheinen die alltäglichen Verhaltensirritationen angesichts der auf den kriminellen „Bösewicht" projizierten Schuldvorwürfe bedeutungslos. Der tägliche Kriminalbericht wird so zum Hüter des guten Gewissens. Ein jeder wird von derartigen Vorgängen weit mehr bestimmt, als daß sich jemand leichthin frei davon erklären sollte. Die Diskrimination des Straftäters ist eine gesellschaftliche Gesamterscheinung. Ihr ist nicht nur durch entsprechende Anzeichen des Selbsthasses auch der Straftäter unterworfen, sondern auch derjenige, der sich der wirksamen seelischen Kräfte bewußt wird. Bewußtsein hebt in der Regel die affektiven und damit die eigentlich wesentlichen Kriterien bestehender Vorurteile nicht auf. Diese erhalten allenfalls ein neues Gesicht, eine neue Richtung, um vor der Korrektur des fortgeschrittenen Bewußtseins besser bestehen zu können.

Der letztgenannte Vorgang einer Verschiebung projizierter Aggression auf einen anderen, dem ursprünglichen naheliegenden Gegenstand ist für die Situation des Gefängnisses in der Gesellschaft ebenfalls von hoher Bedeutung. Neben der primär entstehenden Diskriminierung des Straftäters ist ihre sekundäre Form, die Diskriminierung der Institution „Gefängnis" selbst, eine wenig beachtete, aber vielleicht noch interessantere Erscheinung. Die Vollzugsanstalt wird zwar als eine allgemein notwendige Institution betrachtet; sie ist deswegen jedoch keineswegs eine angesehene Einrichtung.

Hauptsächlicher Gegenstand der in der Öffentlichkeit verbreiteten Distanzierung scheint besonders die berufliche Tätigkeit des Aufsichtsbeamten zu sein, der ja den engsten Umgang mit dem Gefangenen hat. Merkmale für die geringe Einschätzung des Aufsichtsdienstes sind u. a. die diskriminierenden Bezeichnungen für diese Berufsgruppe, angefangen vom altertümlichen Büttel über Schließer, Schlüsselknecht zum verbreiteten Ausdruck „Wärter". Der ‚Volksmund' übernimmt hierin überraschend bereitwillig die Animositäten der Gefangenen. Jürgen Hohmeier stellt daher im Anschluß an eine Befragung bei Aufsichtsbediensteten mehrerer Vollzugsanstalten nicht von ungefähr fest: „Durchweg alle Befragten sind der Meinung, daß ihr Beruf in der Gesellschaft unterbewertet und hinsichtlich seiner Schwierigkeiten verkannt werde. Das Bewußtsein einer Diskriminierung ist sehr ausgeprägt"[136].

Diese aus der dargelegten Sicht sekundäre Diskriminierung kann eine Folge archaischer Berührungsängste sein, wonach derjenige, der mit dem Verurteilten nahen Umgang hat, tabuiert wird. Das Gericht, die Vollzugsverwaltung – alles, was größere Distanz zum Straftäter einhalten kann – erfahren ja kaum eine ähnliche Geringschätzung. Wahrscheinlich ist die sekundäre Diskriminierung ein unwillkürliches Korrelat der Sündenbockrolle des gefangenen Straftäters. Ihr Auftreten ist zwar bekannt, es ist aber weniger verständlich als ihre primäre Vorform, denn für ihre Motive besteht wohl größerer Anlaß zur Verdrängung. Der Außenstehende projiziert ja seine gesamte, durch die Vorstellung krimineller Handlungen provozierte Emotionalität auf den Straftäter. Diese ist nicht rational oder moralisch gereinigt, sondern enthält die widerstreitendsten Regungen, nicht nur Über-Ich-Impulse und damit kongruente Aggressionswünsche, sondern auch eigene kriminelle

---

136 Jürgen Hohmeier: Aufsicht und Resozialisierung, Stuttgart 1973, S. 56.

Triebwünsche. Der Außenstehende bejaht die Bestrafung des gefaßten Diebs, erfährt damit aber auch seine uneingestandenen Triebwünsche getroffen. Zwar stimmt er der strafrechtlichen Aggression zu, wünscht sie nicht selten noch stärker, jedoch mit dem Vorbehalt der Abneigung gegen den „Gefängniswärter".

Das Zusammen von primärer Diskriminierung des Übeltäters und sekundärer Diskriminierung der Strafvollstreckung ist uralt. Johann Ohnefurcht, Anfang des 15. Jahrhunderts Herzog in Burgund, konnte sich nur dadurch von der eigenen Schmach, Capeluche, dem Henker von Paris, versehentlich die Hand gereicht zu haben, befreien, indem er diesen umbringen ließ[137]. Die sekundäre Form der Diskriminierung kann, ideologiebedingt, an die Stelle der primären, der Sündenbockrolle des Gefangenen treten. Dies ereignet sich bei starker Anteilnahme am Gefangenen, verbunden mit der Neigung, in ihm nichts anderes als das Opfer der Institution zu sehen. Die im Laufe der eigenen Sozialisierung erworbenen, meist seelisch älteren Aggressionswünsche gegen Straffällige stehen dieser Sicht im Weg und geraten unter Verdrängungsdruck, der durch die Diskriminierung der Institution Gefängnis als dem eigentlichen Aggressor verstärkt wird. Die Institution wird damit zum alleinigen Bösewicht, und es entstehen besonders rigide Formen der Ablehnung des Personals.

3.3.2 Sozialisierung im Gefängnis

Die Massierung verurteilter kriminell auffälliger Personen in Gefängnissen ist etwas durchaus Eigenartiges, um nicht zu sagen Merkwürdiges. Die Gesellschaft außerhalb der Gefängnisse ist nämlich vielfältig. Kriminelles Verhalten tritt unregelmäßig verteilt auf, bleibt auch unbekannt, die Täter sind in übrigen durch vieles mehr bestimmt als ausgerechnet durch ihre Kriminalität. Nun, wir fassen auch andere Menschengruppen lediglich wegen der Gleichartigkeit eng umschriebener Kategorien zusammen, alte Menschen in Altersheimen, Lungenkranke in Lungensanatorien, spastisch Behinderte in Spastikerzentren usw. Der moderne Mensch hat sich an diese eigentlich monströsen Zusammenfassungen von Trägern gleicher Merkmale zu sehr gewöhnt, um das immer wieder Ungewöhnliche daran zu erfassen.

Unregelmäßige Verteilung, gelegentliches und dann oft verborgenes Auftreten bringen es mit sich, daß die Mehrheit der Bevölkerung nur vereinzelt bewußten Kontakt mit kriminell Auffälligen hat. Der verurteilte und dadurch als solcher ausgewiesene Rechtsbrecher ist überwiegend keine Person des bewußten oder gar langdauernden Realkontakts. Er ist in unserer Gesellschaft vor allem Medienfigur, Gegenstand von Zeitungs- und Fernsehberichten, erdichtete Gestalt der Trivial- oder schönen Literatur, je nach Schlagzeilengröße und Ausgestaltung negative Heldenfigur unterschiedlichen Formats. Die soziale und räumliche Verdichtung kriminell Auffälliger im Gefängnis ist in der Tat etwas Merkwürdiges. Man stelle sich vor, es gäbe eine Institution, die Menschen mit sozial positiv bewerteter Devianz zusammen-

---

137 Helmut Domke: Burgund, München 1963, S. 362.

fassen würde, etwa große und kleine Schlagersänger, lokale und überregionale Sportgrößen, Politiker, Künstler u. a. m. Die räumliche Zusammenfassung geschähe nicht etwa zum Singen, Fußballspielen, Agitieren, Malen, Bildhauen und was immer auch typische Tätigkeit sein mag, sondern schlicht zum bloßen Aufenthalt. Das soziale System Gefängnis behandeln, heißt ein ähnliches Phänomen zu charakterisieren.

Die Medienfigur „verurteilter Straftäter" konkretisiert sich in der Vollzugsanstalt, wird für den Personalangehörigen zum Gefangenen, für diesen zum Mitgefangenen und in gewissem Sinn zur eigenen Person. Zum in Freiheit erlernten Stereotyp tritt die alltägliche Realität des Menschen in der Umwelt des Gefängnisses. Der Übergang von den Medien- und sonstigen Erfahrungen in der Außenwelt zur Gefängnisrealität — für den Personalangehörigen die Zeit der Einarbeitung, für den Gefangenen die Einweisung und der spätere Gefängnisalltag — ist ein intensiver sozialer Lernprozeß mit charakteristischen Wahrnehmungen an sich und anderen, mit der zumindest zeitweisen Abgabe einer bisher vorhandenen und der Übernahme einer neuen Rolle, mit der Auflösung alter und der Verfestigung neuer Erfahrungen. Dieser umfassende und differenzierte Vorgang ist ein Sozialisierungsprozeß, dessen Produkt im Zusammenhang aller Beteiligten das soziale System des Gefängnisses darstellt.

Wenn Michel Foucault die „Geburt des Gefängnisses" im historischen Sinne darstellt[138] und darunter die jahrhundertealte Entwicklung zur heutigen Freiheitsstrafe versteht, so gibt es diese Geburt auch in einem sehr aktuellen, alltäglichen Sinn, im Erleben und in der Veränderung eines jeden einzelnen, der Gefängnis erfährt. Gefängnis ist so gesehen ein inneres, ein seelisches Phänomen. Charakteristischerweise sind Gefängnisbesichtigungen, selbst eingehende Gespräche mit Insassen und Personal, häufig nichtssagend, wenn nicht irreführend. Der Gegenstand entzieht sich weitgehend der kurzfristigen Wahrnehmung von außen, weil er auf diesem Weg schwer sichtbar werden kann: Er ist eine Erfahrung der Zeit, ein im tatsächlichen Sinn des Wortes allmähliches Innewerden.

Vorschriften, Geschäftsverteilungspläne, aber auch sozialwissenschaftliche Organisationsanalysen erzeugen durch das Gewicht ihrer eigenen Abstraktion den Eindruck, das soziale System sei etwas Äußeres, Verdinglichtes. Tatsächlich umfaßt das soziale System das Insgesamt der Ereignisse, meint Verhalten und Erleben unmittelbar. Seine Abstraktion in Thesen und Diagrammen resultiert aus der unvermeidlichen Begrenztheit von Wahrnehmung und Denken und dessen Einschränkung in der logisch einfachen sprachlichen Struktur von Subjekt und Prädikat sowie in der Überschaubarkeit von nur wenigen Variablen.

Menschliche Erkenntnis ist an Reduktionen der Wirklichkeit gebunden; das rationale Konstrukt für Realität zu nehmen, wäre jedoch erkennbar falsch. Um vom „Insgesamt der Ereignisse" ein Bild zu geben, sind wir auf Abläufe angewiesen, die typisch sind, weil sie im Gefängnis häufig vorkommen oder den typischen, d. h. verbreiteten Erwartungen entsprechen. Auch das seltene

---

138 Michel Foucault, a.a.O., vgl. beispielsweise S. 93 ff.

Ereignis, das so gern, weil statistisch unerheblich, als nichtssagend betrachtet wird, kann analytisch ungemein wertvoll sein, weil an ihm typische sozialstrukturell bedeutsame Einstellungen erkennbar werden.

3.3.2.1 Die Zugangsphase

Um Insassen und Personal in sein soziales System einzubeziehen, ist das Gefängnis — ähnlich wie irgendein anderer sozialer Zusammenhang — zum geringsten auf verbale oder gar schriftliche Informationen angewiesen. Dafür stehen komplexe Situationen mit Räumlichkeiten, vorbereiteten Gruppierungen und Funktionszuweisungen sowie Handlungsabläufen zur Verfügung. Derartige komplexe Situationen wirken einerseits als rollenbezogene Verhaltensauslöser, die die Beteiligten in bestimmte soziale Positionen einordnen, andererseits als szenischer Ausschnitt, der das soziale System aktuell erleben läßt.

In analytischer Hinsicht ist die Aufnahme in das soziale System „Gefängnis", also der Übergang von außen nach innen, hochbedeutsam. Von ehemaligen Gefangenen werden die Vorgänge bei der Aufnahme immer wieder berichtet und sind auch literarisch greifbar. Weitaus seltener werden Sozialisierungsprozesse dieser Art von Vollzugsbediensteten über die ersten Arbeitstage berichtet. Danach muß man eigens fragen.

Psychologisch scharfsichtige Darstellungen der Situation von Gefangenen (aus eigener Erfahrung) enthält der von Wetter und Böckelmann herausgegebene „Knastreport"[139]. Daraus werden im folgenden längere Passagen als Grundlage weiterführender Überlegungen zitiert. Den stufenweisen Übergang von der Rolle des freien Bürgers zu der des Gefangenen charakterisieren die Verfasser u. a. durch Schilderung typischer Abläufe während des „Transports" von Gefangenen und beim sogenannten Zugang in der Anstalt:

„Gefängnisse, Jugendstrafanstalten . . . werden durch einen regelmäßigen Transportverkehr verbunden und mit Nachschub versorgt. . . . Die Transportbusse sind kleine Gefängnisse auf Rädern. . . . In einem Bus werden bis zu vierzig Gefangene befördert. Die Busse sind parzelliert in kleine Viererabteile. Sehr eng, man kann sitzen, das ist alles. Gefährliche und Gefährdete werden in Einzelabteile gesperrt. Durch die schmalen Sehschlitze können die Gefangenen noch etwas von der Umwelt erkennen, diese aber nichts mehr von den Gefangenen. . . . Der Transport ist die Vorbereitung auf den Knast. Dem Erstbestraften werden die Prinzipien des Vollzugs beigebracht: nichts fragen, nichts wissen, nichts dürfen — geduldig warten, geschehen lassen, wollen was die anderen wollen. Es werden Listen verlesen, es wird die Zahl der Gefangenen überprüft, man wird alphabetisch geordnet und abgehakt. Sinnlose Wartezeiten, Fahrtverzögerungen und Umwege zerstören den gewohnten Tagesrhythmus. Zeit ist nicht mehr die Voraussetzung von Eigenaktivitäten, vielmehr sind Nichtstun und Warten, Passivität und Gleichgültigkeit die Voraussetzung, die Zeit hinter Gittern zu überstehen[140]. Die

---

139 Reinhard Wetter / Frank Böckelmann (Hrsg.): Knastreport, Frankfurt a. M. 1972
140 Um die zeitliche Größenordnung zu ermessen, innerhalb derer Gefangenentransporte ablaufen, ist wichtig zu wissen, daß ein Transport häufig mehrere Tage, vereinzelt Wochen dauert, einschließlich Übernachtungen in Anstalten.

Steigerung von Angst und Unsicherheit scheint System zu haben: Die von der weiten Reise Strapazierten erfahren auf ihren Stationen den Knast von seiner häßlichsten Seite. Für den Transport werden die ältesten Zellen bereitgestellt. Zu dritt oder viert auf acht Quadratmetern, zum Teil noch auf Strohsäcken und neben Kübeln sitzt man die Wartezeit ein, zwei, drei Tage ab. ..."[141]

Zum Zugang: „Die Zugänge haben sich in einer Reihe aufzustellen. Ein Beamter liest ihre Namen von der Transportliste ab, um die Übereinstimmung von Soll und Haben festzustellen. Die Gefangenen werden durch mehrere auf- und zuzuschließende Türen in das Innere geführt. Man weiß nicht, wohin und was nun alles passieren wird. Man hofft auf erklärende Anweisungen der Beamten, erhält von ihnen nur Hinweise wie: „Dort herum!" — „Hier rein!" oder „Abwarten, das werden Sie schon sehen" . . . Man kann nicht mehr selbständig handeln, wartet auf die Anweisungen, braucht sie als Orientierungshilfen in den langen Gängen und vor den Reihen von Zellentüren. Dann wird man in einen Raum eingesperrt und muß erst mal warten. ...

Nacheinander werden die Gefangenen aus jenem Raum in ein kleines Bürozimmer geführt, in dem ihre Personalien und ihre Habe erstmals erfaßt werden. ... Als erstes entkleidet die Verwaltung den neuen Gefangenen sämtlicher äußerlicher Merkmale seines bisherigen Lebens. Kleidung, Haartracht, seine persönlichen Besitztümer verschwinden in der Effektenkammer. Der nackte Gefangene wird bis in die Därme hinein auf verbotene Gegenstände untersucht — Kassiber, Tabletten, Drogen aller Art, Eisensägen, Rasierklingen und was man sonst noch alles im Hintern verstecken kann. . . . Zumeist werden die Gefangenen vor ihrer Neueinkleidung noch geduscht. Haben sie so alle Gerüche und Gegenstände abgelegt, die noch an draußen erinnern, können sie zu ‚richtigen‘ Gefangenen gemacht werden: Gelb-olive Leinenunterhosen..."[142]

„In den ersten Tagen der Strafzeit präsentiert sich dem Gefangenen der Vollzugsapparat. Zum Zwecke seiner optimalen Eingliederung in den Knastbetrieb wird er den verschiedenen Vollzugsinstanzen vorgeführt: dem Psychologen, dem Anstaltspfarrer, dem Lehrer, dem Fürsorger, dem Arbeitsverwalter und zuletzt der allgemeinen Konferenz unter dem Vorsitz des Knastvorstandes. Die Verwaltung befragt ihn und will Anhaltspunkte dafür haben, wie sie ihn klassifizieren kann. Ist er ein „Querulant‘, ist er „friedfertig‘ oder ‚bösartig‘ und ‚gewalttätig‘? Ist er ‚geltungssüchtig‘ oder ‚stumpf‘? Ist er ‚homosexuell‘? Soll er Zellenarbeiter oder Bauarbeiter werden? Muß er in Einzelhaft oder kann er in eine Gemeinschaftszelle? Ist er evangelisch oder katholisch? Braucht er Magendiät oder ist er etwa ein Simulant? Kann er schwer oder nur leicht arbeiten? ..."[143]

Zur Situation des Anfängers im allgemeinen Vollzugsdienst (früher Aufsichtsdienst) gibt eine vor wenigen Jahren durchgeführte Befragung einer Gruppe von neun Bediensteten innerhalb der ersten Woche ihrer praktischen

---

141 Wetter / Böckelmann, a.a.O., S. 9 ff.
142 Wetter / Böckelmann, a.a.O., S. 14 f.
143 Wetter / Böckelmann, a.a.O., S. 22.

Einarbeitung dem Knastreport vergleichbare Schlaglichter. Es wurden drei Fragen gestellt, die schriftlich in Stichworten oder Sätzen und ohne Namensangabe beantwortet werden konnten.

Zur Frage „Wie wirkt die Arbeitsumwelt der Vollzugsanstalt mit Mauern, Gittern, Haftäumen auf Sie?" gaben die Dienstanfänger folgende Antworten:

- Ungewohnt, abstoßend, einengend, bedrückend, frustrierend, total reglementiert.
- Man kam sich (am Anfang) selbst wie ein Gefangener vor, beklemmende Gefühle; selbst die eigene Unterkunft befindet sich im Gefängnis.
- Ich fühle mich selbst wie eingesperrt. Die ersten Eindrücke waren ziemlich deprimierend, wenn ich die Gefangenen sah, wie sie den ganzen Tag in der Zelle verbrachten.
- Man kommt sich in den ersten Tagen vor, wie wenn man selbst eingesperrt ist. Dies legt sich aber im Laufe der Zeit, und man denkt sich gar nichts mehr dabei.
- Es war für mich das erste Mal, daß ich ein Gefängnis von innen sah, schon etwas bedrückend oder fast schockierend. Der Eingang, die hohen Mauern, die Gänge bzw. die einzelnen Abteilungen durch Gitter abgeteilt, die Zellentüren, große Schlösser, doppelte Riegel, mit Spionen, Fenster mit Gittern, die Ausstattung des Haftraums.
- Am Anfang war ich etwas unsicher, aber man gewöhnt sich schnell an den neuen Beruf.
- Hierdurch (die Arbeitsumwelt) keine Belastung.
- Am Anfang bedrückte mich die Arbeitswelt mit Mauern, Gittern und Hafträumen sehr. Man stand vor der Frage: Kann man den Dienst auf die Dauer verrichten oder nicht? Später wandelte sich das Bild, und die Arbeit gefiel mir besser.
- Ich hatte das Gefühl einer Isolation. Die Mauern und Gitter waren weniger störend. Aber die Hafträume, in denen die Gefangenen oft Jahre verbringen müssen, haben mich etwas schockiert. Die Isolation kam zustande, weil man in der Anstalt abgeschnitten ist von der Außenwelt. Die Isolation entstand auch dadurch, daß ich in der Anstalt wohnen mußte und ich manchmal das Gefühl hatte, selbst eingesperrt zu sein.

Auf die Frage „Welche Gefühle und Gedanken kamen Ihnen beim Umgang mit Gefangenen?" wurden folgende Antworten geschrieben:

- Gefühl der Erwartung, des Gespanntseins auf . . . Gefühl der Beklommenheit und Betroffenheit. Gefühl der Unsicherheit im Umgang mit Gefangenen. Gefühl der Hilflosigkeit und Ohnmacht. Gedanken hinsichtlich des Mißbrauchs eigener Gutmütigkeit. Gefühl der Stärke. Mitleid. Gedanken bezüglich der reibungslosen und effektivsten Zusammenarbeit in der Abteilung. Die Erwartung des Akzeptiertwerdens. Die Erwartung auf für beide Seiten befriedigende und förderliche Zusammenarbeit.
- Bedrückend; man kommt sich vor wie ein Lehrling am ersten Arbeitstag; für manche Gefangene entwickelt sich Mitleid; bei Fragen von Gefangenen kommt man sich hilflos vor; man wurde als „Wachtl" abgestempelt.

- Ich betrachte es als eine schwierige Aufgabe, als besonders junger Beamter älteren Gefangenen die Zelle auf- und zuzusperren. Ich kam mir ziemlich hilflos vor, wenn ich die Größe einer Abteilung sah und daran dachte, eine solche Abteilung einmal zu übernehmen. Ich denke oft daran, wieso es überhaupt kommt, daß einer straffällig wird.
- Gedanken: Warum ist der Gefangene da? Was hat er angestellt? Wieso hat er es getan? Ersttäter: Wie kann ihm geholfen werden, ein straffreies Leben zu führen? — Gefühle: Kommt immer auf die Straftat an, ob man einem Gefangenen Gefühle entgegenbringen kann oder nicht. Gefühle können nur bei Aussprache mit dem Gefangenen entstehen, denn da kann man feststellen, ob man dem Gefangenen Mitleid entgegenbringen kann oder nicht.
- Warum sind diese Leute eingesperrt, weshalb, wieso?? Schuldig oder nicht schuldig? Sind schon arm dran. Man kann den Freiheitsdrang verstehen, wenn man dies erst einmal von innen selbst gesehen hat. „Arme Hunde"! Was wollen „die" mit ihrem so verpfuschten Leben später anfangen?
- In welcher Verfassung sich der Gefangene befindet, ob er deprimiert ist, Selbstmordgefahr, oder gereizt, gefährlich und damit vorsichtig zu behandeln ist.
- Teil seines Lebens oder Freizeit wird erheblich eingeschränkt. Er hat sich an die Umwelt in der Anstalt anzupassen.
- Bei manchen Gefangenen habe ich das Gefühl, daß ihnen Hilfe, wenn auch nur in Form eines Gesprächs, sehr gut tun würde. Ich mache mir Gedanken über die elterliche Erziehung der Gefangenen und spreche mit ihnen darüber, soweit es sich um Jugendliche handelt. Ich versuche herauszubekommen, wodurch der Bruch mit der Gesellschaftsordnung zustandegekommen ist. Ich kann nicht jeden Gefangenen zum Verbrecher abstempeln.
- Dienstliche Ersterfahrungen: Hoffentlich tut mir der Gefangene nichts an (zum Beispiel tätlicher Angriff usw.). Welche Charaktere haben Gefangene? Welches Verhältnis soll man zu einem Gefangenen haben? Was denkt der Gefangene von mir bei der Ausübung des Berufes „Gefängniswärter"? Sind alle Gefangenen gleich zu behandeln? Mitleid mit den Inhaftierten? Kann jeder Gefangene die Freiheitsentziehung verkraften? Warum die vielen Selbstmorde in den Gefängnissen? Was bewegte diesen oder jenen Menschen, das Verbrechen oder Vergehen auszuführen? Wie kann ich dem Gefangenen am besten helfen? Darf ich mein Gefühl gegenüber Mitmenschen auch auf Gefangene übertragen?

Auf die Frage „Welches Bild haben Ihren ersten Eindrücken nach ältere Kollegen vom Gefangenen?":

- Nach meinen Erfahrungen zu urteilen, ist das Bild der Gefangenen bei älteren Kollegen durchweg negativ. Da sind Gefangene nur Lumpen, nichts wert, Verbrecher, Leute, die man hart anfassen muß.
- Die älteren Kollegen träumen noch manchmal von Vollzugsmethoden, die Jahre zurückliegen. Der Gefangene wurde damals nicht so human behandelt wie heute. Es gab auch nicht so viele Vergünstigungen. Diese da-

maligen Methoden werden manchmal betrauert. Der Gefangene wurde als Mensch einer anderen Klasse (unterste Stufe) eingestuft.
- Viele der älteren Kollegen bezeichnen die Gefangenen als Lumpen und minderwertige Personen. Ihrer Meinung nach wäre der alte (frühere) Strafvollzug besser und wirksamer (abschreckender) als der moderne Strafvollzug.
- Bei älteren Kollegen werden die Gefangenen alle über einen Kamm geschoren. Da heißt es, sie sind alle Lumpen, und Lumpen bleiben Lumpen. Es gibt bei ihnen keine Trennung zwischen Ersttätern und Wiederholungstätern.
- Von älteren Kollegen werden wir angehalten, einen harten und bestimmten Ton uns anzugewöhnen. Uns wurde besonders von den älteren Kollegen eingeredet, daß das alles „Lumpen" sind und nichts Besseres verdienen.
- Daß man Gefangene teilweise hart anfassen soll, daß der Strafvollzug immer mehr zum Nachteil der Beamten wird. Daß ein Lump immer ein Lump bleibt.
- Bei manchen Kollegen kann sich der Gefangene aussprechen. Andere Kollegen sind vom Gefühl her zu kalt. Eine gewisse Abstumpfung des Dienstes, wobei es auch auf den einzelnen Gefangenen ankommt.
- Der Gefangene wird bei älteren Kollegen fast ausschließlich als falsch, hinterhältig und gemein bezeichnet. Es wird kein Unterschied gemacht, ob der Inhaftierte schuldig oder unschuldig ist, ob er U- oder Strafhaft ist, er ist ein Verbrecher und bleibt ein Verbrecher.
- Das Bild eines Gefangenen bei dienstälteren Kollegen: Gefangene sind Verbrecher, Arbeitsscheue, Asoziale; fallen dem Steuerzahler nur zur Last. Das ist nicht bei allen so, aber bei den meisten.

Wie die Beispiele zeigen, durchläuft die institutionelle Sozialisierung von Insassen und Aufsichtspersonal zunächst eine zwar unterschiedliche, aber vergleichbare Phase erheblicher Verunsicherung. Der Gefangene erlebt als Neuzugang Architektur, institutionelle Abläufe und mit ihm befaßte Personalangehörige in hohem Maße stereotypisiert. Menschen sind Funktionsträger, die ihn arbeitsteilig behandeln. Bauliche Anlagen und Transportmittel wirken als Zusammenhang von Bewegungssperren. Der Insasse selbst ist verdinglichter Teil übermächtiger Vorgänge, Zeit ist Warten.

Der Dienstanfänger ist in anderer Position von Architektur, institutionellen Abläufen und dem noch vielfältigem konkretem, d. h. noch nicht stigmatisierten Bild der Insassen verunsichert. Er reagiert spontan mit identifikatorischen Regungen: Mitleid, Einfühlung, Isolation. Daneben Angst, Bedrückung. Er erlebt von ihm ausgeübten Zwang als Tabuverletzung. Er hat noch keine geprägten Vorstellungen, die ihn vor Nähe, vor individuell unterschiedlicher Betrachtung der Gefangenen bewahren und gleichmäßiges institutionelles Handeln ohne innere Beunruhigung ermöglichen. Anwendung von institutionellem Zwang geschieht am leichtesten bei Entwicklung von Feindbildern nicht individueller, sondern kategorieller Art.

Das bei dienstälteren Kollegen festgestellte negative Stereotyp vom Gefangenen (es fällt weitaus krasser aus als das im Knastreport von seiten des ehemaligen Insassen erlebte) ist zwangsläufige Folge der institutionell diktierten Abläufe und ist Ausdruck der vorgegebenen Rollenzuweisung. Die totale Institution erzeugt auf seiten der Insassen wie auch auf der des Personals vom individuellen Eindruck abgehobene, verfremdete Menschenbilder, Masken. Die unmittelbare Begegnung zwischen dem straffreien Mitbürger und dem verurteilten Straftäter bleibt persönlich weitgehend wirkungslos, dessen gesellschaftlich und durch Massenmedien klischiertes Bild setzt sich im Gefängnis fort, wobei es durch die institutionellen Zwänge zusätzlich geprägt wird.

3.3.2.2 Sozialisierungsprozesse im Vollzugspersonal

Die Beziehungen zwischen Gefangenen und Personal entwickeln sich komplementär: Einstellungen und Verhaltensweisen auf beiden Seiten ergänzen einander. Wo der Gefangene sich als Objekt mit stark eingeschränkter Verfügung über die eigene Person erlebt, übernimmt der Beamte dessen Verfügung, entscheidet und handelt an seiner Stelle. Freiheitsentzug ist insofern nicht einfach ein Gewaltverhältnis — Gewaltverhältnisse charakterisieren wohl jede Organisation und sind daher als Bestimmungsmerkmal trivial —, das Gefängnis schafft Gewaltverhältnisse besonderer Art.

Am deutlichsten wird dieser Sachverhalt an berufstypischen Sprachmerkmalen des Vollzugspersonals. Ihre Grammatik drückt nämlich ganz augenscheinlich typische Gefängnissituationen und Sozialbeziehungen zwischen Personal und Insassen aus. Der Gefangene gerät in der Sprache wie auch in der Gefängniswirklichkeit zum Objekt, wo er in Freiheit — wenn nicht pflegebedürftig oder sonst behindert — offensichtliches Subjekt seiner Handlungen ist. An die Stelle seines eigenen handelnden Subjekts tritt der Beamte: Der Beamte bringt den Gefangenen „unter Verschluß", er „bringt" ihn zu einem Besuch, zu einer Sprechstunde, er „führt ihn vor" oder vereinzelt „er richtet ihn (dafür) her". Der Beamte „badet" den Gefangenen, er „duscht ihn", er „zieht ihn sogar um". Zur festgestellten Subjektverschiebung kommt die Entsubjektivierung des Gefangenen als Person, wie schon in der Redewendung des „unter Verschluß nehmen" zum Ausdruck kommt, die an sich den Umgang mit Sachen oder Dingen kennzeichnet. Diese „Verdinglichung" der Person des Gefangenen wird auch mit der Bezeichnung „Selbstbeschädigung" deutlich. „Selbstbeschädigung" ist ein übliches Wort der Amtssprache und wird in schriftlichen Berichten verwendet, um darzustellen, daß sich ein Gefangener etwa die Pulsadern aufgeschnitten hat. In der beruflichen Alltagssprache des süddeutschen Gefängnisses spricht man bei ungefährlichen Verletzungen dieser Art von „Schnipseln".

Nichts entlarvt das soziale System des Gefängnisses mehr als die beschriebenen Spracheigentümlichkeiten des Personals. Es wäre jedoch falsch, wollte man in ihrer bloßen Anwendung Anzeichen individuell beabsichtigter Unterdrückung, des persönlichen Sadismus' o. ä. sehen. Unabhängig von seiner sonstigen Einstellung gegenüber dem Insassen, nimmt nahezu jeder Personalangehörige Spracheigentümlichkeiten dieser Art im Laufe der Zeit an. Seine Ausdrucksweise ist Spiegelung des sozialen Systems, der materiell, durch architektonische Bewegungssperren und individuelle Enteignung bewirkten offensichtlichen „Verdinglichung" des Gefangenen. Unfreiheit bringt unweigerlich Entsubjektivierung, Entmündigung und Selbstentfremdung der davon Betroffenen mit sich. Es ist also eher ein bestürzender Realismus, der die angeführten Sprachmerkmale auszeichnet.

Die Analyse des sozialen Systems im Gefängnis erfolgte in den letzten Jahren jeweils unter gegensätzlichem Aspekt: Zum einen waren zweckrationale Zielsetzungen wie custodiale Aufgaben, Produktivität und Resozialisierung Angelpunkte der Analyse[144]. Zum anderen erfolgte die Betrachtung des Freiheitsentzugs unter dem sozialpsychologischen Aspekt der Auswirkungen von Mechanismen der Vorurteilsbildung unter Anstaltsbedingungen. Von Einfluß wurden hier besondere psychiatrisch-klinische Untersuchungen, aber auch die Sichtweise der Vollzugsanstalt nach der Theorie des labeling approach[145].

Abgesehen vom Begriff der totalen Institution, der sich durchgesetzt hat und als brauchbar für beide Ansätze erwies, steht eine Integration des sozialpsychologischen und des organisationssoziologischen Ansatzes noch aus. Unter sozialpsychologischem Aspekt tendiert die Meinungsbildung daher leicht zu einer unrealistischen Institutionsfeindlichkeit; die organisationssoziologische Arbeit stellt dagegen bei aller Kritik das soziale System rationaler dar, als es sowohl hinsichtlich seiner organisatorisch intakten als auch seiner gestörten Funktionen nach tatsächlich ist.

Da ein soziales System ein Gefüge von spezifischen Rollen darstellt, Rollen ihrerseits Integrate von rational und emotional bedingten Verhaltensmustern beinhalten, liegt im Rollenansatz wohl eine größere Chance zu einer Theorie, die mehrere Gesichtspunkte verbindet und dadurch vielleicht aussagekräftiger wird. Die eigentümlich gleichförmige Rollenidentifikation von Insassen und Personal im Eigen- und Fremdbild ist derart augenfällig, daß ihr als Systemmerkmal und als methodischer Ansatzpunkt Priorität zukommt, ohne daß die Gefahr der Verzeichnung besteht.

Die Rolle des Gefangenen liegt zu einem wesentlichen Aspekt darin, Zwangsobjekt zu sein. Ansonsten spontanen und in Freiheit selbstverständlichen Handlungsintentionen hinsichtlich Ortswahl, Eigentumsverfügung, sozialen und individuellen Aktivitäten kann er nicht nachgehen. In entsprechender Weise wie sein Hineinwirken in seine Umgebung ist seine Selbstgestaltung eingeschränkt und verändert. Die Verfügung darüber hat das Personal; sie ist – allerdings transformiert in völlig andere Akte – Bestandteil von dessen Rollenbild. Die dadurch erzeugte Objektivierung des Gefangenen geht über übliche Objektivierungen, die Mitglieder anderer Organisationen von Fabriken, Schulen, Behörden u. a. erfahren, dem Inhalt und dem Ausmaß nach hinaus. Daher ist der Gefangene Zwangsobjekt zu nennen.

---

144 Vgl. Peter Waldmann: Zielkonflikte in einer Strafanstalt, Stuttgart 1968; Georg Wagner: Psychologie im Strafvollzug, München 1972; Wolfgang Ohler: Die Strafvollzugsanstalt als soziales System, Heidelberg – Karlsruhe 1977.
145 Vgl. Franco Basaglia (Hrsg.): Die negierte Institution oder die Gemeinschaft der Ausgeschlossenen, Frankfurt a. M. 1971. Erving Goffman: Asyle. Über die soziale Situation psychiatrischer Patienten und anderer Insassen, Frankfurt a. M. 1973.

Zwangsobjekt zu sein, bedeutet nicht notwendig offenkundiges Leiden oder auch nur einen Zustand, der sensationell zu nennen wäre. Das kann sein, ist aber nicht begriffliches Bestimmungsmerkmal. Das Bemerkenswerte ist hier höchst unauffällig, eine Sache, die sich leicht übersehen läßt. Sie ist gekennzeichnet durch die Besetzung des Alltäglichen, des sonst Nebensächlichen durch die Entscheidungskompetenz des Personals. Freiheitsentzug „zwingt" das Personal zum permanenten Eingriff in die Selbstgestaltung anderer, das aber beinhaltet im wesentlichen Ersatzvornahmen bzw. -entscheidungen trivialer Art. Kaum anderenorts sind Entscheidungen über Bagatellen derart oft erforderlich und werden so wichtig genommen als gerade im Gefängnis.

So kann es darum gehen, ob ein Gefangener seinen Haftraum einige Minuten länger als andere offen haben darf oder nicht, ob er „privateigene"[146] Schuhe tragen darf oder von der Anstalt ausgegebene tragen muß, auf welche Weise (mit anderen, allein, mit oder ohne Aufsicht) und wie lange er Besuch erhalten darf, ob das Licht um 22.00 Uhr ausgeschaltet wird oder später (vielleicht eigenhändig) gelöscht werden kann, welchen Inhalt, welches Gewicht ein Geschenkpaket haben darf, um ausgehändigt zu werden oder nicht, wieviele Bilder an welchen Stellen der Zellenwände hängen dürfen. Die Anzahl der Beispiele ließe sich beliebig fortsetzen. Durchführung von Freiheitsentzug ist — gleichgültig wo im geschlossenen Vollzug die Grenze zur Unfreiheit markiert ist — eine unglaubliche Kette von „Kleinentscheidungen", ein endloser Dressurakt der Lenkung, Gewöhnung und Einschränkung von Bedürfnissen und Verhaltensweisen.

Wie sehr Trivialentscheidungen zum sozialen System gehören, erhellt daraus, daß sie teilweise den Rang gesetzlicher Kodifizierung erfahren, so beispielsweise: § 44 StVollzG über den Paketempfang für Gefangene, § 20 über die zulässige Kleidung. — Entsprechend werden Details des Anstaltsalltags über Beschwerden der Gefangenen auch Gegenstand obergerichtlicher Entscheidungen, wie etwa aus Beschlüssen über die Versagung des Erwerbs von Schuppenshampoo vom Eigengeld (OLG Hamburg) oder über den Kauf einer Leselampe (OLG Celle) hervorgeht.

Für die zum Gefangenen als Zwangsobjekt komplementäre Rolle des Personalangehörigen bietet sich keine einheitliche Benennung an. „Personal" enthält im Bedeutungsfeld des Wortes selbst schon die Vorstellung eines strukturierten und in sich differenzierten Zusammenhangs. Formale Gleichförmigkeit läßt sich daher in weit geringerem Maße feststellen als innerhalb der Insassenschaft. Einziges, *allen* Personalmitgliedern gemeinsam zukommendes Rollenmerkmal ist das der direkten oder indirekten Bezugnahme dienstlicher Aktivitäten zur Insassenschaft. Das Personal als Ganzes erscheint im Hinblick auf die Zwangsobjekt-Rolle der Gefangenen als kollektives, in sich strukturiertes Ersatzsubjekt, als das soziale Subsystem der Anstalt, innerhalb dessen neben anderen formellen Prozessen die besagten Ersatzvornahmen und -entscheidungen abgewickelt werden.

Wenn sich nach Ohler eine Organisation vom zugehörigen sozialen System als ihrer grundlegenden Basis dadurch abhebt, daß die Organisation zusätzlich

---

146 Ein sprechender Ausdruck, der die gefängnistypische Notwendigkeit zeigt, verschiedene Formen des Besitzes und der Zugriffsmöglichkeit auseinanderzuhalten.

einen „Bestand an Reduktionsmechanismen für komplexe Systeme"[147] ausweist, so ist diese Reduktion im System „Gefängnis" von besonderer Art; sie erfaßt nämlich das andernorts gar nicht organisierte: die individuelle Vielfalt. Gleichlaufend mit deren drastischer Einschränkung führt sie zum einen zu einer exzessiven Akkumulation formeller Prozesse — sei es durch einzuhaltende Vorschriften, durch Kontrollen und die Masse an notwendigen Einzelentscheidungen; zum anderen provoziert sie eine institutionsspezifische Bewußtseinslage, die dem Zwangsverhältnis, der Objekt-Subjekt-Relation zwischen Insassen und Personal entspricht.

Mit der Funktion des Personals, Subjektersatz für die Insassenschaft zu sein, ergeben sich, wie in hierarchisch gestuften sozialen Beziehungen überhaupt, Erlebnisse der Ich-Erweiterung in der Position des Übergeordneten (größeres Selbstgefühl, größeres Eigenmachtgefühl u. ä.) und solche der Ich-Einschränkung in der Position des Untergeordneten (Minderung des Selbstgefühls, der Selbständigkeit u. ä.). Im allgemeinen sind soziale Beziehungen dieser Art mit höherem Status des Vorgesetzten sowohl durch Anerkennung des Untergebenen als auch von seiten Dritter verbunden. So haben berufliche Rollen wie Vorarbeiter, Meister, Techniker, Ingenieur im Hinblick auf ihre jeweils zugeteilten Mitarbeiter über die Möglichkeit zu Erlebnissen der Ich-Erweiterung hinaus auch positiven sozialen Status. Das Binnenerleben der eingenommenen sozialen Rolle entspricht der von den Mitmenschen erfahrenen Anerkennung. Das ist im strukturell bedeutsamen Verhältnis zwischen Aufseher und Gefangenen anders:

Der Aufsichtsbedienstete als unmittelbarer Vorgesetzter des Gefangenen und Angehöriger der durch Zahl und berufliche Aktivität einflußstärksten Gruppe ist, wie schon erläutert, am stärksten der sekundären Diskrimination der Öffentlichkeit ausgesetzt. Psychoanalytisch gesehen macht er sich der Berührung mit dem Unreinen, dem ertappten Täter schuldig. Ersatzvornahmen vom Typus des Einsperrens haben darüber hinaus geringen Status. Sie sind außerdem nicht sicher gegen Umdeutungen. Das „Vorrecht" des Aufsehers, den Gefangenen einzuschließen bzw. ihm Türen zu öffnen, kann bei entsprechenden Anforderungen der Gefangenen zur Dienstleistung werden. Besonders anfällig für derartige Umdeutungen ist die sogenannte Notrufanlage im Haftraum. Sie kann vom Gefangenen in Anspruch genommen werden, wenn er dringend einen Arzt braucht, aber auch — dann gegen die Hausordnung — wenn ihm Streichhölzer fehlen, um eine Zigarette zu entzünden. In beiden Fällen wird durch den Ruf zunächst der Beamte auf der Station herbeizitiert. Zwei im Gefängnismilieu entstandene Schimpfworte für den Aufsichtsbeamten heißen daher nicht von ungefähr „Schlüsselknecht" und (vereinzelt gebraucht) „Stockkellner".

Die Anerkennung des Aufsichtsbeamten, des allgemeinen Vollzugsdienstes — wie er im Strafvollzugsgesetz bezeichnet wird — ist somit grundsätzlich gefährdet. Seine dienstlichen Handlungen hinsichtlich der Insassenschaft sind geeignet, sein Selbstgefühl zu problematisieren. Verständlicherweise entstehen unter diesen Voraussetzungen Abwehrmechanismen gegen die geschilderte Umdeutung von Ersatzvornahmen und gegen die Erfahrung

---

147 Wolfgang Ohler, a.a.O., S. 32.

von Diskriminationen, sei es wegen beruflicher Aktivitäten vom Typus des Einsperrens oder aufgrund des ständigen Umgangs mit verurteilten Kriminellen. Es handelt sich hier nicht um Diskriminierung mit eindeutiger, sozusagen ungemischter Ablehnung. Der „Gefängniswärter" steht bei weitem nicht in der Gefahr des Pogroms. Die Mißgunst, die er in der Öffentlichkeit erfährt, verträgt sich (wie gezeigt) recht gut mit dem Wunsch, daß er tätig wird. Das macht das Problem zwar uneindeutig und sprachlich schwer zu fassen, verringert aber nicht seine Bedeutung für die berufliche Situation des Aufsichtsbediensteten.

Unter den genannten Bedingungen entwickelt der allgemeine Vollzugsdienst ein spezielles Bedürfnis, die Unterwerfung der Gefangenen durch Freiheitsentzug eindeutig darzustellen. Um eigene Diskrimination zu kompensieren, ihr jede Berechtigung zu nehmen, muß die soziale Distanz zum Gefangenen in all ihren Merkmalen erhalten, wenn nicht erweitert werden. Der im Gefängnis ausgeübte Zwang produziert nach allem Diskrimination des Zwangsobjektes an entscheidender Stelle, nämlich an der des alltäglichen Kontaktes zwischen Personal und Gefangenen.

Wie schon erwähnt ist es keineswegs so, daß zwischen Personal und Insassen die gesellschaftstypischen Stereotype über den Straftäter aufgrund des nahen Umgangs aufgelöst und durch ein realitätsgerechtes Bild ersetzt werden. Anstelle des Stereotyps der Öffentlichkeit tritt vielmehr das relativ starre Rollenbild, das die Institution vom Gefangenen unter dem Zwang eigener Erwartungen entwickelt. In einer Gesellschaft, die den Straftäter samt seinem Umfeld Gefängnis diskriminiert, kann sich eben nur schwer eine Institution entwickeln, die ihrerseits nicht selbst, wenn auch in eigenen Formen, Diskrimination ausübt: Genau besehen ist Diskrimination zwar nicht die ausdrücklich gesetzte Aufgabe, aber eine wesentliche Funktion des Gefängnisses, auf die vom Materiellen angefangen alle möglichen Komponenten konzentriert sind.

So entsteht im Prozeß der beruflichen Sozialisation der Bediensteten ein Rollenbild vom Gefangenen, das vom Erleben der eigenen beruflichen Rolle beeinflußt und dimensioniert wird. Danach wird im Gefangenen zunächst eine Person erwartet, die sich umfassend, nämlich bis in zahlreiche individuelle Handlungen hinein (Tagesablauf, soziale Beziehungen, Ortswahl . . .) als abhängig versteht und diese Abhängigkeit bejaht. Unausbleibliche gegengerichtete Tendenzen, und dazu gehören zahlreiche positive soziale und individuelle Regungen, werden negativ stigmatisiert. Sie werden summarisch in Verbindung mit der berechnenden, immer auf eigene Vorteile bedachten, letztlich kriminellen Natur des Insassen gesehen. Michael Gallmeier, ein Gefängnispsychologe der fünfziger Jahre, bezeichnet das Produkt dieses meist zwangsläufigen seelischen Prozesses als berufstypischen „Lumpenkomplex"[148]. Unabhängig von der seither erfolgten Reformbewegung und unabhängig auch von regionalen Unterschieden, bestimmt diese Erscheinung auch heute die Vollzugslandschaft der Bundesrepublik Deutschland in bemerkenswerter Weise.

---

148 Michael Gallmeier: Zur Psychologie des Strafvollzugsbeamten, unveröffentlichtes Manuskript.

Natürlich gibt es aufgrund besonderer Bedingungen organisatorischer, materieller, sozio-architektonischer oder auch individueller Art im Gefängnis Subsysteme, in denen ein differenzierteres Bild vom Gefangenen kultiviert wird. Diese sind jedoch zumindest derzeit noch atypisch, d. h. sie haben weder das Übergewicht noch wirken die allgemeingesellschaftlichen und die vorgegebenen institutionellen Verhältnisse in Richtung auf derartige Einstellungen. Es handelt sich mit anderen Worten um Randgruppenerscheinungen innerhalb der Institution Strafvollzug, die als gegenläufige Reaktionsbildungen auf das allgemeine Bild hin entstehen.

Zwar ist der sogenannte Lumpenkomplex für Insider des Systems ein bekanntes Faktum, seine offene Darlegung widerspricht jedoch nicht nur rechtlichen Bestimmungen, sondern auch der Resozialisierungsideologie, die eine Interpretation des Strafvollzugs als einen von Diskrimination und letztlich auch von Strafe freien Behandlungsvorgang gebietet. Die dem Lumpenkomplex zugrunde liegende Aggression bedarf zu ihrer Äußerung öffentlich zugelassener und rational interpretierbarer Vorstellungen. Als sprachliche Leistung wird dieses Problem von den durch ihre Ausbildung theoretisch besser geschulten Angehörigen des gehobenen und höheren Dienstes leichter als vom allgemeinen Vollzugsdienst bewältigt. Das allein bewirkt jedoch keine Auflösung diskriminativer Einstellungen. Diese können hinter ihrer theoretischen Barrikade um so unangreifbarer weiterexistieren, je stärker sie durch Rationalisierungen festgehalten werden und sich ihr Träger über seine eigenen Vorurteile hinwegtäuscht. Allgemein, d. h. allen Vollzugsbediensteten geläufig, ist die Begriffsfigur ,,Sicherheit und Ordnung" am ehesten geeignet, auf öffentlich und rational zulässige Weise Aggression gegen Gefangene auszudrücken, ohne daß diese selbst ohne weiteres kenntlich wird. Mit der Verwirklichung von ,,Sicherheit und Ordnung" können sowohl situativ begründete, sadistische, sogar erziehliche Motive befriedigt und je nach Erwartung auch vorgegeben werden.

Es kommt dazu, daß historisch gesehen Strafe als zeitlich befristeter Disziplinierungs- und Überwachungsprozeß, wie Michel Foucault nachweist, offenbar der Nachfolger der früheren Leib- und Lebensstrafe ist. Die Popularität von ,,Sicherheit und Ordnung" im Strafvollzug ergibt sich u. a. aus diesem historischen Übergang, der nicht zu einer Ablösung der Strafe führte, sondern zu ihrer Umgestaltung mit den Mitteln der Überwachung und Disziplin. So charakterisiert Foucault das Gefängnis nach Baltard (1829): ,,Schließlich verleiht es eine fast totale Macht über die Häftlinge; es hat seine inneren Unterdrückungs- und Züchtigungsmechanismen: despotische Disziplin. Das Gefängnis treibt Prozeduren der anderen Disziplinaranlagen auf ihre äußerste Spitze. Es hat die gewaltigste Maschine zu sein, um den verkommenen Individuen eine neue Form einzuprägen"[149].

Die zitierte Stelle zeigt ausgezeichnet die mit der Einführung der Freiheitsstrafe besonders seit dem 18. Jahrhundert erlebte Identität von Disziplin, Unterwerfung, Strafe . . . und Erziehung. Ein älterer Aufsichtsbeamter, mit dem ich eines Abends durch das Gefängnis ging, sagte mir einmal, auf die Geräusche aus den Zellen verweisend: ,,Hier war früher eine eiserne Stille."

---

149 Michel Foucault, a.a.O., S. 302.

Und in seinen Worten steckte Bewunderung für diese Vergangenheit der sechziger Jahre. Ich war betroffen von der Synaesthesie aus Eisen und Stille. Der Beamte hatte sicher nicht Foucault gelesen, noch kaum ein ähnliches Buch über das Gefängnis, aber er drückte die Erfahrung seiner zahlreichen Dienstjahre im Gefängnis ungemein gekonnt aus. Seine Stimme schwang vor Bedauern über den Verlust der „eisernen Stille" und war voll von Bewunderung für ihre große Vergangenheit.

Nun, der Wunschtraum von Sicherheit und Ordnung als Inkarnation und höchste Aufgipfelung dessen, was Strafvollzug vermag, ist auch heute nicht ausgeträumt. Die sogenannten Hochsicherheitsbereiche — erbaut Ende der siebziger Jahre für terroristische Straftäter — stellen architektonische Umsetzungen geradezu leidenschaftlicher Sicherheitsphantasien dar, Ausdruck von Angst und Aggression in Beton, Stahl und Elektronik. Als Manifestationen psychischer Vereinseitigung lassen sie sich durchaus Neuschwanstein oder dem Reichsparteitagsgelände in Nürnberg zur Seite stellen. Die Übertreibung von Sicherheit und Ordnung im Fühlen, Denken, Handeln und in den baulichen Anlagen ist im Strafvollzug durchaus nicht seltene Ausnahme. Sie kennzeichnet eine Ideologie. Bedingt durch die öffentliche Sichtweise des Problems „Kriminalität", durch die architektonische und wirtschaftliche Situation des Strafvollzugs, nicht zuletzt auch durch personelle Mängel wird diese Ideologie stets neu geboren und am Leben erhalten.

Sicherheit und Ordnung figurieren als echte Symbole des Strafwillens und sind als solche an der ideologischen Polarisierung vom Vollzugsziel „Resozialisierung" erkennbar. Die jeweils zugehörigen Aktivitäten werden im Berufsalltag des Strafvollzugs wie auch in Diskussionen von Personalangehörigen vorzugsweise als einander ausschließende vollzugliche Intentionen behandelt. Das kommt je nach Anschauung entweder mit der Klischierung von Resozialisierungsmaßnahmen als „weiche Welle" zum Ausdruck oder umgekehrt mit der pauschalen Gleichsetzung von Sicherheits- und Ordnungsmaßnahmen mit repressiven Tendenzen. Das Interesse an Behandlungsaktivitäten ist nämlich von der Position dessen, der mit „Sicherheit und Ordnung" den Strafanspruch des Staates zu verwirklichen meint, tatsächlich eine „weiche Welle" — genauso wie der ausschließliche Anhänger von Resozialisierungsvorstellungen in „Sicherheit und Ordnung" den Wunsch nach aktiver Bestrafung identifiziert.

Das Zusammentreffen von Maßnahmen für Sicherheit und Ordnung mit Bestrafungsintentionen ist allerdings nicht nur für bestimmte Meinungsgruppen typisch. Es ist auch im Strafvollzugsgesetz festzustellen und ist am deutlichsten an der normativen Abstinenz vom Behandlungsgedanken bei Durchführung besonderer Sicherungs- und Disziplinarmaßnahmen erkennbar: Weder gilt bei Einzelhaft (§ 89 StVollzG) das Gebot einer besonders intensiven Betreuung, noch wird für die Durchführung des bis zu vier Wochen langen Arrests ähnliches empfohlen. Der Fortgang bzw. die Notwendigkeit von Behandlungsmaßnahmen während längerer Arrestzeiten bleibt unangesprochen; ein Lapsus, der umgekehrt bei gesetzlich vorgesehenen Behandlungsmaßnahmen kaum unterläuft. Durchaus ideologiekonform hat der Gesetzgeber die Vermischung dieser Sicherheits- bzw. Disziplinarmaßnahmen mit Behandlungsintentionen vermieden.

3.3.2.3 Sozialisierungsprozesse bei Gefangenen

Wie dargestellt, erfolgt die Sozialisierung des Vollzugspersonals im Einflußbereich seiner Position zwischen Gesellschaft und Gefangenen dieser Gesellschaft. Die schwer veränderlichen und daher als konstant erlebten Bedingungen von Zahl und Architektur, die seitens der Öffentlichkeit diskriminierte eigene Berufsrolle wie die noch viel weitgehender diskriminierbare Rolle der Gefangenen führen in der Regel zur Bejahung von Zwang und Einschränkung, zum Lumpenkomplex, zum Festhalten an der eigenen anstaltsinternen privilegierten Rolle und an Einsperraktivitäten, die ihrerseits wiederum Ansatzpunkte der gesellschaftlichen Ächtung des Gefängnisberufes werden. Dieser circulus vitiosus sorgt permanent für die Wirksamkeit der Ausgangsbedingungen in der geschilderten Art und Weise.

Die Sozialisierung der Insassen geschieht innerhalb des gleichen sozialpsychologischen Kraftfeldes, führt jedoch, da in anderer Position, verständlicherweise zu anderen Ergebnissen. Letztere gehören zu den zahlreichen Lösungsformen des allgemeinen Problems: Wie verhält sich der Mensch bzw. eine Gruppe von Menschen als diskriminiertes Zwangsobjekt? Für den Außenstehenden ist das Erleben von Zwang im Gefängnis kaum erfaßbar. Sicherheitsanlagen lassen ähnlich wie die Beobachtung eines Polizeigriffs lediglich Zwangsfunktionen erkennen, zumal wir im Gefängnisinsassen einen soweit frei beweglichen Menschen vor uns haben, der im großen Ganzen wie jedermann spricht, sich großteils auch so verhält. Weniges ist in der aktuellen Wahrnehmung schwieriger zu erfassen als die Auswirkung des Gefängniszwangs im subjektiven Erleben. Das macht Besichtigungen häufig so unergiebig, denn was der neugierige Besucher meist erfährt, ist entweder Ernüchterung über die Trivialität der Äußerlichkeiten (ganz freundliche Zellen, in denen man es schließlich auch selbst aushielte) oder die Bestätigung mitgebrachten Schauderns oder auch die oft wenig objektive Konkretisierung ideologischer Hypothesen.

Zwang ist zunächst Einschränkung der Rahmenbedingungen für Bewegung, Partnerwahl, Gruppierung, Konsum, alltägliche oder besondere Aktivitäten, Besitz . . . Einschränkung bewirkt geringere Vielfalt in den genannten Bereichen. Zwang ist enger Spielraum, Verbleib weniger Freiheitsgrade. Die Darstellung des Zwangs beinhaltet somit nicht die der Zwangsanlagen, sondern die der verbliebenen Freiheit, ihres Ausmaßes und ihrer besonderen Merkmale. Die Insassen lassen Zwang in ihren eigenen Freiheiten erkennen. Eines der bedeutsamsten Zwangsprodukte ist die Subkultur der Gefangenen. Mit ihr schaffen die Insassen eigene Spielräume der Freiheit gegenüber dem Kontrollanspruch der Institution, Freiräume in unbeobachteten Situationen oder in beobachteten, verdeckt durch angepaßtes Verhalten, Freiräume, die das Gepräge des Zwangs aufweisen, von ihm geformt sind.

Sozialisierungsprozesse, denen Gefängnisinsassen unterliegen, sind wesentlich dadurch bestimmt, daß Gefangene während ihrer Freiheitsstrafe überwiegend allein und fast gänzlich unter sich sind. Die Zwangsanlagen zur Herstellung der Freiheitsstrafe sind nämlich baulicher Art. Das Gefängnispersonal bedient diese Anlagen, hebt kurzfristig architektonische Sperren auf, sorgt dadurch für den regelmäßigen Ablauf täglicher Vorgänge und Kontakte. Es ist

Regulator, nicht zugehöriges Mitglied einer Gemeinschaft, die etwa Gefangene und Bedienstete gleichermaßen umfaßt. Der Aufsichtsbedienstete besetzt zwar zeitlich verteilte Kontrollpunkte; er hat jederzeit die Möglichkeit, in soziale Prozesse einzugreifen, Intimbereiche zu durchbrechen; de facto — wiederum eine Folge von Zahl und Architektur — überwiegt jedoch das Fürsichsein der Gefangenen und damit die Isolierung beider Subkulturen voneinander, der des Personals und der der Gefangenen innerhalb eigener Kontaktsysteme.

In einem leider wenig bekannten Action-Drama „The Cage", verfaßt von Rick Cluchey, einem lebenslang Gefangenen in St. Quentin, Kalifornien, ereignet sich die Tragödie der Eingeschlossenen, ein Mord unter Gefangenen einer Gemeinschaftszelle, ohne jedes direkte Eingreifen eines Aufsehers in irgendeiner Phase des Spielablaufs. Aufseher sind lediglich akustisch wahrnehmbar. Der Zuschauer hört von Zeit zu Zeit ihre Zählappelle. Bemerkenswert, daß diese Szenerie zur Darstellung von Gefängnis und Zwang völlig ausreicht und überzeugend wirkt. Ich sah das Stück mit etwa 25 Vollzugsbeamten und diskutierte anschließend mit ihnen darüber. Alle Aufsichtsbeamten waren ungemein beeindruckt von der Realistik der Darstellung. Niemand fand im Hinblick auf eigene berufliche Erfahrungen die mangelnde Präsenz des Personals im Schauspiel als ungewöhnlich. Ähnlich befaßt sich auch der schon mehrfach zitierte „Knastreport" — ohne auf diesen Punkt selbst aufmerksam zu machen — vor allem mit der in-group der Gefangenen.

Neben dieser typischen Isolierung der Insassen von den Personalangehörigen ist die verbrachte Zeit im Gefängnis ein wichtiges Kriterium für den ablaufenden Sozialisierungsprozeß. Es leuchtet unmittelbar ein, daß Milieuwirkungen eine Funktion ihrer Dauer sind. Hier geht es jedoch nicht allein um Zeit als Meßgröße. Zeit ist nicht nur formales Kriterium, sondern Lebensinhalt, Entwicklung. Zeit im Gefängnis hat zudem die Qualität des Ersatzes, des Uneigentlichen. Sie steht für die biographische Entwicklung in Freiheit, setzt deren Wegnahme, zumindest deren Unterbrechung voraus. Zeit im Gefängnis ist daher vielfach davon geprägt, etwas zu versäumen, eine meist auf aktuelle Anlässe entstehende Gefühlsregung. Sie kann nicht lange bewußt gehalten werden, da sie ständiges Bedenken der Alternative in Freiheit voraussetzt. Aber dieses Versäumen provoziert Dauerstimmungen anderer Art, die das Erleben der Gegenwart beeinträchtigen wie Warten, Dösen, Erinnern, Langeweile, Abstumpfung und daneben oder danach eine kompensatorische Gewöhnung an das Hier und Jetzt, an Vereinzelung in der Masse der Gefangenen oder Gruppierung mit anderen nach den bestehenden Möglichkeiten.

Auf der Basis dieses eigentümlichen Zeit- und Umwelterlebens entsteht die informelle Subkultur der Gefangenen. Sie setzt den Entzug in der Freiheit erworbener Verhaltensweisen und den des gewohnten Milieus voraus, baut aber zunächst auf den in der Außenwelt verinnerlichten Normen, Einstellungen und Bedürfnissen auf. Einen Sonderfall, der nicht selten ist, stellen Biographien dar, die frühzeitig, manchmal auch von Geburt an durch Hospitalisierung bestimmt sind. Allerdings ist auch in krassen Fällen dieser Art das „Draußen" außerhalb der Institution ein wichtiger Orientierungspunkt im Erleben der gewohnten Anstaltsumwelt, wenn die Gewichte insgesamt auch verschoben sind. Das Leben in der Zwangsinstitution behält, schon vom kollektiven Bewußtsein der Gefangenen her, immer etwas Vorläufiges anstelle von etwas anderem Bestehenden. Ausschließlichkeit gewinnt das Anstaltsleben, wie manchmal in Zeitungen von entlassungsunwilligen Lebenslänglichen berichtet wird, in Ausnahmefällen und dann meist erst nach Jahrzehnten.

Die informelle Subkultur der Gefangenen lebt also vom Draußen, sei es als selbst „importierte" Erwartung an Lebensstil und -qualität oder als angenommenes Leitbild. Sie ist in jedem Fall Kompromiß zwischen Außen und Innen. Die institutionell vorgegebene und damit formelle Subkultur ist im Vergleich zu ihrer informellen Variante vom Ausgangspunkt der außerhalb wirkenden kulturellen Einstellungen und Normen viel weiter entfernt. Die architektonisch, ökonomisch und normativ angebotene anstaltsinterne Rollenstruktur ist nämlich mit einiger Sicherheit weitaus „exotischer" als die meisten kulturellen Subsysteme innerhalb unserer Gesellschaft. *Die Anstaltsinsassen, die — was letztlich nicht realisierbar ist — kein informelles Verhalten entwickelten und allein nach den angebotenen Möglichkeiten, etwa eines konservativen Vollzugs, ihr Leben gestalten würden, würden mit Bestimmtheit „subkultureller" leben als im herabgekommensten Gefängnis;* das ist keine Frage der Moral, des Nutzens, der Schädlichkeit oder des subjektiven Wohlbefindens. Subkultur der Gefangenen ist seinsnotwendige Synthese zwischen Gefängnis- und Außenwelt, so gesehen Annäherung an diese in ihren positiven wie negativen Aspekten.

Die institutionell vorgegebene Subkultur ist einerseits durch Wegnahme (von selbst gestalteter Zeit, von Besitz, Partnern, Geld, Bewegung u. a. m.), andererseits durch Verteilung (von fremdbestimmter Zeit, von Wohnraum, Nahrung, Arbeit, Besitzgegenständen u. a. m.) gekennzeichnet. Im institutionell geprägten Bewußtsein der Bediensteten stellen Wegnahme und Verteilung selbstverständliche Funktionen des Ersatzsubjektes „Personal" dar. Eine dem Gefangenen aus besonderem Grund gewährte zusätzliche Verfügung über eigenes Geld ist in den Denkkategorien verbreitet eine „Vergünstigung", obwohl dieser Terminus schon 1969 mit Änderung der damals geltenden Dienst- und Vollzugsordnung in „Maßnahmen der Förderung und Betreuung" umgewandelt wurde. Das ändert wenig daran, wie der Sachverhalt tatsächlich gesehen wird. Im System der Wegnahme und Verteilung, gerät die verminderte Wegnahme eben zur „Vergünstigung". Dieser Wirklichkeit entsprechend, hält sich die Bezeichnung hartnäckig im Sprachgebrauch der Bediensteten, die Vergünstigungen „gewähren", als auch in dem der Gefangenen, die darum „nachsuchen".

Das vorgegebene System von Wegnahme und Verteilung ist grundsätzlich anonymer Art. Es konkretisiert sich zwar in den Handlungen der Bediensteten, diese erscheinen jedoch durchaus als Ausführende von anonymen, oft tatsächlich unbekannten Vorschriften. Sie und noch mehr die Gefangenen leben in diesem vorschriftsgebundenen System wie in einer Marionettenwelt. Das Erleben der Gefangenen, Objekt zu sein, wird durch anonym geregelte Ordnungen bestimmt, die aus der Logik der Situation notwendig und schlüssig erscheinen, so das tägliche Auf- und Zusperren der Hafträume, gemeinsames Essen, Baden und Einkaufen usw. Von Wichtigkeit für den

Eigenzustand des Gefangenen als Objekt ist das für die Freiheitsstrafe charakteristische Zeitgefühl: „Die Zeit im Knast ist nicht seine, sondern er hat sie an die Justiz abgegeben"[150]. Die eigentümliche Logik der Institution durchdringt jeden. Wenn Anstaltsinsassen über den Gefängnisalltag diskutieren und Veränderungsvorschläge machen, dann treffen sie zwar Verbesserungen ihrer Situation, zwangsläufig ist das Resultat aber immer wieder ein neues Gefängnis.

Der Aufenthalt in der Marionettenwelt des Strafvollzugs ist nicht notwendig und nicht ausschließlich mit Unlust verbunden. Wenn auch auf niederem Niveau und zum Preis wesentlicher Einschränkungen, liefert das Gefängnis Mechanismen der Lebensbewältigung, insbesondere der alltäglichen Entscheidungsentlastung. Mögen derartige Daseinserleichterungen auch nicht den ethischen Idealen unserer Gesellschaft entsprechen, so ist ihre Anziehungskraft jedoch Realität und Grundlage zahlreicher anderer Erscheinungen, angefangen von Veranstaltungen des Massentourismus bis zur offenbar nie versiegenden Attraktivität der Fremdenlegion für bestimmte Persönlichkeitstypen. Tatsache ist nicht nur das Streben nach Individualität und Freiheit, sondern auch die dazu polare Neigung, in einem überindividuellen Zusammenhang sich selbst aufzugeben. Die Toleranzen dafür erscheinen beträchtlich.

Schließlich läßt sich das Funktionieren einer Gefängnisordnung, in der wenige über viele bestimmen, nicht allein durch ihre repressiven Mechanismen und die Bündelung gesellschaftlicher Diskrimination erklären. Wichtige kausale Bedeutung kommt auch der uneingestandenen, vielfach wohl unbewußten Anerkennung der institutionell vorgefertigten Lebensbewältigung zu. Wenn auch die Rollenzuschreibung des Gefangenen niederdrückend ist, so hat sie im Vergleich zu den in der Gesellschaft außerhalb bestehenden Rollen ein Mehr an Klarheit und vielleicht auch an systeminterner Möglichkeit zur Differenzierung. Ein nicht mehr rückfälliger und in Freiheit beruflich sehr erfolgreicher entlassener Gefangener sagte mir einmal: „Die Entlassung war ein Schock für mich. Im Gefängnis war ich wer, hatte bei jahrelanger Freiheitsstrafe einen Kreis, der mich anerkannte. Ich wußte genau, was ich zu tun und zu lassen hatte. Das war draußen nicht so."

Zwang im Gefängnis wird so gesehen, d. h. über seine einschränkende, das Individuum verstümmelnde Wirkung hinaus, zum subkulturellen Wirkfaktor. In seiner starren Rollenzuweisung ähnelt das Gefängnis einer ständischen Ordnung, die jedoch durch Unfreiheit nicht nur Unbehagen schafft, sondern auch von einer gewissen Anerkennung getragen ist. Wesentliche Bedeutung hat dabei die informelle Gefangenensubkultur, die das Zwangssystem von Wegnahme und Verteilung relativiert und in ein eigenes System von Wertungen, Selbstdarstellung und Verkehrsformen integriert und so eine Quasifreiheit unter Zwangsbedingungen schafft. Subkultur wird dabei nicht, wie vielfach üblich, mit kriminellen Praktiken und mit Gangs hinter Gittern gleichgesetzt. Derartige selbständige, womöglich über die Kontrolle des Personals dominierende Machtsysteme stellen *eine* Ausprägung, einen

---

150 Wetter / Böckelmann, a.a.O., S. 18.

extremen Sonderfall von Subkultur dar. Das Gefängnis, insbesondere die geschlossene Anstalt, ist für sich gesehen in jedem Fall Subkultur. Die allgemein verbreiteten informellen Erscheinungen unter Gefangenen machen das Gefängnis als Subkultur innerhalb der weiteren Gesellschaft möglich; sie stellen Integrate von Freiheit und Zwang dar.

Durch die Polarität von Zwang und Freiheit, wie auch durch die angeführte Isolierung zwischen Personal und Insassen erfolgen Sozialisierungsprozesse innerhalb eines hoch gespannten sozialen Systems: Alltägliche und immer wiederkehrende Anpassungsleistungen werden seitens der Eigengruppe der Insassen wie auch in gänzlich anderer Richtung seitens der Bezugsgruppe des Personals provoziert. Nun sind diskrepante Anpassungsanforderungen im Laufe der sozialen Entwicklung eines jeden keineswegs selten, eher typisch. Sie kennzeichnen die Situation in der Familie, als Kind unter Geschwistern und gegenüber den Eltern; sie sind Merkmal der Situation in der Schule im Verhältnis zu Mitschülern und Lehrkräften usw. Eine normale Sozialisierung innerhalb unserer Gesellschaft setzt geradezu die Erfahrung diskrepanter soziologischer Mikrostrukturen voraus. Besonderes Merkmal für Sozialisierungsprozesse bei Gefangenen ist daher nicht die Diskrepanz der Anpassungsanforderungen als solche, sondern deren das ganze Leben in der Anstalt umfassende Totalität, deren eigentümlicher sozialer Hintergrund (Personal und Mitverurteilte) sowie die überwertige Bedeutung diskriminierender und frustrierender Faktoren.

Jeder Gefangene steht vor dem Problem, sich auf die eigentümliche Triebökonomie seiner Umwelt, ihren Zwang zur monosexuellen Gruppierung, zur Einschränkung von Aktivitäten, Konsum und Eigentumsverfügung umzustellen und dabei ein relativ befriedigendes inneres Gleichgewicht zu entwickeln. Kompensatorischen Prozessen kommt dabei ungleich höhere Valenz zu als in anderen Anpassungssituationen. „Der zwar unerlaubte, aber geduldete hektische Handel (unter Gefangenen) ist ein wesentlicher Faktor der Triebökonomie der Gefängnisse"[151]. Das Kompensationsbedürfnis ist jedoch nicht nur ökonomisch-materiell bestimmt. Mit jeder Inhaftierung und zumal der des Langjährigen wird ein gänzlich anderes Ich-Umwelt-Verhältnis gesetzt. Dieses betrifft die gesamte Persönlichkeit und macht entsprechende Veränderungen notwendig. Sozialisierung als Auseinandersetzung zwischen Ich und Gefängnisumwelt macht auch verständlich, warum das Schicksal des einzelnen ein individuelles bleibt, wenn auch die Schlußfolgerung, daß es daher in seinem eigenen Ermessen liegt, nicht zulässig ist. Mögliche Vielfalt allein begründet keine Verantwortlichkeit oder gar freien Willen.

Die Sozialisierung der Gefangenen als Aufeinanderwirken von Gefängnisumwelt und Persönlichkeit weist bei aller Vielfalt der Ergebnisse jedoch typische, immer wiederkehrende Mechanismen in jeweils unterschiedlicher Verteilung und Struktur auf. Durchweg verändert der Gefängnisaufenthalt die Objektbeziehung und damit auch die Affektbesetzung der Umwelt durch das Ich. Sie ist meist gestört und vermittelt Frustrationen. Daß eine durchgängige Beeinträchtigung nicht angenommen werden kann, darauf wurde

---

151 Wetter / Böckelmann, a.a.O., S. 168.

schon eingegangen; im Ganzen steigt jedoch die Möglichkeit für Unlusterlebnisse und eine entsprechende Gefährdung des inneren psychischen Gleichgewichts. Wo die Wendung zur Außenwelt, die individuelle Expansion zum Risiko wird, wächst die Neigung, die eigene Person und ihr naheliegende, gesicherte Bedürfnisziele als Ersatzobjekt zu erfassen und die Bedürfnisbefriedigung entsprechend zu zentrieren. In einer Umwelt, in der die weit ausgreifende Aktion oder Gebärde riskant wird, verhält sich der Mensch wie ein Insekt, das seine Fühler einzieht, er wendet sich auf sich zurück.

Diese Rückwendung hat viele Formen und Bereiche, die drastischste ist wohl die durch Entzug oder Abwesenheit des heterosexuellen Partners oder durch Mangel anderer Erlebnisse bedingte vermehrte Onanie. „Der Liebesverlust wird durch Zärtlichkeit der eigenen Person gegenüber wettgemacht. Der Gefangene liegt abends in der Zelle und streichelt sich selbst, umarmt sich und bildet sich ein, der eigene Arm wäre der eines schönen Mädchens. Man stellt sich vor den Spiegel und pflegt Haar und Gesicht oder gewährt sich die Bewunderung, die man von der geliebten Person ersehnt. Durch Gymnastik und Ausnutzung jeder Gelegenheit sich zu bräunen, versucht er, dem sportlichen Männlichkeitsideal zu entsprechen. Im Unterricht und beim Hofgang präsentiert er sich den anderen stolz mit entblößtem Oberkörper und zeigt ihnen, sich selbst noch streichelnd, seinen gepflegten muskulösen Bauch"[152]. So ein Zitat aus der Eigenerfahrung eines Gefangenen des Jugendstrafvollzugs. Die differenzierte Ausdrucksweise charakterisiert die wenigsten Insassen, sie trifft aber das stumme, im Wortsinn sprachlose Handeln und Erleben vieler.

Ein anderes, weniger altersabhängiges Anzeichen der Rückwendung auf die eigene Person ist das größere Interesse an oraler Befriedigung, an Essen, Trinken und Rauchen. „Das Essen ist der Bereich, über den man noch oralkaptativ verfügen kann, in dem man sich etwas aneignen kann, ... — eine Autonomie, die die Umwelt des Gefängnisses sonst nicht gestattet. ... Essen ist neben Tauschgeschäften das beliebteste Gesprächsthema"[153]. Tabak und Pulverkaffee werden — diese verbreitete orale Bedürftigkeit kennzeichnend — zur Ersatzwährung. Währungseinheit ist der „Koffer", das Paket Tabak, oder die „Bombe", das 200 g-Glas Pulverkaffee.

Die Rückwendung auf sich selbst beeinflußt je nach persönlicher Eigenart und Zeitdauer der Internierung den Vorstellungsablauf, unabhängig von besonderen Inhalten. Apathisches Dösen mit entsprechend verarmten inneren Bildern und einem verlangsamten Vorstellungsablauf hilft einem Teil der Gefangenen, reizarme zeitliche Distanzen besser zu überwinden. Die gegenteilige Reaktion, eine Intensivierung und Anreicherung des Vorstellungsablaufs, hat bei anderen ebensolche kompensatorische Funktion. „. . . seelische Veränderungen bestehen zum Beispiel in einer verstärkten Vorstellungs- und Denktätigkeit, um die tote Gegenwart mit einer besseren Vergangenheit oder Zukunft auszufüllen. Das Tagträumen ist ein verbreitetes Phänomen im

---

152 Wetter / Böckelmann, a.a.O., S. 108 f.
153 Wetter / Böckelmann, a.a.O., S. 59.

Gefängnis und kann mit einer weitgehenden Realitätsentfremdung verbunden sein"[154].

Bevorzugter Gegenstand des Innenlebens sind vielfach die nächsten Angehörigen, Ehepartner und Freunde. Wenn während des Gefängnisaufenthalts auch viele Beziehungen zerbrechen, so ist insbesondere bei Erstbestraften eine Konsolidierung ehelicher oder sonstiger Bindungen zu beobachten. An die Stelle der realen Partner treten die hinter Mauern erlebten Vorstellungen von ihnen. Bestehende Konflikte werden illusionär oder in den spärlichen Brief- und Besuchskontakten bereinigt. Die Ernüchterung folgt nicht selten mit der erneuten Erfahrung des Dauerkontaktes nach der Entlassung für beide Seiten.

Eine eigentümliche Form der Hinwendung zur eigenen Person ist das Tätowieren, wie es in Vollzugsanstalten vorwiegend von jungen Gefangenen praktiziert wird — ein Narzißmus von sozialer Qualität. Reinhard Wetter sieht Tätowieren als eine Form sadistischer Autoerotik. „Die Männergemeinschaft erklärt ihren eigenen Körper zum ästhetischen Objekt, die Ästhetik entspricht ... dem brutalen und verstümmelten Leben. ... Die ohnehin gesellschaftlich Gebrandmarkten bestätigen nochmals ihre Absonderung und damit auch ihre Exponiertheit durch eintätowierte Symbole. Sie gehören zum Ritual der Ausgestoßenen, die aus ihrer Isolierung einen eigenen Kult entwickeln, der aber gerade diese Isolierung manifestiert und verstärkt. Die Tätowierungsmuster haben nicht nur sexuelle Bedeutung. Sie sind auch Symbole der Unterdrücker selbst. Symbole der Gewalt und der Macht (Henker, Schwert, Galgen, Scheiterhaufen)!"[155]

Das Tätowieren spiegelt die Situation der Jugendlichen und Heranwachsenden im Gefängnis, also der Altersgruppe zwischen Kindheit und Erwachsenen, in einer Übergangssituation zwischen Abhängigkeit und Selbständigkeit nach tradierten Mustern der Erwachsenengesellschaft. Die soziale Integration ist im Vergleich zu sonstigen Altersstufen herabgesetzt. Diese Altersgruppe neigt daher am ehesten zu eigenen, der übrigen Gesellschaft fremdartigen Formen der Selbstdarstellung. Sie zeigt eine Körperästhetik, wie sie auch in akomplexen Kulturen, in kleineren Völkerstämmen, zuhause ist. Über die generationsspezifisch und subkulturell bedingte Eigentümlichkeit des Tätowierens sollte man allerdings nicht seinen allgemein bedeutsamen Ausdruckswert übersehen. Vielleicht ist der junge Mensch besser als der erwachsene in der Lage, dem Gestalt zu geben, was Gefängnis bedeutet.

Eine von der Institution her gesehen unerwartete Bedeutung haben zurückliegende Delinquenz und Schuld im Erleben der zu Freiheitsstrafe Verurteilten. Als soziale Kategorie ist strafrechtliche Schuld, wie eingehend behandelt, von hoher Bedeutung. Sie legitimiert die Zuweisung des Gefangenenstatus und dient dem Gericht als rationale Begründung, Strafdauer durch psychische Projektion zu bestimmen. Die Verurteilung zu einer Freiheitsstrafe wird jedoch nicht nur mit festgestellter Schuld begründet; sie ge-

---

154 Steffen Harbordt: Die Subkultur des Gefängnisses, Stuttgart 1967, S. 14. — Vgl. hierzu auch Reinhard Wetter, a.a.O., S. 168 f.
155 Wetter / Böckelmann, a.a.O., S. 108.

schieht auch häufig in der unverdrossenen Erwartung, daß sich die Freiheitsstrafe günstig auf das Schulderleben auswirkt, dem Gefangenen Gelegenheit zur Sühne und dadurch zur Verarbeitung seiner Straffälligkeit gibt. Demnach wäre anzunehmen, daß dem Schulderleben des Gefangenen ein wichtiger Stellenwert zukommt.

Aus einer von Steffen Harbordt zitierten US-amerikanischen Untersuchung geht hervor, „daß sich das Verhältnis zur Tat und Schuld während der Haft ändert, und zwar in Form einer U-Kurve. Hierzu befragte Insassen äußerten in der ersten Woche nach ihrer Einlieferung zu 60 %, daß sie sich „fair" verurteilt (und damit schuldig) fühlten; bei der Hälfte der Strafzeit, nach mindestens sechs Monaten, fanden sich nur noch 36 % schuldig, einige Wochen vor der Entlassung waren es aber wieder 70 %"[156]. Harbordt nimmt an, daß die festgestellte Verschiebung der Meinungsverteilung durch unterschiedliche Orientierung an Normen zustandekommt, und „daß die Insassen sich kurz nach Verlassen der ‚Außenwelt' und kurz vor der Rückkehr dorthin an den konventionellen Normen nichtkrimineller Bezugsgruppen orientieren, während sie sich in der Haft gemäß den Anschauungen der Mitinsassen eher unschuldig fühlen"[157].

Diese Hypothese ist plausibel; sie nimmt aber „Schuld" gerade als ein psychisches Faktum, das zur Legitimierung der Freiheitsstrafe als Institution im Grunde untauglich ist. Das tatsächliche Schulderleben äußert sich nämlich in der Art sonstiger Meinungen über die Welt oder über die eigene Person, abhängig von Zeitpunkt und Umständen und daher höchst veränderlich. Dies entspricht keineswegs der institutionsgemäßen Vorstellung eines tat- und vor allem gewissensbestimmten Erlebens von größerer Gewichtigkeit als andere Erlebnisinhalte. Es läßt auch nicht den Rückschluß auf spontane Äußerungen eines innerlich konstanten Schuldkomplexes zu. Es ergibt sich daher das grundsätzliche Problem, ob die Untersuchung – deren Ergebnisse im übrigen nicht überraschen – den bezeichneten psychischen Sachverhalt, nämlich Schulderleben, überhaupt erfaßt.

Erfahrungsgemäß wirkt begangene Delinquenz sich ähnlich wie ein Statusmerkmal aus. Je nach Gruppenzugehörigkeit kann dies positiver oder negativer Art sein. Der zeitweise erfolgreiche Betrüger mag unter seinen Mitinsassen hohen Status genießen und stellt seine diesbezüglichen Fähigkeiten deswegen heraus. Gegenüber Nichtverurteilten betont er, daß alle Welt betrüge, sein Delikt daher nicht ungewöhnlich und keinesfalls negativ zu werten sei, oder er vermeidet überhaupt seine Erwähnung. Das Merkmal Delinquenz bzw. Verurteilung löst ähnlich unterschiedliche Gefühlsregungen aus wie schlechte Schulnoten, deren Geltung und Bedeutung je nach Publikum variiert. Trotz der sozialen Relevanz begangener Straftaten für die Beziehungen der Gefangenen untereinander, ist im übrigen die Tatsache, in der Vergangenheit gestohlen, geraubt, betrogen, vergewaltigt oder gemordet zu haben, eigentlich bedeutungslos für die individuelle Befindlichkeit.

---

156 Steffen Harbordt, a.a.O., S. 15.
157 Steffen Harbodt, a.a.O., S. 15 f.

Ein Mord, zusammen mit lebenslänglicher Verurteilung, konstelliert noch am ehesten eine traumatische psychische Dauerverfassung. Diese kann in den wechselnden Situationen des Gefängnisalltags relativ konstant sein, sozusagen psychische „hardware" darstellen, wie es einem Schuldstrafrecht eigentlich zukommt. Der Normübertritt bleibt im allgemeinen unbestritten. Straftaten sind jedoch Ereignisse der Vergangenheit, mit Folgen für die Gegenwart zwar, im übrigen liegen sie unabänderlich zurück, ähnlich wie Verträge, Prüfungsergebnisse, Eheschließungen. Das Strafurteil konstelliert wohl nur in wenigen Fällen eine Dauerverfassung „Schuld", dagegen vielfach Einsicht in die Unausweichlichkeit der Verurteilung. Die angeführte US-Umfrage gibt somit keinen Anlaß, „Schuld" in der Weise als psychisches Faktum zu verstehen, wie dies aus der Sicht des Schuldstrafrecht naheliegt. Die Annahme, daß delinquente Handlungen und Schuldeindruck eo ipso für das Selbsterleben von struktureller Bedeutung sind, ist schlicht falsch. Das kann zwar so sein, ist jedoch bei Strafgefangenen und nicht nur bei ihnen bemerkenswert selten.

Interessant ist in diesem Zusammenhang der Vergleich zwischen Krankenhauspatient und Strafgefangenem. Beide müßten ja – entspricht ihre Institution der jeweils beabsichtigten Sinngebung – diesen Sinn durch ihr Verhalten evident machen. Das ist beim Patienten in der Regel der Fall. Er erlebt sein Leiden, spricht oft davon, nicht selten in allen Details. Nicht so der Strafgefangene. Er äußert zwar häufig Haftbeschwerden, doch höchst selten erwähnt er spontan seine Straffälligkeit. Ohne ausdrückliche Veranlassung ist sie kein Thema der Erörterung. Dieses Faktum ist nicht in erster Linie Ergebnis sozialer Tabuierung; es ist vielmehr Folge einer letztlich in die Zukunft gerichteten allgemeinen seelischen Tätigkeit. Regressive Tendenzen über längere Zeit, wie sie für ein dominantes Schulderleben während der Freiheitsstrafe Voraussetzung wären, sind eher neurosetypisch und für den Normalfall des Straftäters nicht zu erwarten.

Ein drastisches Beispiel für die dargelegte Bedeutungslosigkeit des individuellen Schulderlebens zeigen die Straftaten, die weder festgestellt noch verurteilt werden, das sogenannte Dunkelfeld der Kriminalität. Seine Existenz ist unbestritten, wobei die meisten Urheber offenbar höchst unbeeindruckt von ihren anonym gebliebenen Straftaten weiterleben. In den Genesen der verbreiteten psychischen Erkrankungen nehmen unerkannte Straftaten eine relativ unbedeutende Rolle ein, auch positive Verarbeitungen von Schulderlebnissen sind wohl selten. Niemand vermeldet unerklärbare Sühneleistungen für einen erfolgreichen Einbruch oder selbst für einen geheimen Mord. Die unerkannten Täter scheinen recht zufrieden mit ihrem Schicksal zu sein. Es gibt offenbar ein Dunkelfeld der Kriminalität, aber keines der Schuld.

Von daher ist es nicht verwunderlich, wenn der Strafgefangene als der ertappte Täter seine zurückliegende Delinquenz in ähnlicher Weise behandelt. Seinem Vergehen oder Verbrechen steht er relativ indifferent gegenüber – das muß schließlich unter dem fehlenden Leidensdruck verstanden werden –, dagegen erscheinen Strafurteil und zusammenhängende Eingriffe als ein zurückliegendes Ereignis, dessen Konsequenz unvermeidbar ist, jedoch ähnlich wie andere Dauerbelastungen einer je nach Folgeumständen wechselnden Meinungsbildung unterworfen ist. Zeitweise Unterwerfung unter die Strafe und Identifikation mit dem Urteilsspruch wird als Schuld erlebt, Ablehnung als das Gegenteil. Damit besteht prinzipielle Diskrepanz zwischen spontanem individuellen Erleben und sozial erwartetem Schulderleben. Es ist eine psychologische Utopie, daß eine größere Gruppe von Menschen über lange Jahre Strafeinsicht entwickeln und erhalten kann. Die Regel ist dagegen, daß längere Zeitstrafen als sinnarm oder sinnleer erlebt werden, es sei denn, sie setzen – wie gerade bei lebenslänglicher Verurteilung – ein letztlich neurotisches Schuldtrauma.

Wie das Problem des Schulderlebens zeigt, resultieren Sozialisierungsprozesse im Gefängnis sowohl aus den intern gesetzten Bedingungen als auch aus den Einstellungen, die bei Gefangenen und entsprechend auch bei Bediensteten jeweils aus der weiteren Gesellschaft und aufgrund der individuellen Biographie importiert werden. Im Fall des Schulderlebens handelt es sich um anthropologische Gegebenheiten der Erlebnisverarbeitung unter Bedingungen des Zeitablaufs.

Die gesetzmäßig gegebene Diskrepanz zwischen allgemeiner Schulderwartung und individuellem Erleben – die in der Zeitstrafe besonders deutlich wird – ist im übrigen eine wichtige Ursache für die strukturell gegebene Tendenz zum Übermaß im Strafverfahren und Strafurteil, im Extrem für die Folter und für Leibes- und Lebensstrafen. Die Verführung zum Übermaß ist ja eines der charakteristischsten Merkmale des Strafrechts bis heute, wiewohl sie zwar häufig angesprochen, aber kaum reflektiert wird und man in der Regel beim eigenen Entsetzen stehenbleibt. Michel Foucault macht dagegen in seiner Untersuchung „Überwachen und Strafen" immer wieder auf die Bedeutung des Übermaßes aufmerksam, so wenn er schreibt: „Sofern die Bestrafung das Verbrechen in seiner ganzen unerbittlichen Härte vor aller Augen aufleuchten lassen soll, muß sie eben seine Gräßlichkeit übernehmen: sie muß es durch Geständnisse, Reden, Inschriften publik machen; sie muß es in Erniedrigungs- und Leidenszeremonien, die es auf den Körper des Schuldigen übertragen, wiederholen. In der Marter lodert die Gräßlichkeit des Verbrechens auf, in der Züchtigung wird die Wahrheit des Verbrechens sichtbar, in der Strafe wird die Wirklichkeit des Verbrechens endgültig erwiesen"[158].

Ist für Foucault mit der zitierten Stelle die Gräßlichkeit von historischen Strafverfahren und Strafe mit dem Motiv erklärbar, daß diese versuchen, das Verbrechen sozusagen widerzuspiegeln und dadurch darzustellen, so ist die alle möglichen Formen der Schuld- und Vergeltungsstrafe verbindende ideologische und emotionale Grundlage ein, wenn man will, verzweifelter moralischer Irrealismus. Untersuchungs- und Strafverfahren sowie -vollstreckung stellen danach den vergeblichen Versuch dar, das mit rationalen Mitteln nicht erfaßbare Phänomen „Schuld" wenn nicht aufzufinden, so doch zu erschaffen. Dazu führt nicht die Verhältnismäßigkeit, sondern gerade das Übermaß der Mittel. Das ist psychologisch gesehen zwar nicht sinnvoll, aber vielfach durchaus wirksam. Tatsächlich entsteht im Übermaß am ehesten jene Identifikation mit dem Angreifer, die zur Selbstverurteilung

---

158 Michel Foucault, a.a.O., S. 73.

wird und als Schuld erlebt werden kann. Nachweislich sind Hexen nicht selten in der Überzeugung verbrannt, zwar die vorgegebenen Taten nicht begangen zu haben, jedoch *schuldig* gewesen zu sein. Das „Problem" der Freiheitsstrafe liegt gerade darin, daß sie diese innere Unfreiheit nicht so leicht vermitteln kann und der Irrealismus des Schulddenkens dadurch offenkundig wird. Vielleicht führt die langfristige Erfahrung der Institution „Freiheitsstrafe" damit notwendig zur Aushöhlung und zur schließlichen Aufgabe des Schuldstrafrechts.

3.3.3 Gefängnisorganisation als Interessenprodukt

Sozialisationsprozesse — wie sie im vorliegenden Fall Personal und Insassen der Vollzugsanstalten betreffen — stellen nichts anderes als den individuellen Aspekt der Erneuerung und Weitergabe des umfassenden Sozialsystems „Gefängnis" dar. Die Institution „Gefängnis" existiert zwar vermöge ihrer architektonischen Anlagen sowie aufgrund der in Gesetzes- und sonstigen Texten gespeicherten Informationen; ihre ständige „Belebung" und Erneuerung besteht jedoch im Erleben und Verhalten ihrer Mitglieder, ist also psychischer und sozialer Natur. Gefängnis ist ein seelisches Faktum. Das besagt nicht, daß Erleben und Verhalten ausschließlich als kausale Größen anzusehen seien; sie sind das wohl am wenigsten. Ja — mit einigem Sarkasmus gesehen — bilden sie die Bewegung, in der die Marionetten dieses merkwürdigen Systems tanzen, je nachdem ihnen die Spielräume und die Zahl ihrer Gelenke und Haltefäden Freiheit lassen.

Da sich das Sozialsystem „Gefängnis" im Erleben und Verhalten seiner Mitglieder aktualisiert, ist es ein dynamischer, in der Zeit ablaufender Vorgang, ein Prozeß, in dem jeder zu einem bestimmten Zeitpunkt bestehende Zustand für den nachfolgenden Ausgangsbedingung darstellt. Das Sozialsystem ist einem Gewebe vergleichbar, in dem Erleben und Verhalten nach immer dem gleichen Muster wie Fäden nach Farbe und Material ausgewählt, bevorzugt, abgewiesen, positiv oder negativ verstärkt werden. Zu fragen ist, welche Struktur das Muster hat und von welchen wesentlichen Kräften es bestimmt wird. Wie vorausgehend abgeleitet, disponieren hinsichtlich des Personals die allgemeine gesellschaftliche Ächtung des eingesperrten Täters und des Gefängnisses sowie die Umstände von Zahl und Architektur zu bestimmten individuellen Regungen gegenüber Gefangenen, während sie andere weniger wahrscheinlich machen. In ähnlicher Weise wirken diese Ausgangsbedingungen sowie der erlebte Zwang bei den Gefangenen auf eine Selektion bestimmten Rollenverhaltens und Erlebens. Das Sozialsystem, d. h. der Zusammenhang des Verhaltens und der Einstellungen zu wechselseitig aufeinander bezogenen Erwartungen, erwächst grundsätzlich aus der gleichen Ursachenkonfiguration.

Von zentraler Bedeutung erscheint dabei die Diskrimination des Straftäters, sein befristeter Ausschluß aus der Gesellschaft. Diskrimination ist das immer wiederkehrende Prinzip in Architektur, personellem Aufwand, Lebensstandard, zentralistisch-funktionalem innerem Aufbau, im Sicherheitsdenken und in vielen anderen Bereichen. Diskrimination ist das organisatorische Leitprinzip, demgegenüber Resozialisierung als explizite Zielsetzung des Strafvollzugsgesetzes zurücktritt. Unsere Gefängnisorganisation ist somit alles andere als rational bestimmt. Sie ist rational erfaßbar, wenn ihr relativ klarer innerer Aufbau, ihr Wirtschafts-, Arbeits-, Sicherheits- und Kontrollsystem bedacht wird, wenn das alltägliche Handeln unter dem Diktat individuell nicht zu vertretender Sachzwänge gesehen wird. All dies macht eine rational erfaßbare Struktur, doch Rationalität ist schließlich nicht die Natur des erfaßten Phänomens selbst. Das Gefängnis ist verdinglichte Diskrimination, und wo wir es handhaben, üben wir notwendig Diskrimination aus.

Die eigenartig diskriminierende Funktion von Struktur und Sozialsystem der Vollzugsanstalt wird im Vergleich mit dem Industriebetrieb deutlich: Natürlich weist der Industriebetrieb als soziales Gebilde ebenfalls beträchtliche Status- und Schichtunterschiede zwischen seinen Mitgliedern auf. Es bestehen systemimmanente Funktionen, die derartige Unterschiede erzeugen und erhalten. Typisch für die Sozialstruktur des Betriebs ist jedoch das Auftreten besonderer Rollenkonflikte gerade bei beruflichen Positionen, in denen die Erwartungen hierarchisch aufeinander bezogener Berufsschichten in breiter Front aufeinandertreffen. Charakteristisch dafür ist die Rolle des Industriemeisters. „Mit ihrer Ernennung zum Meister hat diese Personengruppe nicht nur neue Verhaltensnormen zu erlernen, sondern zugleich einen Statussprung zu bewältigen, der sie aus der Substruktur der Arbeiter herausführt, ohne sie damit sofort in eine andere einzugliedern. Hinzu kommt, daß sie – wie alle unmittelbaren Vorgesetzten von Arbeitnehmern – die betrieblichen Leistungs- und Verhaltensnormen durchzusetzen haben"[159].

Derartige Konfliktrollen, wie die des Industriemeisters, sind zwar anfällig für Probleme der Rollenüberlastung und insofern auch nach außen konfliktträchtig. Im Normalfall erfüllen sie jedoch eine wichtige Mittlerfunktion, die für die vertikale Integration eines geschichteten Sozialsystems unerläßlich ist. Im Sozialsystem der Vollzugsanstalt ist diese Funktion gerade zwischen Insassenschaft und Personal strukturell nicht bzw. in höchst unzureichendem Maße vorgegeben. Die Angehörigen des allgemeinen Vollzugsdienstes und des Werkdienstes haben infolge der Verknüpfung der alltäglichsten Aktivitäten die vergleichsweise engste Rollenbeziehung zur Insassenschaft. Für die genannte Mittlerrolle wären sie nach Zahl und beruflicher Position am ehesten prädestiniert. Gerade wegen ihres engen Umgangs mit Gefangenen sind sie allerdings als „Wärter" bevorzugter Gegenstand sekundär entstandener gesellschaftlicher Diskrimination. Gerade dies verwehrt jedoch Identifikation mit dem Gefangenen und begünstigt diskriminierende Aktivitäten, die Distanz und soziale Unterschiede gewährleisten.

In der Regel erfaßt die Anstaltsleitung diese Bereitschaft der zahlenmäßig stärksten und daher einflußmächtigsten Bedienstetengruppe als strategisch bedeutsames Führungsmittel. Entsprechenden Erwartungen aus den Reihen des Aufsichtsdienstes trägt sie durch eine zumindest äußere Angleichung an einen diskriminierenden Verhaltensstil gegenüber Gefangenen Rechnung. Typischerweise war die Einführung der sogenannten bürgerlichen Anrede für

---

159 Rainer M. Lepsius: Industrie und Betrieb, in: Soziologie, Frankfurt a. M. 1967, S. 137.

Strafgefangene zu Beginn der siebziger Jahre, also die Verwendung der Anrede „Frau" bzw. „Herr" anstelle des bloßen Familiennamens, eine Veränderung, die zum wenigsten von den Bediensteten, auch nicht von den Anstaltsleitungen ausging. Sie erfolgte auf dem Vorschriftenweg von außen und war zunächst sehr unpopulär.

Die Geltung der Anstaltsleitung und damit die Loyalität des breiten Personals basiert zu einem nicht geringen Teil auf einer repressiven Gestaltung des Vollzugs. In der Zwangsinstitution „Gefängnis" ist dies zwar nicht der einzig mögliche, aber sicher der naheliegendste Weg, um die strukturell vorgegebenen Spannungen unter Kontrolle zu halten. Die Folge ist im allgemeinen eine enge Verknüpfung diskriminierender Einstellungen und Interessen innerhalb des Liniensystems aus Anstaltsleitung, allgemeinem Vollzugs- und Werkdienst sowie Verwaltungsdienststellen. Die Inhalte bzw. Ziele derartiger Einstellungen und Interessen sind nicht notwendig inhuman. Ihre Wirkung ist vergleichbar mit der Fixierung des Gefangenenstatus' als ständischer Kategorie. Der internierte Insasse geht in der formell nicht mehr gültigen Rechtsfigur des besonderen Gewaltverhältnisses auf, wird sozialpsychologisch kaum mehr als Bürger oder gar Mitbürger erlebt. Bezeichnenderweise gilt dies auch für den Untersuchungshaftvollzug. Die Anstalt wird damit zum quasiständischen System mit häufig analoger Abgrenzung von Statusunterschieden auch im Personal.

Der dargestellte Interessenzusammenschluß beeinflußt in charakteristischer Weise das berufliche Selbstverständnis des im Strafvollzug tätigen Juristen. In der weit überwiegenden Anzahl wird die Leitung der Vollzugsanstalten in der Bundesrepublik Deutschland von Angehörigen dieser Berufsgruppe gestellt. Gemessen an den nach Gesetz vorgegebenen, eigentlich vielfältigen Aufgaben des Strafvollzugs steht der Jurist vor einer beträchtlichen Rollenüberlastung, die sein durch Ausbildung erworbenes Sachverständnis weit überfordert. Allerdings wird diese Rollenüberlastung in der Regel nicht offenkundig, denn es sieht kaum jemand die Befähigung des Juristen im Verhältnis zur bestehenden Aufgabenvielfalt. Deren Verwirklichung ist nämlich vom gegebenen Zustand der Institution her kaum möglich, da die geringen materiellen, personellen und schließlich auch ideologischen Kapazitäten die dazu notwendige Reform in der Regel ausschließen und sie allenfalls auf die Gefahr der Desorganisation hin erlauben. Aus der Sicht der sogenannten „Praxis" ist daher die Erhaltung und Legitimierung des Status quo die eigentlich gesuchte Führungsqualität.

Vor diesem institutionellen Hintergrund kann der juristische Leiter einer Anstalt kaum als Rechtswahrer im Sinne der Gesetzesidealität fungieren. Die Erhaltung des Status quo und dessen Legitimierung durch ein in dieser Richtung durchaus auslegungsfähiges Gesetzes- und Vorschriftenwerk verspricht dagegen — auch angesichts der eigenen fachlichen Befähigung — den sichersten Berufserfolg. Dieses berufliche Selbstverständnis provoziert in der Regel entsprechende Überzeugungen über den internierten Straftäter und die zu verfolgenden Strafzwecke. Die Erhaltung des Status quo und seiner diskriminierenden Funktion kann mit anderen Worten auf Dauer kaum ohne innere Bejahung angestrebt werden. Die gegebene Situation ist der beste Nährboden für eine berufsinterne Ideologie, die sich im Rahmen der pluralistischen

Strafzwecke nicht an die grundsätzliche Ausrichtung des Strafvollzugsgesetzes gebunden fühlt, sondern an denen der Rechtsprechung orientiert. Das mag rational wie auch rechtlich einseitig sein, als handlungsrelevante psychische Einstellung ist ein derartiges Rechtsverständnis naheliegend.

Wir haben damit das eigentümliche Phänomen, daß das berufliche Selbstverständnis seinen Schwerpunkt nicht in seinen gesetzlich einschlägigen Aufgaben hat, wie sie in den Grundsätzen des Strafvollzugsgesetzes niedergelegt sind, sondern daß es vielfach vom Pathos des verurteilenden Richters oder des Staatsanwaltes getragen ist. Der Vollzugsjurist ist heute noch dem „Nachrichter" im alten Sinne des Wortes vergleichbar, wenn auch seine Aufgaben völlig anders geworden und gedacht sind. Die übliche Wortverbindung „Straf-Vollzug" besagt nicht nur, daß ein von außen erfolgter Strafauftrag „vollzogen" wird; sie markiert auch in verräterischer Weise, daß dieser Tätigkeit nicht so leicht ein autonomes berufliches Selbstbewußtsein zuwächst. In der öffentlichen Auseinandersetzung um bestimmte Probleme der Freiheitsstrafe, um Wert oder Unwert der kurzen Strafe, um den der lebenslänglichen Freiheitsstrafe, um die Verjährung des Strafanspruchs, ja um den gelegentlichen Ruf nach Wiedereinführung der Todesstrafe fehlt meist die Stimme des sogenannten Vollzugspraktikers, obwohl die Entscheidung über diese Fragen ihn oft weit nachhaltiger berührt als andere Berufe und Gruppen. Hier artikulieren zwar Richter, Strafrechtslehrer, Politiker aller Parteien ihre Meinung; der Strafvollzug selbst hält sich zurück; er versteht sich als Vollstrecker eines äußeren Auftrags, zu dessen Ausführung er lediglich seine Dienstbereitschaft erkennen läßt, über den er jedoch nicht zu befinden hat.

Zusammenfassend gesehen, kommt in dem organisierten Sozialgebilde „Gefängnis" der letztendlich von außen induzierten sozialen Spannung zwischen den internierten Straftätern und dem vielfach der gleichen Sozialschicht entstammenden Aufsichtspersonal strukturelle Schlüsselfunktion zu. Dieser Strukturkonflikt löst nämlich die angeführte Systembildung aus. Er bewirkt in der Regel engen Interessenzusammenschluß zwischen personeller Basis und deren Spitze, der zumeist juristischen Leitung. Diese liefert Legitimation für die aus dem quasiständischen System erwachsenden Privilegien bzw. Diskriminierungen. Wesentliche Folge ist eine wechselseitige Polarisierung und subkulturelle Abkapselung zwischen Personal und Insassenschaft.

Allerdings kann der dargestellte Strukturkonflikt zwischen den beiden größten Mitgliedergruppen der Institution das soziale System nicht umfassend und ausschließlich formieren. Er erzeugt nämlich auf seiten der Gefangenen nicht nur Formen des Ausgleichs und der Anpassung, wie etwa den Schwarzen Markt oder informelle Gruppierungen; er produziert auch steten Widerstand, wie Querulanz, Arbeitsverweigerung, Hungerstreik und Selbstaggression, die geeignet sind, das Zwangssystem anklagend herauszustellen. Natürlich kann auch derartigen Reaktionen durch Repression bzw. zeitweises Entgegenkommen begegnet werden. Die Mittlerfunktion des Aufsichts- und Werkdienstes ist jedoch prinzipiell eingeschränkt und unzureichend, da für den zugehörigen beruflichen Rollenkonflikt zwischen institutionellen Interessen und denen der Insassenschaft zu wenig Raum besteht.

Diesem Rollenkonflikt fehlt im Liniensystem im allgemeinen die Voraussetzung einer freieren Interessensäußerung — es herrscht sozusagen striktes Fraternisierungsverbot. Identifikation mit der Situation der Gefangenen und nicht nur mit der Institution kommt deshalb eher an anderer Stelle des Personalgefüges zum Ausdruck. Geistliche, Lehrer, Psychologen, Soziologen und Sozialarbeiter gehören dem Liniensystem nicht an, weil ihre Aufgaben organisatorisch nur schwach integriert sind, kaum in Arbeits- und Dienstpläne, in das durchgängige personelle System eng umschriebener Über- und Unterordnung einbezogen sind. Zu einer Ausnahmestellung befähigt sie schließlich auch ein eher sozialwissenschaftlich fundiertes Bild des Gefangenen sowie — im Vergleich zum allgemeinen Vollzugsdienst — anstaltsextern ein sozialer Status mit geringerer Nähe zur Sozialschicht der Gefangenen. Das fördert größere Unbefangenheit, wie umgekehrt die berufliche Stigmatisierung als „Wärter" die Identifikation mit dem Gefangenen erschwert.

Größe und Einfluß der aufgeführten Gruppe der Fach- oder Sonderdienste im sozialen Kräftefeld der Anstalt ist natürlich bei weitem geringer als die der in anderer Weise orientierten Bedienstetengruppen. Die Funktion der sozialen Fachdienste — wiewohl subjektiv häufig im Konflikt zwischen den gegensätzlichen Gruppen von Personal und Insassen — liegt daher nicht in der Schichtintegration. Dazu ist ihre Position in der Anstaltsorganisation zu peripher und die Distanz zum Gefangenen in der Regel zu groß. Auch sind die beruflichen Orientierungen der Fachdienste weniger einheitlich, als es mit einer zusammenfassenden Betrachtung darzustellen ist. So ist etwa der Anstaltslehrer nicht selten durch feste Ausbildungsprogramme institutionell mehr eingebunden und unterliegt daher anderen Einflüssen.

Wenn zwar nicht zu einer wirkungsvollen Schichtintegration, so fungieren die sozialen Fachdienste doch als Ventilinstitutionen. Durch mehr oder weniger dosierte Identifikation mit den Anliegen der Gefangenen mindern sie Spannungen in akuten Konflikten und übernehmen Schlichtungsaufgaben. Im übrigen wirken sie in ähnlicher Weise als Verwalter des existentiellen und sozialen Mangels wie andere Bedienstetengruppen. Ihre Tätigkeit bringt sie allerdings in größere Nähe zu den individuellen, weniger vereinheitlichten Bedürfnissen des Gefangenen. Sie versuchen, auf seelische Nöte einzugehen, schaffen Kontakt zu Angehörigen, suchen die institutionellen Belastungen zu mindern u. a. m. Obwohl ihre Tätigkeit die Institution vielfach stabilisiert, werden sie von seiten des übrigen Personals kaum aus ihrer Randposition entlassen. Da ihre berufliche Arbeit nicht den üblichen, letztlich auf Erhaltung der institutionellen Diskrimination gerichteten Interessen entspricht, nehmen sie eine Stellung zwischen den „Fronten" ein. Wo es dienlich ist, werden sie in Anspruch genommen, nicht selten jedoch als Vertreter der „weichen Welle" angesehen oder schlicht belächelt.

In der Mehrzahl der Fälle ist das soziale System einer Vollzugsanstalt charakterisiert durch ein gespanntes, jedoch in der Regel stabiles Gleichgewicht gegeneinander wirkender Kräfte, versehen mit einigen Ventileinrichtungen, die es durch Spannungsminderung zusätzlich stabilisieren. Die sowohl allgemeingesellschaftlich als auch anstaltsintern bedingte Interessenkonstellation im Hinblick auf den internierten Straftäter ist nach allem grundlegende Voraussetzung jeder Organisationsform. Das rationale organisatorische Konzept bewirkt allein keine institutionelle Umgestaltung, sondern ordnet tradierte Einstellungen und langfristig Festgelegtes in spezifischer Weise. Zur „festgelegten" Grundlage der Organisation gehören die Architektur, Investitionen und, wie nun ausgeführt, die Menschen als Angehörige verschiedener Gruppen mit speziellen Interessenlagen. Auf einfachen Nenner gebracht, wird die Organisationsstruktur von den bestehenden Sach- und psychologischen Zwängen überformt. Näher besehen sind diese Sachzwänge jedoch nichts anderes als langfristig tradierte und verdinglichte Motive.

Gefängnisorganisation als rational erfaßbares System ist nicht nur Formalprinzip, sondern in einem ganz bestimmten Sinne auch Kulturprodukt, Bestandteil unserer historisch entstandenen Sicht vom Menschen. Bezeichnenderweise gehört Gefängnisorganisation zu den beliebtesten Fallbeispielen der Organisationssoziologie[160]. Sie eignet sich dafür besonders gut, weil sie die Ubiquität von Organisationen und Bürokratie schlechthin darstellt, es kaum Aktivitäten und Interaktionen gibt, die nicht organisatorischem Zugriff unterworfen sein könnten. Gefängnis zeigt Organisation in extremer Form, als potentiell „alles" konsumierende Spielart. Dieser Organisationstyp ist Ergebnis eines umfassenderen historischen Prozesses, der nicht nur die Entwicklung zum heutigen Gefängnis, sondern auch die von Schulen, Fabriken, Krankenhäusern, Universitäten, Militärkasernen u. a. bestimmte. Gemeinsamer Ausgang und Basis der Entwicklung zu modernen Organisationsformen war die extensive, alle Lebensbereiche durchdringende Anwendung des Systems der rationalen Klassifizierung, ein Geschehen von höchster historischer Bedeutung. In faszinierender Weise stellt Michel Foucault diesen Vorgang als Grundthema der Geschichte des 18. Jahrhunderts heraus:

„Die Erstellung von ‚tableaus'", so Foucault, „gehörte zu den großen Problemen des 18. Jahrhunderts: Anlegung der Pflanzen und Tiergärten und gleichzeitig rationale Klassifizierung der Lebewesen, Beobachtung, Kontrolle und Regulierung des Kreislaufes der Waren und des Geldes und damit auch die Konstruktion eines ökonomischen ‚tableaus' als Grundlage der Bereicherung; Inspektion der Menschen, Feststellung ihrer Anwesenheit und Abwesenheit und Aufstellung eines allgemeinen und beständigen Registers der bewaffneten Kräfte; Aufteilung der Kranken und ihre Absonderung voneinander, sorgfältige Abdichtung des Spitalraums und systematische Klassifizierung der Krankheiten: bei allen diesen Doppeloperationen hängen die beiden Elemente eng zusammen; die Aufteilung und die Analyse, die Kontrolle und das Verständnis. Das Tableau ist im 18. Jahrhundert zugleich eine Machttechnik und ein Wissensverfahren. Es geht um die Organisation des Vielfältigen, das überschaut und gemeistert, dem eine ‚Ordnung' verliehen werden muß"[161]. So gesehen ist Organisation im neuzeitlichen Sinne ein Spezialfall des rationalen ‚tableau', einer Sichtweise des Menschen, der Welt, mit der gleichermaßen Merkmale aus ihrem Zusammenhang gelöst, besser getrennt und nach abstrakten Kriterien verbunden werden. Wissen-

---

160 Vgl. Renate Mayntz: Soziologie der Organisation, Reinbek b. Hamburg 1963, sowie Amitai Etzioni: Soziologie der Organisationen, München 1967.
161 Michel Foucault, a.a.O., S. 190.

schaft, Technologie, Produktion und Ökonomie gehorchen dem gleichen Zugriff eines mechanisch rationalen Denkprozesses. Goethes Farbenlehre mag als eine der ersten Protestäußerungen gegen diese geistige Entwicklung betrachtet werden, ihre Fehler, ja ihre Bedrohung ahnend und vorwegnehmend.

Im Zuge dieser Entwicklung ist die heutige Gesellschaft in einem im Laufe der Geschichte nie gewesenen Ausmaß organisiert. Amitai Etzioni kann deswegen seine Organisationssoziologie mit den Sätzen beginnen: „Unsere Gesellschaft ist eine organisierte Gesellschaft. Wir werden in Organisationen geboren, wir werden in ihnen erzogen und die meisten arbeiten einen beträchtlichen Teil ihres Lebens für Organisationen. Auch einen großen Teil unserer Freizeit verbringen wir in ihnen: dort geben wir Geld aus, dort spielen und beten wir. Die meisten von uns werden in einer Organisation sterben, und selbst das Begräbnis muß von der umfassendsten aller Organisationen, dem Staat, genehmigt werden"[162].

Bei aller Vielfalt und Allgegenwart moderner Organisationen ist das Gefängnis ein Spezialfall, eine organisatorische Verdichtung auf kleinstem Raum. Das ergibt sich unmittelbar aus der konkreten historischen Entwicklung des Gefängnisses, die parallel mit der merkantilistischen Förderung industrieller (manufakturieller) Produktion ablief und darin ihre Grundlage fand. Im Gefängnis wurden von Anfang an mehrere gesellschaftliche Motive auf organisierte Weise zu verwirklichen gesucht. „Das Zuchthaus war im wesentlichen eine Verbindung von Armenhaus, Arbeitshaus und Strafanstalt. Seine Hauptaufgabe bestand darin, die Arbeitskraft unwilliger Menschen sozial nutzbar zu machen. Indem die Gefangenen zur Arbeit innerhalb der Anstalt gezwungen wurden, sollten sie zugleich zum Fleiß erzogen und beruflich ausgebildet werden"[163].

Im Grunde hat sich bis heute an diesem Prinzip nichts geändert, gerade darin kommt aber die besondere organisatorische Qualität des Gefängnisses zum Ausdruck. Wenn es Hauptfolge des organisierten Arbeitsprozesses in Fabriken und Behörden ist, daß der Rohstoff, das Werkstück oder auch die Dienstleistung als ein Aggregat von Bedingungen, Merkmalen, Behandlungssegmenten aufgefaßt werden und sie dabei ihre gegenständliche oder prozessuale Identität verlieren, zum Massenprodukt bzw. Routinefall werden, so kann der Mensch über die Dauer der Arbeitszeit hin durch die Reduktion und Angleichung seines Verhaltens, seinem Produkt ähnlich, auch zu einem Aggregat von organisatorisch provozierten Merkmalen und Abläufen werden. Er entrinnt diesem Apparat jedoch täglich. Die Arbeitsorganisation überdeckt seine Individualität nur partiell. Begegnet er in seiner Freizeit oder in seiner Familie anderen Organisationen, so liegt seine Chance im Wechsel, in der Vielfalt der ihn umgebenden und sich auf ihn beziehenden organisatorischen Systeme.

In der Vollzugsanstalt dagegen nimmt Organisation eine neue Qualität an. Ihr Gegenstand ist nicht eigentlich ein zu bearbeitender Werkstoff, sondern der

---

162 Amitai Etzioni, a.a.O., S. 9.
163 Rusche / Kirchheimer, a.a.O., S. 63.

Mensch und sein Verhalten selbst. Nicht ein Werkstoff wird zum Aggregat von Merkmalen, sondern der Mensch selbst. In einfacher und unauffälliger Weise spiegelt der klassische Verwaltungsaufbau jeder Vollzugsanstalt diesen Sachverhalt wider: Die Vollzugsgeschäftsstelle besorgt die Personalaktenführung der Gefangenen. Sie stellt eine zentrale Datenbank dar. Sie sammelt die schriftlichen Vorgänge über den Gefangenen und vermittelt ein Aktenbild über ihn, ist darüber hinaus Basis für Kontrollen, terminbedingte Entscheidungen, behördliche Kommunikation u. a. Die Wirtschaftsverwaltung faßt sämtliche Aufgaben zur Versorgung der Insassen zusammen und regelt sie. Analoge Funktion hat die Arbeitsverwaltung in bezug auf die Produktionsabläufe. Die Aufsichtsdienstleitung organisiert die alltäglichen Interaktionen und Aktivitäten des allgemeinen Vollzugsdienstes im Hinblick auf die Gefangenen, deren Versorgung, Unterbringung, Kontrolle u. a. m.

Auf eine Reihe spezieller Bedürfnisse und Aufgaben bezieht sich schließlich die Tätigkeit der Sonderdienste oder sozialen Fachdienste: Geistliche, Lehrer, Psychologen, Soziologen, Sozialarbeiter und -pädagogen. Wie schon erwähnt, ist deren Tätigkeit nicht im Liniensystem der Organisation integriert und damit auch nicht in die Masse der unerläßlichen, amtlich notwendigen Arbeitsabläufe einbezogen. Ihre organisatorische Position ist akzessorisch, ein Subsystem mit wenigen oder keinen Hilfskräften, meist lediglich auf Abruf der Insassen selbst tätig — so zur Beratung in besonderen Situationen, bei Wunsch nach Ausbildung u. ä. — und nur in geringem Maße von „Amts wegen".

Eine Ausnahme bildet der ärztliche Dienst und die Kontrolle der physischen Gesundheit der Gefangenen. Diese ist, ungleich der seelischen Befindlichkeit oder auch dem Resozialisierungserfolg, tatsächlicher Inhalt der verantwortlichen Haftung für die Gefangenen, vergleichbar der zeitlich korrekten Einhaltung der Freiheitsstrafe: beide Produkt historischer Entwicklung. So unterlag in früheren Jahrhunderten weder die Dauer der Freiheitsstrafe zuverlässigen Regeln, noch war deren Durchführung für den Betroffenen ungefährlich. Freiheitsstrafe war eine Leibesstrafe, also Körperverletzung. Zur historisch gewordenen Funktion des ärztlichen Dienstes gehört sicher die Aufgabe, den Unterschied der heutigen Freiheitsstrafe zur Leibesstrafe deutlich zu machen: jederzeit physische Unversehrtheit und Gefahrlosigkeit des Vollzugs festzustellen und zu garantieren.

Der Anstaltsleiter, gegebenenfalls unterstützt durch Abteilungsleiter, koordiniert die aufgeführten Subsysteme. Er hat die Möglichkeit, Entscheidungen mit wenigen Ausnahmen an seine Kenntnis und sein Einverständnis zu binden bzw. selbst zu treffen. Umfassende Entscheidungsübernahme ist wegen der überwältigenden Anzahl alltäglicher Vorgänge zwar nicht zu realisieren; die Vorstellung der Gesamtverantwortlichkeit der Leitung schafft aber in dem so organisierten System die Tendenz, in allen möglichen dienstlichen Handlungen Entscheidung und Durchführung getrennt zu sehen und erstere nach oben abzugeben. „Unten" bleibt die machtlose Interaktion der ausführenden Organe. Entsprechend bilden sich charakteristische Kommunikationsformen heraus: Umwegige Entscheidungsprozesse, Handeln auf Anfrage und Anweisung dominieren außer im Bereich alltäglicher Routine vor unmittelbar auf den jeweiligen Anlaß folgenden individuellen oder kollektiven Entscheidungshandlungen.

Nach allem ist der Gefangene ausschließlich von einer zentralistisch bestimmten Organisation umfaßt. Sie behandelt ihn arbeitsteilig als ein Aggregat unterschiedlicher Merkmale oder Sektoren: als Konsumenten, Arbeitskraft, als Versorgungsobjekt nach standardisierten Grundbedürfnissen und schließlich als Gegenstand der Kontrolle. Die arbeitsteiligen Aktivitäten in bezug auf die Insassen werden aus Gründen der Rationalisierung, der besseren Kontrollmöglichkeit und der Personalersparnis zeitlich und örtlich nach Möglichkeit zusammengefaßt: Gleichzeitig sind jeweils Wecken, Frühstück, Arbeitsbeginn, Mittagessen, Abendessen, Aufenthalt im Freien, Freizeit, Duschen oder Baden, Einkaufen, Nachtruhe usw. Da lediglich eine einzige, örtlich fixierte und begrenzte Organisation zur Verfügung steht, kann nur auf solche Lebensbedürfnisse eingegangen werden, die die Leistungsfähigkeit der Gefängnisorganisation nicht überschreiten. Bedürfnisse, die Vielfalt des Konsums, örtliche Veränderung, soziales Wahlverhalten, Familienzusammenhang, Freundschaften u. ä. voraussetzen, sind ausgeschlossen oder stark eingeschränkt. Kommunikation und Bedürfnisbefriedigung werden in Anpassung an indirekte Entscheidungsprozesse, an zeitlich und örtlich zusammengefaßte Veranstaltungen und an Kontrollaktivitäten im Ablauf verzögert, in höherem Maß an bewußte Überlegung gebunden und spontaner Merkmale beraubt.

Natürlich erlebt ein jeder ähnliche Auswirkungen einer Organisation auf seine Person und sein Verhalten, wenn er als Patient in ein größeres Krankenhaus kommt. Allerdings kommen mit der Gefängnisorganisation nicht nur Eigengesetzlichkeiten solcher Art zur Wirkung, wie sie jeder umfassenden anderen Organisation auch typisch sind. Im Gefängnis wird darüber hinaus die gesamtgesellschaftlich grundgelegte, in der konkreten Begegnung manifeste Spannung zum kriminell Auffälligen Gegenstand organisatorischer Regelung und Maßnahmen. Dabei kommt eine höchst bedeutsame Affinität zwischen Organisation als formalem Konzept und diskriminativen Interessen als Inhalt zur Wirkung. Eine in der geschilderten Weise vereinheitlichte, umfassende und örtlich fixierte Organisation ist auf Dauer angewandt ein unauffälliges, daher gerade für uneingestandene Aggressionswünsche ungemein gut geeignetes Strafmittel. Zentralistische Gefängnisorganisation und diskriminative Interessen im Personal ergänzen sich somit vorzüglich.

Freiheitsstrafe ist eine Form der quasiindustriellen, d. h. in industrieller Weise organisierten Bemächtigung des Menschen, eine Form hochgradiger Objektivierung nach dessen Herausnahme aus dem Zusammenhang individueller und sozialer Vielfalt. Freiheitsstrafe ist so gesehen nicht anachronistisch; sie entspricht der Kultur unserer Zeit durchaus, ist ihr geradezu auf den Leib geschneidert. Als verdichtete, das Leben des Gefangenen umschließende Organisation ist sie als Mittel höchst unauffällig. Sie ähnelt genau den mannigfaltigen Organisationen, an die der heutige Mensch von Kindheit an angepaßt ist und die ihm selbstverständlich sind. Allerdings ist ihr Zugriff nicht partiell, sondern umfassend.

Die heutige Vollzugsanstalt, zumal die gut geführte, hat ganz die bestehenden Seiten einer guten Organisation, im zuverlässigen „Service", in der

Planung, der Kontrolle, der Verteilung der Verantwortlichkeiten usw. Darin folgt das Gefängnis der Entwicklung anderer Organisationen. Im 19. Jahrhundert bis weit ins 20. konnte es noch als die Aufgipfelung von Disziplinaranlagen charakterisiert werden, wie Foucault schreibt: „Das Gefängnis treibt Prozeduren der anderen Disziplinaranlagen auf ihre äußerste Spitze. Es hat die gewaltigste Maschine zu sein, um dem verkommenen Individuum eine neue Form einzuprägen"[164]. Diese Überwertigkeit der Disziplin entspricht weder heutigem organisatorischen Standard noch gilt sie mehr für das heutige Gefängnis. Die Vollzugsanstalt des späten 20. Jahrhunderts ist jedoch nach wie vor totale, um den Insassen gleichsam verdichtete Organisation. Ihren Strafcharakter gewinnt sie aus ihrer Allseitigkeit, der Summierung der Merkmale.

---

164 Michel Foucault, a.a.O., S. 302.

4. Systemparadoxie und mögliche Überwindung

Die vorliegende Untersuchung analysierte die Freiheitsstrafe unter drei Aspekten: als abstrakte, durch den scheinkausalen Vorgang des Strafurteils bestimmte Tatfolge, als gesetzlich grundgelegte Internierung, deren ausdrückliche Zielsetzung der Resozialisierung funktional unwirksam ist, und schließlich unter dem Aspekt der praktischen Durchführung, die sozialwissenschaftlich nachweisbaren Gesetzmäßigkeiten unterliegt.

Freiheitsstrafe ist danach im wesentlichen institutionalisierte, verletzungs-, jedoch nicht gewaltfreie Diskrimination und befristeter Ausschluß von kriminell Auffälligen aus positiv bewerteten sozialen Zusammenhängen. Sie ist ein ungemein komplexes soziales Phänomen, vielfältig und tief verwurzelt in unserer materiellen Kultur (Industrie, Wirtschaft, Architektur, Organisation), in sozialpsychologischen Einstellungen und Meinungen (habituelle Aggressionsbedürfnisse, indirekte Stabilisierung des eigenen Verhaltens . . .) und schließlich in unserer Rechtskultur (Straf- und Vollzugsrecht, Verfahrensrechte). Als Ort der Diskrimination und des sozialen Ausschlusses ist das Gefängnis zwar ein durchaus beabsichtigter sozialer Randbereich mit entsprechendem subkulturellen Gepräge; Gefängnis und Freiheitsstrafe stehen jedoch davon unabhängig im Mittelpunkt gesellschaftlicher Interessen; ihre Randstellung markiert keine Nebensächlichkeit.

Einschlägiges Gesetzeswerk und Praxis des Strafvollzugs stehen einander nicht getrennt gegenüber wie Planung und Durchführung, Überordnung und Unterordnung; sie sind die verschiedenen Dimensionen eines letztlich einheitlichen Totalphänomens. Innerhalb dessen lassen sich weder die Analyse von Straf- und Vollzugsrecht und noch weniger deren Reform (wie tatsächlich geschehen) unabhängig voneinander betreiben. Die sogenannte Dreistufentheorie ist daher weder als Programm einer „je eigenständigen Zielsetzung" von Gesetzgebung, Rechtsprechung und Strafvollzug schlüssig noch — was die Beziehung zwischen den Stufen Strafrecht und Strafvollzug betrifft — in der Realität nachweisbar. Das Bestehen getrennter Organisationen der Rechtsprechung und des Vollzugs ist keineswegs ein zureichender Nachweis für eine jeweils eigenständige Zielsetzung.

Ferner ist sowohl die Gesetzgebung als auch ihre Anwendung mitgetragen von tradierten Bedürfnissen nach Diskrimination von kriminell Auffälligen. Straf- und Vollzugsrecht stehen daher nicht auf einfache Weise zur Disposition beliebiger Gesetzesänderungen. Gesetzgeber und Gesetzesanwender, Gefangene und scheinbar nicht betroffene Öffentlichkeit sind Teilnehmer des gleichen, auf Bewahrung in der Zeit angelegten Prozesses.

Strafurteil und Strafvollzug als aufeinanderfolgende Phasen eines zusammengehörigen Vorgangs, aber auch Gesetz und Realität als Dimensionen eines einheitlichen Sachverhalts führen zwar bestimmte Zustände herbei: nämlich Internierung der Verurteilten, deren gleichzeitigen Ausschluß aus gesellschaftlichen Zusammenhängen und deren Diskrimination; sie haben aber darüber hinaus keine konfliktlösende progressive Funktion. Die Funktion der Internierung ist in bezug auf den Verurteilten sein befristeter Ausschluß aus positiv bewerteten sozialen Zusammenhängen, der durch Diskrimination noch virtuell über die Dauer der Freiheitsstrafe hinaus verlängert wird. Im Hinblick auf die weitere Gesellschaft schließt Internierung, solange sie eben dauert, die mögliche Wiederholung von Straftaten aus. Freiheitsstrafe als positive Konfliktlösung ist zwar gesetzlich formuliertes Ziel des Strafvollzugs; dieses wird aber weder durch entsprechende gesetzliche Handlungsanweisungen noch durch die strukturellen Gegebenheiten der Anstalten repräsentiert. Resozialisierung ist daher durchaus untypisches Ereignis innerhalb der Institution Strafvollzug.

Der Entwicklungsstand des Strafvollzugs ist im Vergleich zu dem anderer staatlicher Einrichtungen wie Schulen, Krankenhäuser, Militärwesen, Straßenbau usw. habituell retardiert. Dieser Zustand ist kein einfacher Anachronismus, sondern strukturell begründet und entspricht gesamtgesellschaftlichen Bedürfnissen. Zur Strafe kann alles gereichen, was einer normalen Entwicklung entgegenläuft: schlechte Unterbringung, mäßiges Essen, Langeweile, Trennung, Warten, Phantasielosigkeit, ja schlechte Organisation. Experten des Strafvollzugs sehen diese Dinge in der Regel natürlich anders. Charakteristisch ist jedoch auch für sie die ungemein häufige Bewertung von Investitionen für den Strafvollzug unter fiskalischem Gesichtspunkt.

Im Bereich Strafvollzug wird das Eigeninteresse der Institution im Vergleich zu dem anderer Einrichtungen meist nachrangig erlebt, es sei denn für Belange der Sicherheit. Die Zurückstellung der Eigeninteressen seitens einer staatlichen Behörde ist in einem pluralistischem System durchaus untypisch. Im Grunde zeigt sich darin eine sublime Anpassung an das gesellschaftliche Strafbedürfnis, das „selbstverständlich" anderen Einrichtungen wie Erziehung, Gesundheitswesen, Straßenbau, Militär u. a. m. Entwicklungsvorrang einräumt und dadurch an der üblichen Rivalität staatlicher Ressorts nicht teilnimmt. Die Institution Strafvollzug verhält sich insofern im Vergleich zu anderen staatlichen Einrichtungen paradox.

Die Systemparadoxie des Strafvollzugs gewährleistet den habituellen Entwicklungsrückstand der Institution und trägt dazu bei, daß progressive Entscheidungen und Reformmaßnahmen permanent neutralisiert werden. Michel Foucault definiert die Beziehung zwischen der Institution Freiheitsstrafe und den im Laufe ihrer Geschichte ständig wiederkehrenden unwirksamen Reformen als „simultanes System" und stellt dazu fest: „Das Kerkersystem schließt Diskurse und Architekturen, Zwangsregelungen und wissenschaftliche Thesen, Programme zur Besserung der Delinquenten und Mechanismen zur Verfestigung der Delinquenz zu einem einzigen Komplex zusammen"[165]. Dem Gesetz von der Erhaltung der Energie vergleichbar, scheint für die Freiheitsstrafe ein Gesetz der Erhaltung der Aggression in immer wieder anderen Formen zu gelten. Das Zusammenwirken der politischen Einflußgrößen verhindert, wie sie auch immer verteilt und gewichtet sind, die prinzipielle Umgestaltung der Institution zu einer konfliktlösenden Einrichtung.

165 Michel Foucault, a.a.O., S. 349.

Strafurteil und Freiheitsstrafe bilden ein starres Korsett, das jeglicher Delinquenz übergestülpt wird. Die Eigenart des Straftäters, die seiner Umwelt, seine eventuellen psychischen Störungen, sein familiäres, soziales und berufliches Schicksal und nicht zuletzt die Sicherheit der Gesellschaft vor ihm erfahren nur sehr geringe, allenfalls grobschlächtige Berücksichtigung. In diesem System sind Kriminalpsychologie und -therapie als Wissenschaften zwangsläufig von untergeordneter Bedeutung. Für eine relativ umfassende Untersuchung über Strafurteil und Strafvollzug wie die vorliegende sind daher kriminalpsychologische und -soziologische Theorien über die Ursachen krimineller Devianz bezeichnenderweise entbehrlich.

Strafurteil und Strafvollzug können mit anderen Worten ohne den Gegenstand behandelt werden, auf den sie einzugehen suchen. Sie stehen nämlich letztlich in keinem inhaltlich begründeten Verhältnis dazu. Allenfalls könnte man die Vollzugsanstalt nach heutiger Regelung als eine Einrichtung zur Behandlung von Arbeitsstörungen ansehen, aber auch dazu ist sie vom Praktischen her gesehen wenig geeignet. Der kriminell Auffällige als Gefängnisinsasse ist genau besehen austauschbar gegen etwaige andere Merkmalkategorien. Das Gefängnis ist diesbezüglich eine unspezifische Institution und gerade deswegen mancherlei Projektion und Funktionszuweisung zugänglich, wenn auch nicht unterworfen.

Strafurteil und Freiheitsstrafe sind nach allem — wiewohl durch rationale Überlegungen gestützt und kommentiert — Phänomene irrationalen, ja magischen Charakters. Magisch ist ebenso die Vorstellung einer kausal begründbaren Relation zwischen Straftat — Schuld — Freiheitsstrafe, wie die Erwartung an die Institution Strafvollzug, die räumliche Fixierung von Verurteilten, wie sie heute betrieben wird, böte Gelegenheit zur Sühne oder auch Resozialisierung. Die tatsächliche Funktion der heutigen Internierung beschränkt sich auf das Offensichtliche und liegt in einer gewissen Ausdünnung der Gesellschaft durch potentielle Straftäter. Alles was darüber hinaus geht, bewegt sich jedoch fast ausschließlich im Rahmen des Symboldenkens: Internierung ein Zeichen für Strafe und Sühne oder eines für Resozialisierung. Die kriminalpolitische Bedeutung des Ganzen ist, da auf recht willkürliche Weise entstanden, unklar.

4.1 Problemfelder zwischen Gesellschaft und Strafjustiz

Fritz Scharpf prägt den Ausdruck vom „Konservativismus aus Komplexität". Darunter versteht er die Zurückhaltung, angesichts der „komplexen Interdependenz gesellschaftlicher Sachverhalte und institutionalisierter Regelungen" Veränderungen zu betreiben, zumal „die erforderlichen Ressourcen immer schon verbraucht sind und allenfalls ‹durch langsame Umschichtung freigemacht werden können"[166]. So gesehen erscheint das Gewicht gerade

---

166 Nach Hubert Treiber, a.a.O., S. 64.

einer ausführlichen Analyse, die immer wieder nichts anderes belegt als die vielfältige, oft extreme Bedingtheit eines Sachverhalts, für jede innovative Absicht lähmend. Schließlich mag aus dem Nachweis der umfassenden kausalen Abhängigkeit sich die Vorstellung ergeben, daß die Dinge, so wie sie sind, nicht anders möglich, notwendig und schließlich bestens geordnet sind.

Diesen Gedankengang nicht ernst zu nehmen, wäre unrealistisch, denn er genießt höchste Verbreitung; daher soll ihm eine Weile nachgegangen werden: Tatsächlich besteht die Systemparadoxie des Strafvollzugs ca. 400 Jahre. Über diese Zeit hin sind Reformvorhaben und zweckfreie Repression durch Internierung in einem nach Foucault „simultanen System" zusammengeschlossen. Strafvollzug entwickelt sich zwar etwa im Tempo der ihn jeweils umgebenden Gesellschaft, jedoch in gebührendem Abstand. Das Versprechen der Besserung, Erziehung, Resozialisierung — welcher Ausdruck auch immer gewählt wird — bleibt fromme Absicht und allenfalls Legitimationshilfe für eine durchaus anderen Zielen dienende Institution. Noch weiter zurückgewandt, erscheinen die Zustände keinesfalls trostreicher. Weshalb sich also den Kopf zerbrechen oder gar etwas tun?

Sicher ist, daß wir uns weder in der nach Leibniz besten aller Welten befinden, noch je dahin gelangen. Die Animosität gegenüber Veränderungen läßt sich jedoch mit solchen Erwägungen nicht schlüssig begründen. Letztlich ist sie Folge einer Fehleinschätzung des Gewichts der Realität sowie der Natur von Veränderungen. Der institutionelle Wandel, wie der von Rechtsprechung und Strafvollzug, ist sicher nicht das Ergebnis individueller Absichten; er ist zunächst zeitgeschichtliche Entwicklung in dieser oder jener Richtung. Daß sich die Verhältnisse verändern, steht weder in unserem Belieben, noch läßt sich dies als Sachverhalt neben dem der Komplexität ausklammern. Phasen der Ruhe besagen nicht, daß die Dinge so bleiben und sein sollen, wie sie sind. Genutzt oder ungenutzt sind sie Gelegenheit, Entwicklungen vorzubereiten.

Unabhängig davon, ob nun die rechtspolitische Lage von einer zeitlich begrenzten Phase der Ruhe oder einer des Wechsels bestimmt ist, weist das strafrechtliche System einige wesentliche Problemfelder auf, aus denen früher oder später Veränderungen bzw. Entwicklungsaufgaben werden. Sie werden voraussehbar Gegenstand umfassender soziokultureller Strömungen, die stärker als die beharrenden Kräfte sind und einen Wandel unausweichlich machen. Es fragt sich dann nur, ob zum besseren oder schlechteren. Nach Ergebnis der vorliegenden Untersuchung liegen die genannten Problemfelder unter anderem in folgenden Bereichen:

Der scheinkausale Vorgang der Strafzumessung bezieht seine Geltung unter anderem aus einer residuär charismatischen Stellung des Richters. Dem Einzelrichter bzw. dem Richterkollegium wird noch weithin das Vertrauen zugebilligt, daß die Umsetzung von Straftat über die begriffliche Hilfsfigur Schuld in eine letztlich willkürliche Strafzeit ein eben nicht willkürlicher Vorgang sei, sondern von Gesetz und Rechtskunde getragen, wie es — nachweisbar durch sozialwissenschaftliche Analysen — gar nicht der Fall sein kann. Die genannte charismatische Position des Richters ist historisch entstanden und keinesfalls selbstverständlich, insbesondere steht sie im Zusammenhang mit der Geltung staatlicher Institutionen überhaupt und mit der

Immunität von Justizorganen. Diese ist auf Dauer um so stärker, je mehr sie sich von magischen Praktiken unabhängig macht und je weniger die persönliche Autorität des Einzelrichters bzw. des Kollegiums davon belastet wird.

Sozialpsychologisch gesehen, manipulieren Strafurteil und Strafvollzug leicht auslösbare Prozesse der sozialen Stigmatisierung, der Vorurteilsbildung, wie sie gegenüber bestimmten gesellschaftlichen Gruppen, beispielsweise psychiatrisch Kranken oder Gastarbeitern, aufgrund anderer Ursachen entstehen. Strafurteil und -vollzug bilden das amtlich verordnete Vorurteil und dessen Manifestation. Mit dem Strafmonopol übernimmt die Justiz die Verwaltung des aggressiven Affekts gegenüber kriminell Auffälligen und transformiert ihn in gesetzlich zulässige Formen. Weder im Strafverfahren noch weniger im Strafvollzug gelang es ihr jedoch bisher, eine konfliktlösende Funktion wahrzunehmen und damit jene Umstrukturierung des Strafrechts von „repressiven auf restitutive Sanktionen" zu leisten, wie sie Emile Durkheim für eine sich funktional entwickelnde moderne Gesellschaft im Bereich möglicher Entwicklung sah[167]. Die Justiz spielt damit nicht die Rolle des überlegenen Dritten, sondern mengt sich in den emotionalen Sozialkonflikt, in den jede kriminelle Handlung integriert ist, ein. Dieses identifikatorische Aufgabenverständnis der Justizorgane wird problematisch, wenn sich die allgemeinen Vorstellungen über Rechtsverletzungen, insbesondere die Bedingungen für strafrechtliche Schuldprojektionen ändern.

Derartige Änderungen großen Stils kündigen sich beispielsweise mit der in der öffentlichen Meinung erfolgenden zunehmenden Kriminalisierung staatlicher oder privatwirtschaftlicher Umweltdelikte an. Giftmüllskandale, bedrohliche Industrieprojekte, regionale Gefährdung durch Fabrikunfälle und ähnliches bewirken auf Dauer eine steigende Sensibilisierung hinsichtlich der Folgenschwere zentraler Entscheidungen. In den Sog dieser Meinungsbildung geraten die klassischen Folgen von Fehlorganisation und -produktion oder schlicht die von industriellen Gewinninteressen wie Arbeitslosigkeit, soziale Entwurzelung oder Schädigungen anderer Art. Die Gesellschaft wird vielleicht nicht klüger werden, aber mißtrauischer und skeptischer gegenüber institutionellen, zahlreiche Menschen betreffende Entscheidungen. Damit ist die psychische Voraussetzung für anders gerichtete Schuldprojektionen nach dem Modell der strafrechtlichen Behandlung der Individualdelinquenz gegeben.

Gleichlaufend dürfte die Diskrepanz zwischen Individualdelikt und institutionell folgenschweren Entscheidungen zunehmend mehr zum Erlebnis werden. Es geht nicht mehr um den naiven, nie sonderlich populären Brechtschen Vergleich „Was ist ein Bankraub gegen den Besitz einer Bank?", sondern um die Erfahrung der Problematik zentraler Entscheidungen im Vergleich zu eigenen, privaten Handlungen überhaupt; es geht um die Maßgeblichkeit von Binsenweisheiten: Was ist ein Giftmord gegen die Leitung einer Chemiefabrik, was ein Kaufhausdiebstahl gegen die Einführung von Verkaufstechniken, die ihn begünstigen, was die Kriminalität des einzelnen überhaupt im Vergleich zur institutionellen Gewalt gegenüber gesellschaftlichen Gruppen oder der uns umgebenden Welt als unserer Lebensgrundlage?

167 Nach Niklas Luhmann, a.a.O., Bd. I, S. 16.

Von der zu erwartenden Zunahme sozialer Spannungen, wissenschaftlich-technischer Probleme, nicht nur in nationalem, sondern weltweitem Maßstab wird das kollektive Bewußtsein nicht unbeeinflußt bleiben. Mit dem Schwinden des Glaubens an einen unbegrenzten sozialen und technischen Fortschritt und der Verbreitung sozial- und institutionskritischer Einstellungen wird die Ausweitung der vulgären, nicht der strafrechtlichen Schuldprojektion in Bereiche wahrscheinlich, die bisher zivilrechtlicher Haftung oder überhaupt keiner Verantwortlichkeit unterlagen. Folgt die Gesetzgebung dieser Entwicklung des kollektiven Rechtsbewußtseins, so tangiert sie Machtstrukturen, von denen sie letztlich mitgetragen wird, beläßt sie die Dinge beim Alten, so riskiert sie zunehmende Diskrepanz zwischen Rechtswirklichkeit und -bewußtsein. In jedem Fall ist eine Legitimationskrise der strafrechtlichen Schuld wahrscheinlich.

Die Legitimationskrise der Schuld ist kein Problem, das erst im Entstehen wäre. Theoretisch gesehen, ergibt sie sich denknotwendig aus der Insuffizienz der Schuldtheorie selbst. So will Beccaria 1766 die strafrechtliche Bewertung des Verbrechens allein an „den der Gesellschaft zugefügten Schaden" gebunden sehen, weil er aus theologischen Gründen eine Bemessung der Schuld für ausgeschlossen hält. „Die Schwere der Sünde" so Beccaria, „hängt von der Bosheit des Herzens ab. Sie ist für ein endliches Wesen ohne besondere Offenbarung nicht erkennbar. Wie also soll man aus ihr die Norm für die Bestrafung des Verbrechens gewinnen können"[168]? Hier unterschätzte Beccaria offensichtlich das kollektive Bedürfnis nach Beschuldigung als rechtspolitische Kraft wie auch die Leistungen der ihm nachfolgenden Rechtslehrer in ihrer Verwertung und Legitimierung.

Eine mögliche rechtspolitische Krise des Schuldstrafrechts wird voraussichtlich von einer Popularisierung und Ausbreitung schon vorliegender alternativer Gedankenansätze gefördert. Die zentralen Begriffe der bisherigen intellektuellen Kritik sind Milieuabhängigkeit und/oder grundsätzlicher Krankheitswert der kriminellen Devianz. Beide schließen die Existenz einer individuellen strafrechtlichen Schuld aus und erfordern demgemäß ein verändertes Straf- und Vollzugsrecht. Dazu kommt in jüngster Vergangenheit die Theorie des sogenannten Labeling approach (label = Etikett), die in den dem Straftäter institutionell vermittelten Zuschreibungen (Gesetzgebung, -anwendung, Straftatverfolgung, Medienberichterstattung . . .) die Hauptursache kriminellen Verhaltens sieht.

Wie auch immer man die Ursache von Kriminalität begrifflich fassen mag, die Umdefinition allein setzt anstelle des bisherigen Prozesses der Schuldprojektion keinen neuen; sie beseitigt auch nicht eo ipso bestehende Kollektivinteressen am sozialen Ausschluß bzw. an der repressiven Behandlung bestimmter Personengruppen. So hat die Feststellung des Krankheitswertes devianter Gefühls-, Denk- und Wahrnehmungsreaktionen die Diskriminierung psychiatrischer Patienten weder institutionell aufgehoben noch sozialpsychologisch wesentlich verändert. Ähnlich unterscheidet sich die sozialistische Rechtspraxis und deren Absehen von der strafrechtlichen Schuldtheorie keineswegs von der Praxis des Schuldstrafrechts durch größere Humanität

168 Cesare Beccaria, a.a.O., S. 65.

oder sinnvollere Vollzugsmethoden — im Gegenteil. Die Popularisierung und Verbreitung rechtspolitischer Ideen führt also nicht ohne weiteres zu einer Überwindung der sozial destruktiven Interessen, die bislang das Strafrecht vorwiegend bestimmen.

Eine sich einschneidend verändernde Gesellschaft ist langfristig als Folge materieller, technischer und organisatorischer Probleme größten Ausmaßes unausweichlich. In den Sog notwendiger Entwicklungen werden auch Strafrecht und Strafvollzug kommen. Es bleibt mithin gar keine andere Wahl, als sich den Anforderungen zeitgeschichtlicher Imperative zu stellen. Die bisherige Reform von Strafrecht und Strafvollzug wurde dem in keiner Weise gerecht, vor allem weil sie offenbar von einem segmentären Rechtsverständnis ausging — es allein „spezialisiert" zu nennen, wäre zu wenig. Kriminalität wurde einseitig als Randphänomen betrachtet, das ohne Beachtung wesentlicher gesellschaftlicher Zusammenhänge und ohne Kooperation mit sozialwissenschaftlich relevanten Disziplinen einer juristisch beliebigen Regelung unterworfen werden kann. Es geht jedoch nicht allein um Kriminalität, Resozialisierung und Abschreckung und welche Vorstellungen Strafrecht und Strafvollzug auch immer zunächst auslösen. Es geht sehr wesentlich um ein verändertes Verhältnis zu Mensch und Gesellschaft und nicht zuletzt um die künftige Rolle und Geltung des staatlichen Rechtssystems überhaupt.

4.2 Die Suche nach Alternativen

„Wer hängt der Katze die Schelle um?" lautet das Grimmsche Märchen und auch die Frage, mit der die große Mäuseberatung endet, wie man denn rechtzeitig die Katze hören könnte, um von ihr nicht gefressen zu werden. Ähnliche Lähmung verbreitet seit eh und je die Frage, was man denn nun bei allem Wissen um ihre Schwächen anstelle der Freiheitsstrafe setzen könne. — Tatsächlich ist die lokale Internierung als mögliche Folge krimineller Devianz bei nicht extrem veränderten gesellschaftlichen Bedingungen — die ihrerseits kaum angebbar sind — unverzichtbar. Weder kann kriminelle Devianz, wie manche meinen, durch Vorbeugungsmaßnahmen sozialer Art so reduziert werden, daß auf absehbare Zeit der Zwang des Freiheitsentzugs entfallen könnte, noch können rechtliche Sanktionen auf ambulante Maßnahmen allein sich beschränken. Letztendlich ist auch ein ausschließlich offener Vollzug, also eine auf freie Vereinbarung und nicht durch Zwang erfolgende Internierung, unrealistisch.

Es gibt offenbar kein Land der Erde, das nach Verzicht auf Leibes- und Lebensstrafen ohne Freiheitsentzug als Sanktion auskommt. Natürlich gibt es vielleicht noch und vor allem gab es Gesellschaften geringer Größenordnung ohne regelhaft erwartbare Delinquenz und ohne Notwendigkeit einer staatlichen Rechtsinstitution. Man konnte andere Wege der Bereinigung von Rechtsbrüchen gehen. Die Übertragung derartiger Rechtskulturen in unsere Verhältnisse scheitert jedoch an dem gänzlich anderen Umfeld unserer differenzierten und hoch zentralisierten Gesellschaft. Unbestritten sind Maßnahmen, die eine drastische Einschränkung der Freiheitsstrafe zum Ziel haben, notwendig. Eine „Wiedervergesellschaftung der Konflikte"[169] vermag aber keinesfalls — wie der Überschwang von Gedanken zur Abschaffung der Freiheitsstrafe manchmal glauben macht[170] — diese oder gar die Strafrechtsprechung zu ersetzen. Derartige Erwägungen ersetzen auch nicht die Beantwortung der Frage: Wie sollen denn nun Strafurteil und Freiheitsstrafe besser geregelt werden, als sie es gegenwärtig sind?

4.2.1 Progressive Einzelleistungen indizieren keinen Strukturwandel

Das Kriminalrecht und seine Anwendung weisen zeitlich und im internationalen, manchmal auch regionalen Vergleich gesehen, bemerkenswert große Unterschiede auf. Bei aller Schwierigkeit der Übertragung von einem in den anderen Rechtszusammenhang zeigen diese Unterschiede doch, daß die Verhältnisse nicht unbedingt so sein müssen, wie sie hier und jetzt sind. 1882 betrug der Anteil im damaligen deutschen Reichsgebiet vollzogener Freiheitsstrafen 76,8 % aller rechtskräftigen Verurteilungen. In der Bundesrepublik Deutschland liegt er heute bei 6,9 %; der Rest sind Geldstrafen oder Freiheitsstrafen zur Bewährung[171]. Unterschiede sind auch zwischen kulturell sehr ähnlichen Gesellschaften oft beträchtlich. Als Beispiel bekannt ist die unterschiedliche Gnadenpraxis und damit Vollstreckungsdauer bei lebenslänglicher Freiheitsstrafe. Großbritannien kommt seit Jahrzehnten mit durchschnittlich neun Jahren, Belgien bei Ersttätern mit zehn, Norwegen mit zwölf aus[172]. In der Bundesrepublik Deutschland wird die Entlassung zur Bewährung mit Geltung von § 57 a StGB nach Verbüßung von 15 Jahren möglich, keineswegs aber die Regel.

Nicht nur der äußere Rahmen der Freiheitsstrafe ist unterschiedlich, auch die innere Gestaltung. In Dänemark existiert eine Anstalt, in der männliche und weibliche Gefangene zusammenwohnen. In USA, das zahlreiche Beispiele für desorganisierten Strafvollzug aufzuweisen hat, ist die Bewegungsfreiheit der Gefangenen in den Anstalten durch einen nach innen offenen Vollzug beträchtlich größer. Dafür sind die Außensicherungen erheblich stärker. Vor einigen Jahren gab es in Kalifornien zwei Jugendanstalten, die konsequent und beide recht erfolgreich nach einem verhaltens- bzw. gruppentherapeutischen Konzept durchstrukturiert waren. Ob die beiden Anstalten noch so geführt werden, ist mir nicht bekannt. Ihr Konzept könnte unter Einfluß eines neokonservativen Vollzugsstils aufgegeben worden sein.

In der Bundesrepublik Deutschland werden seit Beginn der siebziger Jahre in kleinen sozialtherapeutischen Anstalten relativ konsequent für alle Insassen einzel- und gruppentherapeutische Veranstaltungen angeboten sowie Ein-

---

169 Arno Pilgram / Heinz Steinert: Plädoyer für bessere Gründe für die Abschaffung der Gefängnisse und für Besseres als die Abschaffung der Gefängnisse, in: Freiheit statt Strafe, hrsg. von Helmut Ortner, Frankfurt a. M. 1981, vgl. S. 147 ff.
170 Wetter / Böckelmann, a.a.O., vgl. S. 229 ff.
171 Rolf-Peter Calliess: Strafvollzugsrecht, Reinbek 1978, vgl. S. 17.
172 Heinz Kraschutzki: Strafvollzug an Lebenslänglichen, in: Strafvollzug in Deutschland, hrsg. von Dietrich Rollmann, Frankfurt a. M. 1967, vgl. S. 141.

gliederungsmaßnahmen in das berufliche und familiäre Leben nach der Entlassung. In den übrigen Anstalten sind derartige Maßnahmen nicht durchgängig, betreffen nur einen kleinen Teil der Insassen, sind höchst unsystematisch organisiert und von der Zufälligkeit der örtlichen Bedingungen abhängig. Zu beträchtlichen Unterschieden führt der in Länderregie geführte Strafvollzug hinsichtlich der Einweisung von Insassen in Anstalten des geschlossenen bzw. offenen Vollzugs. Nach einer statistischen Aufschlüsselung vom 30. Juni 1980 lag der Anteil von belegten Haftplätzen des offenen Vollzugs bei 21 % im gesamten Bundesgebiet. Extremwerte zeigen dabei Hamburg mit 64 % und Bayern mit 3,8 %. Nordrhein-Westfalen, in den Dimensionen Bayern eher vergleichbar, hatte 44 %, Niedersachsen 17 % — jeder Anteil auf der Grundlage des für jedes Bundesland gleichen § 10 StVollzG[173].

So zeigt der Vollzug der Freiheitsstrafe auf dem Hintergrund einer verbreitet konservativen Gestaltung ein recht buntes Bild, versehen mit Tupfern progressiver Einzelleistungen. Abgesehen von der unterschiedlichen Verbreitung des offenen Vollzugs, die größere Dimension hat und anders zu interpretieren ist, sind derartige Einzelleistungen oft typisch für ein in seinen Traditionen befangenes bürokratisches System. In großem Maßstab gesehen treten sie typischerweise auch in realsozialistischen Gesellschaftsordnungen auf. Sie stellen nicht die Regel, sondern die Qualität gehegter Ideale dar. Sie sind im vollen Wortsinn idealtypisch, ohne allerdings große Aussicht zu haben, jemals das „nur" realtypische Bild der Institution auszumachen.

Auch bei bestem Erfolg laufen sie nämlich den herrschenden Einstellungen und Interessen entgegen: Die verbreitete Anwendung exemplarischer Versuche wird gern an den höheren Kosten des Prototyps gemessen. Mißerfolge bestätigen anfänglich bestehende pessimistische Erwartungen und schließen die Wiederholung mit veränderten Voraussetzungen aus. Regelrecht funktionierende Einrichtungen anderen Stils werden mit der unübertragbaren Besonderheit der gegebenen Bedingungen erklärt und so als einmalig fixiert. Alles läuft letztlich auf die Bestätigung des Status quo hinaus. — Unterschiede in der Praxis der Freiheitsstrafe zeigen jedoch, daß Spielräume der inneren und äußeren Gestaltung teilweise in erheblichem Maße bestehen und daß die jeweils praktizierte Lösung alles andere als die einzig mögliche ist. Bei den bestehenden Kräfteverhältnissen allerdings haben Einzelleistungen auch nicht mehr als den angeführten „Zeige-Wert"; für sich gesehen stellen sie die Bedingungen einer Strukturänderung bei weitem nicht dar.

4.2.2 Säkularisierung der Strafjustiz als vorhersehbare Entwicklung

Der Zustand von Institutionen wie Rechtsprechung und Strafvollzug wird von erheblichen Kräften aufrechterhalten, seien dies die bestehende Verteilung der finanziellen Mittel, vorgegebene bauliche Anlagen, ein in seinen Zusammenhängen rigides und schwer änderbares Normenwerk und schließlich kollektive Interessenkonstellationen, die im Laufe der Zeit gewachsen sind. Selbst Reformen begrenzten Ausmaßes setzen daher Einstellungsänderungen

---

173 Nach: Recht — Informationen des Bundesministers der Justiz, 9/10 (1980).

von einigem Gewicht voraus und knüpfen an Ereignisse an, die Änderungen plausibel machen und notwendig erscheinen lassen.

Zur Strafvollzugsreform der sechziger und siebziger Jahre in der Bundesrepublik Deutschland kam es durch eine Reihe von Ereignissen, die Auslöser bzw. tragende Strömung wurden: Es gab einige Fälle des Totschlags an Gefangenen in Vollzugsanstalten in Hamburg, Köln und später in Mannheim, die von Vollzugsbediensteten begangen wurden, auf unhaltbare Zustände aufmerksam und die Institution zum Gegenstand des Interesses machten. Nicht unwichtig dürfte auch die verbreitete Anwendung der Freiheitsstrafe bei Straßenverkehrsdelikten vor der Strafrechtsänderung 1969 gewesen sein. Sie machte die Verhältnisse in den Anstalten unmittelbar einem breiteren Publikum zugänglich. Des weiteren dürfte eine vermehrte publizistische Tätigkeit, beginnend mit Veröffentlichungen des 1968 verstorbenen hessischen Generalstaatsanwalts Fritz Bauer[174], von Birgitta Wolf[175] u. a. mit von Bedeutung gewesen sein. Fast vergessen, aber ebenso in diese Entwicklung einbezogen, sind die Aktivitäten des ehemaligen Anstaltspfarrers Max Kühler, der Anfang der sechziger Jahre vehement für eine Entlohnung der Gefangenenarbeit eintrat. Über die zum Strafvollzugsgesetz führende Geschichte der Rechtsentwicklung geben Calliess / Müller-Dietz in ihrem Kommentar zum Strafvollzugsgesetz ebenso gedrängt wie detailliert Auskunft[176]. Schließlich stellte die Strafvollzugsreform Teil jener breiten Reformbewegung dar, die unter anderem auch die Herstellung der Chancengleichheit unterer Sozialschichten in der Ausbildung zum Ziel hatte. Über die im Rahmen der gesamten Entwicklung ablaufenden Veränderungen bildete sich eine sozial-liberale Regierungskoalition; an ihnen verbrauchte sie sich.

Der Komplex relevanter Fakten läßt sich hier nicht wiedergeben. Das erforderte eine eigene Untersuchung. Jedenfalls zeigt die einige Jahre zurückliegende Strafvollzugsreform trotz ihrer recht begrenzten Reichweite, daß sie von einer breiten politischen Strömung getragen wurde. Darin liegt nicht zeitgeschichtliche Einmaligkeit, sondern eine allgemeine Gesetzmäßigkeit. Eine Strukturänderung im Strafvollzug auf der Grundlage der in den nächsten Jahrzehnten zu erwartenden breiten gesellschaftspolitischen Strömungen und den von ihnen diktierten Notwendigkeiten dürfte zu den wichtigsten Entwicklungsaufgaben gehören. Allerdings sind dann Strafrecht und Strafvollzug nicht mehr getrennt zu behandeln. Die zu erwartende Legitimationskrise der Schuld wird in einem veränderten Verhältnis der Gesellschaft zur Strafjustiz als Ganzem gründen. Einer derart breiten Strömung wird eine noch so tiefgreifende Reform des Vollzugsrechts allein nicht gerecht. Sie erfordert einen Wandel im Selbstverständnis und in der gesellschaftlichen Funktion von Rechtsprechung und Vollzug; dies nicht nur im Interesse der Öffentlichkeit, sondern in dem der Institutionen selbst.

---

174 Fritz Bauer: Das Verbrechen und die Gesellschaft, München 1957.
175 Birgitta Wolf (Hrsg.): Die vierte Kaste, Hamburg 1963.
176 Calliess / Müller-Dietz, a.a.O., Einleitung.

Eine umfassende, auch Strafrecht und zugehörige Verfahrensordnungen betreffende Umgestaltung ist zudem vom rein Sachlichen her geboten[177] Strafurteil und Strafvollzugsgesetz wirken — wie ausführlich dargestellt — in grundlegender Weise zusammen. Strafvollzug kann ohne Strafrecht nicht gesehen, nicht verstanden und auch nicht verändert werden. Das Strafurteil stellt die wichtigste ideologische Basis für die Durchführung der Freiheitsstrafe dar, da sein expressiv-ritueller Charakter den anstaltsintern produzierten Einstellungen als Legitimation und Sinnbezug am nächsten kommt. Bedingt durch schuldstrafrechtliche Begründung sowie durch deren vorrangige Stellung im Pluralismus der Strafzwecke und schließlich durch das funktional willkürliche Strafresultat in abstrakten Zeitmaßen hat das Strafurteil eine Schlüsselstellung für die Systemparadoxie des Strafvollzugs als einer Institution mit sozial negativer Orientierung und Auswirkung.

Wie weit sich von der Deliktauswahl her die strafrechtlichen Anspruchsgrundlagen ändern werden, ist im vorliegenden Zusammenhang kein Gegenstand. Bedarf an Regelung akuter Rechtsfälle, veranlaßt durch offensichtlichen Bruch des Rechtsfriedens, kann — solange menschliche Gesellschaft besteht — als bleibende Veranlassung kriminalrechtlichen Eingreifens vorausgesetzt werden. Von der gesellschaftlichen Entwicklung wird Position und Rolle des Richters beeinflußt werden — und dies ist von zentraler Bedeutung. — Von seinem wichtigsten Rollenmerkmal her gesehen ist der Strafrichter der neben Täter und Opfer aus der Menge (professionell) emporgehobene Dritte. Aufgrund von Position und Fachwissen „destilliert" er aus den Ergebnissen der Hauptverhandlung nach zugeschriebenen Kriterien die Tatschuld und setzt diese um in einen Urteilsspruch, bei Freiheitsstrafe ausgedrückt in Jahren und Monaten. Das Strafurteil ist zentriert — zahlreiche Zusatzhypothesen mit einbezogen — in dem dialektischen Punkt der Schuldbehauptung.

Primär aus ihm heraus wird in einem letztlich nur psychologisch erklärbaren Vorgang die Strafe in abstraktem Zeitmaß „ausgeworfen". Nach Geltung und Inhalt ein geradezu sakramentaler Wandlungsprozeß. Angesichts der im Zuge der Entwicklung sich ausweitenden Schuldprojektion und zunehmender Skepsis gegenüber Institutionen wird die charismatische Rolle des Richters wie auch die Legitimation des Strafprozesses aus der Schuldbehauptung an Geltung verlieren und damit umstritten werden. Ob wie bisher Zusatzhypothesen zur Strafzumessung wie § 46 Abs. 1 Satz 2 „Die Wirkungen, die von der Strafe für das künftige Leben des Täters in der Gesellschaft zu erwarten sind, sind zu berücksichtigen" diese Entwicklung neutralisieren können, erscheint sehr fraglich. Dazu ist die Strafzumessung zu irrational und zu wenig nach unterscheidbaren Bestimmungsgründen zu überprüfen und für Laien einsichtig.

Voraussichtlich wird der richterliche Urteilsakt einmal als das erscheinen, was er tatsächlich ist: als eine nicht überzeugend begründbare Umsetzung von Tatbestand in Zeitmaß, ein angesichts des damit verbundenen Entscheidungs-

---

177 Vgl. zum folgenden Arthur Kaufmann: Strafrecht und Strafvollzug, in: Die Strafvollzugsreform, hrsg. von Arthur Kaufmann, Karlsruhe 1971, S. 35 — 52.

rituals letztlich komischer Vorgang. Die Umsetzung von Schuld in individuell bestimmte Zeit ist zwar im Vorgang der Bestimmung einer Geldstrafe zu vergleichen, im Inhalt jedoch etwas ganz anderes; sie ist „Verrechnung" mit Lebenszeit, letztlich mit Sinnwerten und nicht mit Eigentum. Zwischen beiden ist ein Qualitätssprung wie zwischen Haben und Sein. Man mag den Geldbesitz in einem irrationalen Wertungsakt als Äquivalent für etwas anderes einsetzen – Geld ist seiner Natur nach Tauschwert an sich –, anders ist es mit dem Freiheitsentzug, dieser erfordert auf Dauer eine überzeugendere und mehr als nur irrationale Legitimation.

Eine durchgreifende Strukturänderung der Strafjustiz wird nach allem auf Dauer nicht zu umgehen sein. Seiner Eigenart nach wird dieser Wandel einer Säkularisierung im vollen Wortsinn gleichzusetzen sein. Dabei geht es nicht um Äußerlichkeiten. Mit dem Ablegen des Talars oder der Hauptverhandlung am runden Tisch[178] ist es nicht getan, ganz abgesehen von der Frage der Zweckmäßigkeit dieser Maßnahmen. Die Säkularisierung der Strafjustiz wird die Schuldbehauptung und die Zumessung der Freiheitsstrafen mit allen rechtsideologischen und organisatorischen Auswirkungen auf den Justizvollzug betreffen. Strafurteil und -vollzug sind dabei als ein Ganzes zu betrachten, aufeinander bezogen wie Entscheidung und Durchführung, wie Erkennen und davon bestimmte Wirklichkeit.

Zu welchen Lösungen die Säkularisierung der Strafjustiz führen mag, ist Gegenstand der Vermutung. Keineswegs ist eine Wendung zum Besseren selbstverständlich, auch zu größerer Rationalität nicht. Verbesserungen, möglichst auf der Grundlage rationaler Systeme, sind zu leistende Aufgaben und abhängig von entsprechenden politischen Konstellationen. Wie das bestehende Schuldstrafrecht zeigt, kommt eine Strafrechtsordnung lange Zeit mit recht problematischen Theoremen, mit einer strapazierten Logik und einer insgesamt wenig befriedigenden Strafrechtspflege zurecht. Halbe und inkonsequente·Lösungen sind daher auch für die Zukunft nicht unwahrscheinlich; sie dürften dem üblichen Gang der Dinge sogar eher gemäß sein.

Institutionelle Veränderungen sind Teil oft unvermeidlicher gesellschaftlicher Prozesse. Diese stellen zwar letztlich gesetzmäßige Ereignisse dar, jedoch keine rational gesteuerte Entwicklungen. Individuell konzipierte Vorschläge drücken daher mit Sicherheit keine künftige Realität als Ganzes aus. Es lassen sich keine, auch noch so wohl durchdachte komplette Systeme übermitteln, da dies weder dem Gang der Ereignisse noch dem politischer Entscheidungsprozesse entspricht. Der Sinn programmatischer Vorstellungen liegt auch nicht darin, abrufbare Konzepte vorzulegen. Er besteht in der Anreicherung des Bewußtseins schlechthin, im Aufweis von Denkmöglichkeiten, von Ansatzpunkten zu praktikablen Lösungen. In der heutigen Zeit, die unter einem Entwicklungsdruck wie keine vorausgehende Epoche steht, sind Realutopien unerläßlich.

---

178 Heinz Schöch: Die Reform der Hauptverhandlung, in: Strafprozeß und Reform, hrsg. von Hans-Ludwig Schreiber, Darmstadt 1979, vgl. S. 54 ff.

4.3 Das Strafurteil als problemadäquate Entscheidung

Der in einem künftigen kriminalrechtlichen System erforderliche Verzicht auf die Schuldbehauptung berührt sowohl das Beziehungsgefüge der strafrechtlichen Entscheidungsbildung als auch den Justizvollzug. In engem Zusammenhang mit der strafrechtlichen Schuldbehauptung steht die Scheinkausalität der Beziehung Tat − Schuld − Strafe. Psychologisch gesehen, macht sich die geltende Rechtsprechung dabei zunutze, daß eine kausal dargestellte Urteilsleistung, zumal auf der Basis eines tradierten Beziehungserlebens, höhere Gewißheit und damit Überzeugung vermittelt als eine ihren Voraussetzungen nach unterdeterminierte einfache Leistung des Bestimmens. Wie ausführlich im ersten Teil der vorliegenden Untersuchung dargelegt, wird mit der geltenden Strafrechtsprechung der Unterschied zwischen einer Bestimmungsleistung − wie sie das Strafurteil allein ausmacht − und einer kausal-schlußfolgernden Leistung, als das es vorgestellt wird, aufgehoben.

Auf die große Verbreitung dieses Phänomens macht Peter R. Hofstätter aufmerksam. Hofstätter unterscheidet kognitive Leistungen des Suchens und Findens, deren Gegenstand objektive Gesetzmäßigkeiten sind, von solchen des Bestimmens, letzteres Entscheidungsleistungen, zu denen Normen und deren Anwendung gehören. Die Darstellung von Bestimmungsleistungen als solche vom Typus des Suchens und Findens erzeugt ein hohes Maß an Gewißheit. Der zugrunde liegende Vorgang erscheint dann nämlich als in der Natur der Sache liegende und als Ausdruck einer objektiven Gesetzlichkeit. Der individuelle Entscheidungsprozeß mit allen Mängeln, die Bestimmungsleistungen anhaftet, ist damit nicht mehr erkennbar.

Hofstätter zeigt das allgemein gültige Problem am Beispiel der Einehe. Wegen der grundlegenden Bedeutung für den vorliegenden Zusammenhang wird der betreffende Passus ausführlich zitiert: „Das Argument mag zum Beispiel dahin gehen, daß die Einehe gar keine Norm sei, sondern eine der Natur des Menschen entsprechende Gegebenheit, die gefunden werden konnte, aber nicht bestimmt zu werden brauchte. Westermark spricht daher vom ‚monogamen Instinkt' des Menschen. Wir haben hier einen Spezialfall der nahezu allgemeinen Regel vor uns, daß die innerhalb eines Sozialsystems selbstverständlichen Anschauungen auch als naturgemäß gelten. Die Selbstverständlichkeit wird dadurch unumstößlich; die Sicherung absolut. − Obwohl ich persönlich", so Hofstätter weiter, „an der Einehe nicht Kritik zu üben wünsche, möchte ich doch die Überlegung einschieben, daß die Aufhebung des Unterschieds zwischen Funden (bei Leistungen vom Typus des Suchens) und Normen (bei Leistungen vom Typus des Bestimmens) nicht gerechtfertigt und sogar unter Umständen bedenklich ist. Man kann sich nämlich auch in einer irrigen Sicherheit wiegen und wird eine etwaige Erschütterung durch den Wandel der Normen als einen Untergang der Welt ins Chaos empfinden"[179].

---

179 Peter R. Hofstätter, a.a.O., S. 60.

Die zitierten Ausführungen zeigen mit der Allgemeingültigkeit des Phänomens auch eine mögliche Entwicklung in der Strafrechtsprechung an. Gegenwärtig wird der Urteilsspruch des Richters noch als eine Leistung vom Typus des Suchens und Findens interpretiert: Es wird von „Urteilsfindung" gesprochen. Hans-Jürgen Bruns spricht in diesem Sinne von „logischen Strafzumessungsgründen"[180], erkennt dem Tatbestand „die Funktion eines vorweggenommenen Strafzumessungsgrundes" zu, verneint die Ermessensfreiheit des Richters „hinsichtlich der Angemessenheit der Strafe"[181] und ist Anhänger der Theorie der Punktstrafe, wonach zu jedem Tatbestand sich eine genaue Strafhöhe ermitteln läßt. Das Bundesverfassungsgericht geht dagegen von einer „Schuldrahmen- oder Spielraumtheorie" aus und führt dazu aus: „Es besteht . . . ein Spielraum, der nach unten durch die schon schuldangemessene und nach oben durch die noch schuldangemessene Strafe begrenzt wird"[182]. Theorien dieser Art definieren das richterliche Strafurteil als einen objektiven Erkenntnisvorgang, stellen es als eine Leistung vom Typus des Suchens und Findens dar.

Die Auffassung vom richterlichen Urteil als einer mit allen Mängeln behafteten, von unklaren Erwägungen getragenen Bestimmungsleistung tritt mit fortschreitender Säkularisierung kollektiver Einstellungen über richterliches Tun in den Bereich des Möglichen. Die Frage ist dann nur, ob dieser Wandel, wie von Hofstätter apostrophiert, als ein „Übergang der Welt ins Chaos" begriffen oder als notwendige, vielleicht sogar als positive Entwicklung erfaßt wird. Zweifelsohne würde mit Betrachtung der Rechtsprechung als einer Leistung des Bestimmens die Zumessung variabler Freiheitsstrafen nicht mehr als individuell angemessen, sondern — wie es tatsächlich der Fall ist — als höchst willkürlich erscheinen.

Nun ist der Urteilsspruch zur Freiheitsstrafe nicht nur nach Begründung und Zumessung problematisch. Er ist es auch hinsichtlich seiner bislang kaum beachteten Auswirkungen für den inneren Aufbau der Vollzugsanstalten und für die Durchführung der Freiheitsstrafen. Notwendig strukturiert sich die Vollzugsanstalt als künstliches soziales Gebilde aus ihren vorgegebenen formalen Bedingungen. Einer der trivialsten und gleichzeitig folgenreichsten Faktoren für das Zusammenleben und -arbeiten in sozialen Gruppierungen ist die Zeitdauer und Kontinuität der Mitgliedschaft. Das leuchtet jedermann ein, sofern er an soziale Abläufe bzw. Bindungen denkt, die ohne dauerhaftes Zusammensein nicht vorstellbar sind: wie Freundschaften, Schulausbildung, Berufsausbildung, Familienzugehörigkeit, eheliche Beziehungen u. a. Seelische Veränderungsprozesse verlangen in der Regel Dauer und Kontinuität dazugehöriger Beziehungen. Sehen wir die Freiheitsstrafe als eine Institution an, die sinnvolle persönliche Entwicklung in Gemeinsamkeit mit anderen ermöglichen soll, so ist diese unter den Bedingungen der zeitlich willkürlichen Strafzumessung und der damit verbundenen organisatorischen Folgen grundsätzlich gefährdet.

---

180 Hans-Jürgen Bruns: Strafzumessungsrecht, Köln 1967, vgl. S. 535 f.
181 Hans-Jürgen Bruns: Stichwort „Strafzumessungsrecht" in: Recht, Fischer-Lexikon, hrsg. von Badura / Deutsch / Roxin, Frankfurt a. M. 1971, vgl. S. 254 f.
182 Nach Rolf Peter Callies, a.a.O., S. 188.

Unter den Bedingungen der zeitlich willkürlichen Strafzumessung streuen Dauer der Insassenschaft, Beginn und Ende der Internierungen unverhältnismäßig stark. Das wirkt sich für die interne Differenzierung permanent ungünstig aus, da es die Integration notwendiger Subsysteme (Lehrgänge, Wohngemeinschaften, Therapiegruppen . . .) stört oder gar nicht zuläßt. Für Planungen und interne Stabilisierung bedeutet sie eine in der Regel negativ wirksame Größe. Die Zeit der Internierung und damit die Kohärenz sozialer Bindungen und Prozesse stehen unter dem Diktat der willkürlichen Strafzumessung. Die Freiheitsstrafe kann deshalb sowohl individuell als auch mikrosoziologisch nur schwer auf konstruktive Inhalte bezogen werden. Individuell willkürliche Strafzumessung und formalisierte, inhalts- und sinnleere Durchführung von Freiheitsstrafen stehen in engem Zusammenhang. Wo heute überhaupt praktiziert, können überwiegend nur längere Freiheitsstrafen und davon oft nur Bruchstücke, nämlich Anfangs- und Endphasen, für sinnvolle Planung genutzt werden. Die konstruktive Durchführung von Freiheitsstrafen ist so das zwar nicht gerade zufällige, jedoch wenig wahrscheinliche Zusammentreffen von ungewöhnlichen Bedingungen; sie ist nicht reguläre institutionelle Funktion.

Jede Organisation, die qualifizierte Lernleistungen ihrer Mitglieder erfordert oder diese (wie beispielsweise Ausbildungsinstitutionen) zum Gegenstand hat, setzt im allgemeinen Dauer und Gleichzeitigkeit der Mitgliedschaft voraus. Die Gleichzeitigkeit der Internierung von Gefangenengruppen ist vom Standpunkt der Schuldstrafe her völlig unbeträchtlich, unter dem der Resozialisierung wird sie bislang zu wenig in Rechnung gestellt, da als Vergleichsinstitution für Vollzugsanstalten bewußt oder unbewußt die klinische Heilbehandlung organisch oder psychiatrisch Kranker gesehen wird. Weniger gesehen wird die Analogie institutioneller Abläufe eines resozialisierenden Vollzugs mit Ausbildungsinstitutionen, die sämtlich curricular organisiert sind, überwiegend Gleichzeitigkeit der Mitgliedschaft voraussetzen. Individuell willkürliche Strafzumessung schafft auf seiten der Vollzugsanstalt nicht nur das Problem der Anpassung von Behandlungsmaßnahmen an die jeweilige Internierungszeit; sie beeinträchtigt, ja verhindert die Gesamtentwicklung der Institution.

Wen wundert, daß mit derartigen zeitlichen Vorgaben Resozialisierungsaufgaben unrealistisch erscheinen und vernachlässigt werden? Die verbreitet festgestellte Nutzlosigkeit der kurzen Freiheitsstrafe — wobei der Nutzen der längeren auch recht umstritten ist — hat unter anderem einen gewichtigen Grund darin, daß der Vollzug bei derart Verurteilten, bedingt durch die hohe Streuung der Strafdauern sowie von Beginn und Ende der Internierung, nicht in entsprechender Weise zu organisieren ist. Die Sicherung des Vollzugs läßt sich in diesen Fällen zeitunabhängig organisieren, ebenso einfache Produktion, ebenso Versorgung, nicht jedoch individuell und gruppendynamisch bestimmte Veränderungsprozesse. Die Entwicklung eines drei- oder sechsmonatigen Therapie- und Lernprozesses unter anderen organisatorischen Rahmenbedingungen wäre im Vergleich zu längeren, meist nutzlos und sinnleer verbrachten Strafzeiten eine lohnende Aufgabe.

Das im Schuldstrafrecht verhaftete Urteil zur Freiheitsstrafe überformt nach allem den Strafvollzug nicht nur ideologisch, sondern hinsichtlich seiner organisatorischen Differenzierung und Zielbestimmtheit. Als Alternative böte sich an, daß der Urteilsspruch zur Freiheitsstrafe sich als das darstellt, was er dem Vorgang nach schon immer ist, nämlich als eine seinen Gründen nach unterdeterminierte Bestimmungsleistung. Von dem individuell anzuwendenden Strafzeitrahmen wäre zugunsten der Auswahl unter einigen, dem inneren Ablauf nach unterschiedlich organisierten und ausgerichteten Anstalten mit verschieden hohen und bestimmten Internierungszeiten abzugehen. Das mag man als eine gedankliche Revolution ansehen. Diese Auffassung kennzeichnet jedoch, wie sehr die Last gesetzlicher Tradition den Versuch zu neuen Lösungen stigmatisiert. Zunächst sollen die Folgen einer derartigen Umstrukturierung für die Rechtsprechung diskutiert werden.

Als kognitive Leistung ist das Strafurteil aus zwei Vorgängen unterschiedlichen Typs aufgebaut: Die Feststellung der Täterschaft resultiert aus einer Leistung vom Typus des Suchens und Findens; Art und Höhe der Sanktion sind Ergebnis einer Bestimmungsleistung. Letztere ergibt sich aus der gesetzlichen Anordnung des Strafrahmens und einer von Richter zu Richter, von Situation zu Situation variierenden, letztlich nur psychologisch erfaßbaren Einschätzung von Delikt und Sanktion. Der bestimmte Wert der Freiheitsstrafe in Jahr und Tag ist eine abstrakte Größe, inhaltlich von höchster Unbestimmtheit, weil seitens der Rechtsprechung weder Einblick noch Einflußnahme in die Ausgestaltung der Freiheitsstrafe hinreichend vorliegen, weil die Freiheitsstrafe ihrer vollzugsgesetzlichen Bestimmung nicht gerecht wird und schließlich, weil der Natur der Sache nach kaum über längere Jahre reichende Pläne möglich wären. Letzteres betrifft natürlich nur Verurteilungen zu langjährigen Freiheitsstrafen.

Strafrechtsprechung in der gesetzlich vorgesehenen Form wirft unter anderem Probleme hinsichtlich des verfassungsrechtlichen Grundsatzes der Verhältnismäßigkeit auf sowie bei längeren Zeitstrafen das der langfristig gegebenen Entscheidungswirksamkeit. Wenn – wie anzunehmen ist – der Grundsatz der Verhältnismäßigkeit erfordert, daß die in ein Verhältnis zueinander gebrachten Größen, im vorliegenden Fall Straftat und Freiheitsstrafe, jeweils hinreichend überprüft und bekannt sein sollten, dann geht nahezu jedes Strafurteil durch seine inhaltliche Qualität und Wirkung von einer im Höchstmaß unbestimmten und unzureichenden Voraussetzung aus. Sicher überlagern sich im Strafurteil mehrere „Verhältnismäßigkeiten", es schon allein zur Wahrung der Rechtssicherheit zumindest in schwerwiegenden Fällen verbieten, kein Urteil zu fällen. Es bleibt jedoch bemerkenswert, daß die inhaltliche Unbestimmtheit der Freiheitsstrafe bei der Bewertung der Verhältnismäßigkeit kaum zählt. Im Gegensatz dazu steht, daß ihre Zeitdauer auf seiten der Tatfolge das eigentlich zentrale Kriterium der Verhältnismäßigkeit bis heute darstellt.

Langfristig wirksame Entscheidungen, wie besonders die Verurteilung zu einer höheren Freiheitsstrafe, sind grundsätzlich korrekturbedürftig. Die Qualität einer Entscheidung bemißt sich nämlich nicht nur nach ihren Entstehungsbedingungen, sondern auch nach ihrem Wert zu jedem späteren Zeitpunkt. Dieser nun richtet sich nach der Entwicklung des davon betroffenen Menschen, nach seinem Verhältnis zur Umwelt, nicht zuletzt nach der Bewertung der Entscheidung in der Rückschau u. a. m. Ins Spiel kommen dabei durchaus wechselnde Faktoren, die in einem komplexen Zusammenhang stehen und die vor allem zum Zeitpunkt der Verurteilung mangels zuverlässiger Prognose nicht berücksichtigt werden können. Damit entsteht aber mit zunehmendem Zeitvektor eine immer größere Fehlerwahrscheinlichkeit. Nicht nur der Mensch altert, sondern auch die bei der Verurteilung getroffene Entscheidung, wenn sie nicht rechtzeitig geändert wird.

Ein wichtiger Beleg für den letztgenannten Sachverhalt bildet die Einführung der Entlassung zur Bewährung und damit des bedingten Erlasses eines Teiles der im Urteil verhängten Freiheitsstrafe (vormals § 26, heute §§ 57 und 57 a StGB). Zur Bewährung Entlassene haben im Vergleich zu Verurteilten, die erst zum Strafende entlassen wurden, eine signifikant geringere Rückfallquote. Anläßlich einer eigenen Rückfallerhebung bei 1032 Entlassenen stellte ich sieben Jahre nach Entlassungstermin fest, daß der Anteil der Rückfälligen bei Personen mit bedingtem Straferlaß um 26,8 % geringer war. Die zur Bewährung Entlassenen machten etwa die Hälfte der Gesamtzahl aus. Üblicherweise wird die geringere Rückfälligkeit der durch Urteil und Bewährungsmaßnahme bewirkten Verhaltenskontrolle oder auch der Auswahl der betreffenden Gefangenen selbst zugeschrieben. Diese Hypothesen haben etwas für sich. Am zuverlässigsten belegt die erfolgreiche Bewährungsmaßnahme jedoch, daß eine vollständige Vollstreckung der ursprünglich verhängten Freiheitsstrafe und damit eine unveränderte richterliche Entscheidung falsch gewesen wäre. Die Bewährungsmaßnahme deckt mit anderen Worten die prinzipielle Unsicherheit der Verurteilung zu einer Freiheitsstrafe auf. Die Notwendigkeit, das richterliche Urteil zu einer Freiheitsstrafe nachträglich abzuändern — wie am Beispiel der bedingten Entlassung gezeigt —, ergibt sich daher nicht nur aus kriminalpolitischen Erwägungen; sie resultiert aus der zur Zeit der Urteilsverkündung wegen unvollständiger Voraussetzungen unvermeidbar fehlerhaften Entscheidungsbildung. Es gibt eben kein „richtiges" Urteil, deshalb ist der spätere rechtliche Eingriff nicht nur „Verdienst" des Verurteilten, sondern notwendiges Regulativ.

Sicher ist diese aus der Eigenart des Sachverhalts resultierende Fehlerhaftigkeit der Urteilsbildung nicht vorwerfbar; vorwerfbar wäre es jedoch, daraus keine grundsätzlichen Konsequenzen für die die Freiheitsstrafe begleitende Entscheidungsbildung zu ziehen, wie überhaupt die Eigentümlichkeit der Freiheitsstrafe als Entscheidungsfolge nicht zu bedenken. Die in Grundzügen vorgeschlagene Änderung der Strafrechtsprechung (Darstellung der Urteilsbildung als unterdeterminierte Bestimmungsleistung und grundsätzlich revisible Vollstreckung; Einführung kriminaltherapeutisch qualifizierter Internierung) entspricht genau besehen der Beschränkung des Entscheidungsganges auf das erkenntniskritisch Mögliche. Die Änderung würde dem Grundsatz der Verhältnismäßigkeit eher Rechnung tragen, da anstelle der abstrakten, im Ergebnis inhaltsleeren und willkürlichen Strafzeit mehr und mehr eine durch Inhalte bestimmte Internierung treten könnte. Die Änderung würde ferner dem Sachverhalt Rechnung tragen, daß die Begründung des Strafurteils Bestandteil eines Legitimationszusammenhangs ist, der bis zum Ende der Vollstreckung reicht, maximal also bis zum Ablauf einer Bewährungsfrist oder bis zum abgeschlossenen Widerruf.

Damit wird die ausgesprochene Strafdauer zur Vorschlagsgröße, zur Hypothese, die solange berechtigt ist, als ihre Bestimmungsgründe sie tragen. Als zentrales Kriterium des Strafurteils ist „Dauer" ungeeignet, weil sie den Entscheidungsinhalt unvollständig darstellt, ihn in starrer Weise an das Hier und Jetzt der Situation der Hauptverhandlung bindet und schließlich auch nicht die eigentlich maßgebende Handlungsmaxime ausdrückt. Die Internierungszeit ist zwar ein wesentliches, jedoch nicht unabhängiges Merkmal des getroffenen Urteils. Ungeachtet ihres Erlebniswertes für den Verurteilten wie für den Richter — die Tragödie oder auch Komödie der Hauptverhandlung lebt vom Zeitmaß der Strafe und ihrer geheimen Beratung — kann sie nicht im Mittelpunkt stehen. Der Urteilsspruch ist mit anderen Worten nicht kongruent mit der in Zeitdauer ausgesprochenen Freiheitsstrafe, jedoch mit einem Rechtsverhältnis, innerhalb dessen verschiedene Formen der Internierung (wie offener und geschlossener Vollzug nach § 10 StVollzG) oder verschiedene Formen der Kontrolle (durch Internierung, Führungsaufsicht, Bewährungsaufsicht, Strafaussetzung, bedingte Entlassung) möglich sind.

De facto werden Maßnahmen dieser Art praktiziert. Sie resultieren allerdings aus einer inadäquaten Entscheidungsbildung und sind entsprechend willkürlich und zufällig. Strafzumessung und deren Begründung im Schuldstrafrecht haben — wie ausführlich dargelegt — erkenntnistheoretisch dyskausale Struktur, die durch sekundär wirksame Zusatzhypothesen des § 46 StGB angereichert wird. Die an sich schon heute notwendige Umstrukturierung der Strafrechtsprechung ist nicht erfolgt, da dies eine völlige Absage an das Schuldstrafrecht wie an die Strafzumessungspraxis erfordern würde.

Die Abkehr vom Schuldstrafrecht und die Reduktion der strafrechtlichen Entscheidungsgrundlage auf die Täterpersönlichkeit und den Zweck der Resozialisierung — wie dies Inhalt vieler Reformansätze ist — wäre allerdings mindestens ebenso unbefriedigend. Eine solche Entwicklung würde nämlich dem, was in den Vorgang der Rechtsprechung und in den Strafvollzug unausweichlich mit eingeht, nur höchst unvollständig Rechnung tragen. Gewaltsame Internierung als nach wie vor unvermeidliches Merkmal der Freiheitsstrafe kann nämlich nicht allein instrumentell als Festhalten zum Zwecke der Resozialisierung verstanden werden, wie es das Strafvollzugsgesetz und seine Kommentierung durch Calliess / Müller-Dietz nahelegen[183].

Unserer aller psychischer Verfassung nach — dazu brauchen die gesellschaftlichen Verhältnisse als Sündenbock gar nicht beschworen werden — ist das Festhalten im „wohlverstandenen Interesse" der Betroffenen weder glaubwürdig noch realisierbar. Dazu herrscht zu große Gleichgültigkeit gegenüber den traditionellen Mißerfolgen des Strafvollzugs und zu wenig Gleichgültigkeit bei Entweichungen. Die langjährige, jede denkbare Behandlungsdauer überschreitende Strafzeit widerlegt nicht nur die Auffassung, daß Internierung lediglich Mittel zu einem höheren Zweck sei; sie gibt auch keinen Anlaß, eine durchwegs dominierende Geltung des Behandlungsgedankens anzunehmen. Solange Strafzeiten von mehr als fünf Jahren Dauer Bestandteil der Rechtsprechung sind, ist der Internierungszweck mit dem der Resoziali-

---

183 Calliess / Müller-Dietz, a.a.O., vgl. Nr. 5 zu § 2.

sierung nicht in Einklang zu bringen und muß als relativ selbständige, teilweise sogar dominante kriminalpolitische Aufgabe angesehen werden.
Zweck der Internierung ist der befristete Ausschluß kriminell devianter Personen aus der Gesellschaft. Diesen klar herauszustellen ist nicht allein eine Frage der Ehrlichkeit. Es wäre kein Fehler, Resozialisierung als einziges Ziel von Rechtsprechung und Justizvollzug gesetzlich zu formulieren, wenn dies ausschließlich veranlaßt wäre und irrationale Elemente der Entscheidungsbildung ausschlösse. Es nutzt jedoch nichts, den objektiv bestehenden architektonischen, gesetzlichen und den auch psychisch vorhandenen Eigenwert der Internierung übersehen oder beiläufig behandeln zu wollen, wie dies in den Grundsätzen des Strafvollzugsgesetzes der Fall ist. Die wilde, ungeregelte Motivation des Zwanges, die Interpretation mehr oder weniger privater Aggressionsgelüste als endliche Ausnahme der üblichen Verweichlichung ist gefährlicher als eine klare normative Festlegung.

Rumpelstilzchen muß benannt werden, damit es keinen Schaden stiftet. Wenig illustriert die noch heute mögliche Verführung des Straf- und Vollzugsrechts durch Gewalt mehr als die allein auf technisch-architektonisch manifestierten Zwang vertrauende Inhaftierung von Terroristen in sogenannten Hochsicherheitstrakten. Sie macht den tiefen Unglauben an die menschliche Begegnung, an das Wort deutlich und die gewaltsamen Phantasien, die ihn begleiten. Nach Gegenstand und Vorgang ist die bisherige richterliche Entscheidungsbildung diffus-komplex: Bei relativ präziser Analyse des Tatbestandes, werden im Vorgang der Strafzumessung die Bestimmungsgründe unklar, untereinander austausch- und vertretbar. Die Zeitzahl als endliches Ergebnis der Urteilsbildung ist letztlich Symbol, Chiffre für einen faktoriell unklaren Prozeß. Von daher gesehen kann die Verwirklichung dieser „Zeitzahl" in der Strafvollstreckung vielfältige, eigentlich jede beliebige Form annehmen; wie im Entscheidungsprozeß die Bestimmungsgründe austauschbar sind, so können es im Strafvollzug die verschiedenen Funktionen der Freiheitsstrafe werden.

Sicher ist die Analyse von Handlungen und die Entscheidung über mögliche Reaktionen ein Eingriff ins volle Menschenleben, der mit dessen Inkonstanz und innerer Vielfalt notwendig ungenau ist. Gerade deshalb sollten jedoch unklare Entscheidungsprozesse so weit möglich vermieden werden. Dieser Forderung sollte die strafrechtliche Entscheidungsbildung nach Inhalt und Verfahren Rechnung tragen. Ihr Inhalt ist die Bestimmung eines Rechtsverhältnisses zwischen Beschuldigtem und Gesellschaft. Im Rahmen dessen wird über den zum Zeitpunkt der Verurteilung notwendig erscheinenden Ausschluß sowie über ein Angebot eventueller Behandlungsmaßnahmen zu befinden sein. Beide können im Einzelfall dominieren: so etwa der gesellschaftliche Ausschluß bei langjährig notwendiger Internierung, die jedes Zeitmaß für eine sinnvolle Behandlung übersteigt — oder die Unterstellung unter eine Bewährungsaufsicht mit dem Ziel der Durchführung therapeutischer Maßnahmen. Gesellschaftlicher Ausschluß und Behandlungsangebot sind keine statischen Größen und daher durch die Rahmenbedingungen zur Zeit der Verurteilung nicht voll bestimmbar.

Mit Sicherheit wird die Verurteilung zwar eine strikte, den staatlichen Eingriff limitierende Funktion bewahren müssen; aus dem einen räumlich / zeitlich fixierten Punkt der Hauptverhandlung verbietet sich jedoch im übrigen eine endgültige Verurteilung. Legitimation des strafrechtlichen Eingreifens erwächst aus dem kriminellen Tatbestand als sozialem Konflikt *und* aus der im Zeitablauf erfolgenden staatlichen Reaktion. Eine entsprechend problemadäquate strafrechtliche Urteilsbildung erfordert nicht nur andere Entscheidungsmöglichkeiten als die zeitliche Strafzumessung; sie macht auch die Ablösung des bisherigen diffus-komplexen Entscheidungsganges durch eine nach Tatbestandsanalyse und Rechtsfolgenbestimmung gegliederte Entscheidungsfolge notwendig. In Richtung dieser Entwicklung geht der strafprozessuale Reformvorschlag einer Zweiteilung der Hauptverhandlung. „Nach diesem Reformmodell soll die Hauptverhandlung in einen ersten Abschnitt für den Nachweis der Tat und – bei Bejahung der Täterschaft des Angeklagten – einen nachfolgenden zweiten Abschnitt für die Behandlung der Rechtsfolgen aufgeteilt werden"[184].

„Die Zweiteilung der Hauptverhandlung führt" nach Schöch „zu einer Intensivierung der Sanktionsverhandlung und zu einer Verbesserung des Persönlichkeitsschutzes (des Angeklagten, eigene Anm.). Sie verhindert die überflüssige Erörterung persönlicher Verhältnisse und die verfrühte Behandlung von Vorstrafen. Sie mildert das Antragsdilemma der Verteidigung"[185]. (Letzteres tritt dann auf, wenn bei einem auf Freispruch gerichteten Plädoyer sich vorsorgliche Ausführungen zur Strafzumessung verbieten, weil sie die Überzeugungskraft des Antrags auf Freispruch mindern könnten.) Es ist bemerkenswert, daß auch nach bestehendem Strafrecht eine Zweiteilung der Hauptverhandlung angestrebt wird. Sie erscheint nicht nur rechtspragmatisch erforderlich; sie dient auch größerer Klarheit, indem sie unterschiedliche kognitive Vorgänge auch unterscheidbar hält.

Allerdings ist die Zweiteilung der Hauptverhandlung und damit insbesondere die Herausstellung einer eigenen, zeitlich abgegrenzten Sanktionsverhandlung so gut und effektiv wie die zur Verfügung stehenden Sanktionsmöglichkeiten. Solange die Strafzeit zentrales Kriterium des Urteils bleibt, wächst mit der Qualität der Methode die des Ergebnisses nur sehr bedingt. Man mag die Bestimmungsgründe noch so sehr in einem eigenen Prozeßabschnitt herausstellen und eventuell ein eigenes Fachgremium beschließen lassen, die Entscheidungsqualität wird nur insoweit besser, als sie sich in inhaltliche Differenzierungen übertragen läßt, und das ist nun einmal nur sehr beschränkt möglich.

Zumal unter den Gegebenheiten des heutigen Strafvollzugs kann durch ein Mehr bzw. Weniger an verhängter Strafzeit weder ein besonders hohes Maß an Fachkenntnis noch an inhaltlichen Variationen effektiv umgesetzt werden. Neben einem unbestreitbaren Sinn für maßvolles Handeln, das individuell gegeben und schwer zu optimieren ist, konkretisiert sich in der Strafzumessung überwiegend formales Gesetzeswissen von geringstem geistigen Niveau. Es weiß jeder, daß längere Strafen in der Regel als härter empfunden werden, daß Internierung von der Fortsetzung krimineller Handlungen unmittelbar abhält. Solange Binsenweisheiten derartigen Zuschnitts hauptsäch-

184 Heinz Schöch, a.a.O., S. 53.
185 Heinz Schöch, a.a.O., S. 62.

licher Orientierungsmaßstab der Sanktionsverhandlung bleiben, wird der zusätzliche Nutzen durch die Zweiteilung der Hauptverhandlung gering bleiben. Natürlich könnte gerade eine eigene Sanktionsverhandlung den Beteiligten die prinzipielle Dürftigkeit richterlichen Urteilens am ehesten verdeutlichen. Ihr Wert läge in der Aufklärung über einen ärmlichen Zustand.

So hängen Sanktionsmöglichkeiten und strafprozessuale Ausgestaltung wechselseitig voneinander ab. Ein problemadäquater Entscheidungsgang, wie ihn sowohl die Zweiteilung der Hauptverhandlung als auch die Tätigkeit von Vollstreckungsgerichten repräsentieren, erfordert entsprechend entwickelte, inhaltlich differenzierte Institutionen, über deren jeweilige Anwendung zu entscheiden lohnt.

4.4 Menschen und Mittel zur Veränderung des Strafvollzugs

Wirksames Motiv bisheriger Gefängnisreformen — angefangen von der durch John Howards Bericht „The State of the Prisons in England and Wales" 1792 ausgelösten bis zur Aktion Gemeinsinn unserer Tage — ist regelmäßig die Identifikation mit dem Schicksal des Gefangenen als unserem, ob schuldig oder unschuldig, gefallenen Bruder. Psychoanalytisch sehr verständlich, eine Regung, die Abkömmling der gleichen Aggression ist, die den Gefangenen durch den Urteilsspruch in seine mißliche Lage brachte. Kaum erscheint Gefängnisreform anders denn als altruistisches, nämlich als eigenes Interesse der Gesellschaft, und kaum anders denn als strukturbedingte Kompensation.

Die Betrachtung des kriminell Auffälligen ist dementsprechend über Jahrhunderte hinweg bemerkenswert gleichbleibend. In Friedrich Schillers „Verbrecher aus verlorener Ehre" reproduziert sich die Diskrimination und gegenläufige Aggression des Verbrechers sozusagen naturwüchsig. In Falladas „Wer einmal aus dem Blechnapf frißt" ist sie zusätzlich das Produkt der totalen Institution Gefängnis. Schiller wie Fallada als literarische Vorbereiter des labeling approach. Seltene Ausnahme stellt wohl Kleists „Erdbeben in Chili" dar, die das strukturgegebene Unten und Oben zwischen gesellschaftlich diskriminierten Gefangenen und Bürgern während einer Liebesidylle aufhebt. Der Frieden zwischen Rechtsbrechern und beleidigter Gesellschaft hat allerdings nur solange Bestand, als die Auswirkungen des Erdbebens, Paradigma der Französischen Revolution, das gesellschaftliche Kräftefeld neutralisieren. Liegt die Veränderung der Institution Gefängnis zwischen den Grenzen, die die Seelendramen Schillers, Falladas und Kleists markieren? Ist — wie bei Schiller und Fallada — gesellschaftliche Diskrimination unausweichlich, oder ist — wie bei Kleist — ihre Auflösung ausschließlich an den kurzfristigen Schwebezustand des gesellschaftlichen Erdbebens gebunden und auf Dauer nicht zu erreichen?

Die neuere Reform sucht zwei Wege. Der erste gründet in einer massiven Kritik an totalen Institutionen und zielt auf deren Beseitigung. Er ergab sich aus international ähnlichen Erfahrungen und Reflexionen über die psychiatrische Klinik und ihre verhängnisvollen dysfunktionalen Auswirkungen auf die seelische Gesundheit ihrer Patienten. Mit diesem Reformansatz verbindet sich eine neue Sichtweise des Verhältnisses zwischen Institution und Mensch. Das Bewußtsein der intellektuellen Mittelschicht wurde wahrscheinlich von wenig mehr als durch die Werke Franz Kafkas vorbereitend geprägt. Kaum einer hat so wie er die gespenstische Not des Menschen im Netz bürokratischer Strukturen zum Ausdruck gebracht. Der Angriff auf die totale Institution mag diese — wie in Italien bei der psychiatrischen Klinik unter dem Einfluß der Tätigkeit Basaglias der Fall — geschwächt haben. Nicht zu übersehen ist jedoch, daß die totale Institution — man mag sie gefühlsmäßig noch so sehr ablehnen — unter den Verhältnissen komplexer Gesellschaften nicht aufhebbar ist. Sie wird überleben — im kriminalpolitischen Bereich ist sie schlechthin unentbehrlich. Das hebt zwar nicht die Kritik an der totalen Institution auf, muß notwendig jedoch zu anderen Folgerungen führen.

Die zweite Reformrichtung ist die organisationssoziologische. Die Änderung des Strafvollzugs wird in diesem Fall von einer rationalen Umgestaltung von Strukturen und Prozessen in der Anstalt erwartet. Das Strafvollzugsgesetz von 1976 brachte außer programmatischen Leitsätzen und geänderten Verlaufsformen der Freiheitsstrafe diesbezüglich wenig Neues. Der organisationssoziologische Optimismus erscheint dagegen am stärksten im Alternativentwurf zum Strafvollzugsgesetz ausgeprägt. Leider wurden seine Ideen im Strafvollzugsgesetz kaum aufgenommen und mit Ablehnung seiner wohl negativen Merkmale blieben auch die positiven auf der Strecke. Das Kind wurde mit dem Bade ausgeschüttet.

Mit der unterbliebenen Verwirklichung ergaben sich natürlich keine praktischen Erfahrungen über Wert oder Unwert des Alternativentwurfs. Die überzeugendste Analyse des Alternativentwurfs brachte Heinz Müller-Dietz in einem Vortrag mit dem Thema „Vollzugsziel und innerer Aufbau der Vollzugsanstalten" vor dem zweiten Bundeskongreß der Psychologen im Justizvollzug 1975 in Freising[186]. Nach Müller-Dietz sieht der Alternativentwurf die beste Gewähr zur Gestaltung der Vollzugsanstalt als einer „problemlösenden Gemeinschaft" in „sechs überwiegend organisatorischen Voraussetzungen", die durch gesetzlichen Zwang begründet werden sollten:

- „Dezentralisierung der Entscheidungskompetenz auf kleine, weitgehend selbständige Einheiten anstelle hierarchisch-einliniger Kommunikations- und Kommandostrukturen;
- gemischte Entscheidungsgremien, an denen Insassen und verschiedene Personalgruppierungen beteiligt sind, um status- sowie berufsorientierte Subsysteme und die damit verbundenen isolierten und informellen Machtzentren zu verhindern;
- Durchsichtigkeit und Öffentlichkeit der Entscheidungsprozesse, um Mißtrauensbarrieren abzubauen;
- interne, sich selbst regulierende Kontrollmöglichkeiten, um vorschnell externe, nicht problemzentrierte Eingriffe überfüssig zu machen;

---

[186] Heinz Müller-Dietz: Vollzugsziel und innerer Aufbau der Vollzugsanstalten, in: Zeitschrift für Strafvollzug und Straffälligenhilfe 4 (1975), S. 204 – 212.

- externe Hilfen, die möglichen Krisen vorbeugen und eine adäquate Konfliktlösung garantieren, sowie
- in das System eingebaute Regelungsmechanismen, die das Erstarren der Organisationsstruktur zugunsten einer dynamischen Fortentwicklung vermeiden"[187].

Müller-Dietz bemängelt, „daß dieser Entwurf die ohnehin schon hohe Komplexität der Vollzugsanstalt durch eine überaus große Differenzierung im inneren Aufbau noch weiter steigert"[188]. Deswegen sei sowohl eine Überforderung des Engagements der beteiligten Bediensteten als auch die der Insassen durch ein System „formalisierter Informations-, Kommunikations- und Entscheidungsprozesse"[189] zu befürchten.

Diese Bedenken überzeugen durchaus. Auch ohne den Versuch einer praktischen Erprobung ist eine erfolgreiche Verwirklichung des unveränderten Alternativentwurfs sehr fraglich. Das hindert keineswegs, ihn als respektable Leistung anzusehen. Im Unterschied zum Strafvollzugsgesetz verfolgt der Alternativentwurf das Ziel der Resozialisierung und Humanisierung des Strafvollzugs ungleich konsequenter und auch ehrlicher, ganz abgesehen davon, daß er weitaus mehr fruchtbare Ansätze als jenes enthält. Das Grundproblem des Alternativentwurfs wie auch jeder anderen gesetzlichen Regelung mit einseitig rationaler Sichtweite ist die Tatsache, daß organisatorische Strukturen auf einem wechselseitig bedingten Komplex materiell/ökonomischer und sozialpsychischer Gegebenheiten aufbauen, die unter anderem in den Einstellungen und Interessen *der* Menschen wurzeln, die primär davon betroffen sind. Man muß mit anderen Worten dem Gesetz die einfache Frage stellen: Wollen die ausführenden Personen denn das überhaupt so, und was noch wichtiger erscheint: Können sie es wollen?

Rationale Strukturen — seien sie durch allgemeine Grundsätze im Stile des § 2 StVollzG oder auch durch konkrete Anweisungen in dem des Alternativentwurfs intendiert — lassen sich soweit verwirklichen, als sie von ökonomischen Gegebenheiten einerseits und von kollektiven Einstellungen und Interessen andererseits getragen werden. Zur Voraussetzung wird ebenso die Position der erforderlichen Haushaltsmittel innerhalb der Prioritätenliste öffentlicher Ausgaben wie auch die verbreitete atavistische Angst vor dem Verbrechen und entsprechend destruktive Bedürfnisse nach Gegenaggression. So gesehen endet das Gefängnis keineswegs an der Mauer; es ist gänzlich eingefügt in Leben und Aufbau der Gesellschaft.

In einer Zeit des offensichtlich zunehmenden Mangels an Mitteln ist der Ruf nach Erhöhung der Investitionen für den Justizvollzug illusorisch und wird vielfach so aufgenommen, als ob der Urheber sich damit selbst widerlegt. Die Wahrheit seiner Theorie wird am Vorhandensein der Mittel zu ihrer Verwirklichung gemessen. Tatsächlich ist diese Form der Schlußfolgerung nicht in jedem Bereich so. Die phantastischsten Theorien können Aussicht auf Mittel und Verwirklichung erhalten und in den Rang von Sachzwängen kommen,

---

187 Heinz Müller-Dietz, Vollzugsziel und innerer Aufbau, a.a.O., S. 206.
188 Heinz Müller-Dietz, Vollzugsziel und innerer Aufbau, a.a.O., S. 207.
189 Heinz Müller-Dietz, Vollzugsziel und innerer Aufbau, a.a.O., S. 208.

wenn sie nur im passenden Interessenressort liegen: Man mag in internationalem Maßstab an ABC-Waffen erinnern, an Radarsysteme — Anlagen von Science-Fiction-Format, die entsprechend teuer sind und nicht selten von einer Abenteuerlichkeit, der gegenüber die gewagtesten sozialpolitischen Ideen als kühler Realismus erscheinen.

Investitionen sind primär nicht mittel-, sondern interessenabhängig. Das führt im Justizvollzug überwiegend zu negativen Auswirkungen. Das Phänomen ist Teil einer umfassenden, weltweiten politischen Problematik: Der Mensch wendet dem Menschen wenig Interesse zu, wenn es sich nicht an Bedürfnissen um das eigene Wohl und Wehe festmachen läßt. Aggression und Selbstdurchsetzung haben daher höhere Priorität der Mittel. Der sogenannte Sachzwang, der sich im Fall des Justizvollzugs überwiegend als Beschränkung der Mittel zeigt, kann als solcher genommen werden, nicht weil er tatsächlich Sachzwang wäre, sondern weil die ihn bestimmenden und auslösenden Interessen derart stabil sind, daß sie ohne einschneidende Änderung wie physikalische Kräfte behandelt werden können.

Dieser Sachlage nach und in einer Zeit, die alles andere als ein hochkonjunkturelles Gepräge hat, steht weniger die Erhöhung von Mitteln als deren Einsatz und Inanspruchnahme zur Disposition. Dabei sind zwei wichtige finanzträchtige Faktoren zu berücksichtigen: die Zahl der Gefangenen, die ein Staat kriminalpolitisch für notwendig erachtet, und die Bewertung ihrer Gefährlichkeit. „Der einfachste Weg zur Bewältigung des ‚vollzugsimmanenten Massenproblems' ist die Verminderung der Gefangenenzahl. Müller-Dietz führt die erfolgreiche Modernisierung des schwedischen Strafvollzugs und die Durchführung aufwendiger Vollzugsexperimente in Holland vor allem auf die relativ geringe Anzahl der Gefangenen zurück"[190]. Neben der Anzahl der Strafgefangenen in einem Land ist die Einschätzung ihrer Gefährlichkeit ein weiterer mittelwirksamer Faktor, der sich in schwerwiegender Weise sowohl architektonisch als auch personell bemerkbar macht.

Fast jeder Strafgefangene wird nach seiner Verhaftung mit allen „Insignien" der Gefährlichkeit ausgestattet: mit Mauern und Gittern, mit festen, von außen verschließbaren Stahltüren zum Haftraum, mit vielfacher Aufsicht durch Personal, mit Kontrollen von Besitz, Körper, Bewegung und Aktivität. Gegen die Durchführung derartiger Maßnahmen in durch Haftzeit und/oder Persönlichkeit begründeten Fällen ist nichts einzuwenden. Die Durchsetzung von Unfreiheit durch Haft ist nun einmal nur sehr bedingt durch freie Vereinbarung abzusichern, sondern erfordert Zwangsmittel und Kontrollen. Darum wird man nie ganz herumkommen. Das Problem ist, daß derartige Mittel und Maßnahmen auch heute noch relativ unterschiedslos angewendet werden, daß „Gefährlichkeit" zum aufwendigen Stigma des Bestraften schlechthin wird.

Wie der internationale Vergleich zeigt, sind weder „Gefangenenzahl" noch „Gefährlichkeit" absolute Kriterien von Rechtsprechung und Vollzug. Sicherungsanlagen und Verurteilung zur Freiheitsstrafe haben, wie ausführlich dargelegt, neben ihren rational veranlaßten Zwecken rituell-expressiven

---

190 Nach Wolfgang Ohler, a.a.O., S. 47.

Charakter, der objektiv gesehen überwiegend bedeutungslos ist und der vor allem ungerechtfertigt viel an finanziellen Mitteln für bauliche Anlagen und für Personal verschlingt. Freiheitsentzug ist und bleibt mit Sicherheit die aufwendigste Form der rechtlichen Sanktion. In ihrer heutigen, funktional kaum reflektierten Form ist sie zu nicht geringem Anteil Geldverschwendung für Sicherungsanlagen, Personaleinsatz zu Kontrollzwecken und Zahl von Haftplätzen.

Die Reform von Strafrecht und Strafvollzug hat bisher die Schwäche, daß sie einseitig als juristisches Problem gesehen wird. Die 1967 zusammengestellte Strafvollzugskommission hatte 19 Mitglieder mit 17 Juristen, einem Arzt und einem Aufsichtsbediensteten[191]. Die Zusammensetzung der Vorbereitungsgremien zur Strafrechtsreform steht dem in nichts nach. Diesem Gruppenaufbau entspricht eine recht eigenartige Sichtweise der gesellschaftlichen Wirklichkeit und die Auffassung, daß deren Dialektik zwischen Sein und Sollen, zwischen Fakten und Normen einseitig durch Norm-Sachverständige beherrschbar sei und die sachrelevanten Seins-Wissenschaften weitgehend überflüssig. Mit der Lösung von Rechtsfragen allein ist – so unerläßlich dies in jedem Fall ist – die komplexe Problematik, in die Normen eingeordnet sind, nur angeritzt. Paradebeispiel einer juristisch anscheinend gelösten und faktisch mißglückten Reform war der Versuch mit der Strafrechtsreform von 1969, die kurze Freiheitsstrafe weitestgehend überflüssig zu machen. Die diesbezügliche Gesetzesänderung führte kurzfristig zu einem Absinken der Gefangenenzahlen, um nach einigen Jahren durch die Vollstreckung sogenannter Ersatzfreiheitsstrafen wieder anzusteigen. Ein nicht geringer Anteil von Haftplätzen bleibt durch kurze Freiheitsstrafen, über deren derzeitige Nutzlosigkeit man sich einig ist, blockiert. Eine nutzlose und letztlich teure Gesetzesänderung, die durch interdisziplinäre Entscheidungsbildung wahrscheinlich hätte vermieden werden können.

Ähnliches ereignet sich im Strafvollzug. Da Sicherungsanlagen neben ihrem eigentlichen Zweck Straf-Funktion haben, wird ihre vielfache Nutzlosigkeit gerade von Experten selten registriert. Sicherungsvorkehrungen werden architektonisch und personell mit geringem Unterschied bei den unterschiedlichsten Gefangenen durchgeführt. Eine stählerne Haftraumtür kostet ca. DM 1600,–, eine solide Alltagstür ca. DM 400,–. Der Stahltür-Aufwand ist in tausenden von Fällen offenbar für niemanden zu aufwendig, handele es sich um einen häufig rückfälligen, aber höchst ungefährlichen Kleinkriminellen, einen angepaßten Wirtschaftstäter oder einen tatsächlich gefährlichen Gewalttäter.

Wo derart irrationaler Mitteleinsatz auffällig wird, ergeben sich gerade für Insider Aha-Erlebnisse, so selbstverständlich die Entdeckung im konkreten Fall sein mag. So erklärte mir ein Sicherheitsinspektor in einer Anstalt mit Schwerkriminellen, daß er anläßlich eines Umbaus Zellentüren ohne die sonst üblichen Spione empfohlen hätte. Diese seien völlig überflüssig, und man könne dadurch insgesamt DM 54.000,– einsparen. Die Maßnahme hätte sich bei einem Versuch bewährt. Mein eigenes Erstaunen machte mir

---

191 Georg Wagner: Psychologie im Strafvollzug, München 1972, vgl. S. 104.

deutlich, wie sehr durch jahrelangen Vollzugsdienst das Bild vom Gefangenen von der Institution, die man Tag für Tag erlebt, überformt wird. Die Institution, Sicherungsanlagen und -vorkehrungen fressen sich in unsere Köpfe und stehen für das Menschenbild.

Nach allem besteht eine eigentümliche Dialektik zwischen Vollzugspraxis und stereotypen Sichtweisen einerseits sowie erlebten Sachzwängen und Mittelverschwendung andererseits. Die gehegten Vorurteile sind aufwendig. In der gegenwärtigen wirtschaftlichen Situation ist eine progressive Entwicklung des Justizvollzugs nur vorstellbar, wenn es zu einer strafrechtlich effektiven Verringerung der Gefangenenzahlen und zu einer internen Umverteilung der Mittel kommt. Deren Ansatzpunkte und Ausmaß müßten durch entsprechende Untersuchungen festgestellt werden. Rationalisierungen sind jedoch gerade im Strafvollzug ohne entsprechende emotionale Änderungen und gleichlaufenden sozialen Druck nicht denkbar.

Dabei ergibt sich die Frage, auf wessen Einstellungen und Interessen es am meisten ankommt, welche Personen und/oder Gruppen am wirkungsvollsten eine progressive Entwicklung vorantreiben könnten. Entwicklung des Justizvollzugs zu einer konfliktlösenden und nicht konfliktverschärfenden Institution ist unter heutigen Verhältnissen ebenso wenig als Ergebnis einer breiten Massenströmung wie auf das Wirken einiger weniger Personen hin vorstellbar. Wie demoskopische Umfragen vermuten lassen, wirkt der gesamtgesellschaftliche Interessendruck bis auf weiteres noch eher auf eine repressive Strafvollstreckung. Das setzt parteipolitischen Aktivitäten relativ enge Grenzen. Mit dem Versprechen einer nicht repressiven kriminalpolitischen Entwicklung lassen sich weder bei Parlamentswahlen Mehrheiten gewinnen, wie mit der Einlösung solcher Versprechen sich diese zuverlässig erhalten lassen. Regierungen und Justizverwaltungen können Veränderungen deswegen oft nur lavierend durchführen und erfahren nicht selten ihre Machtlosigkeit im Bereich der Vollzugsreform. Der Einfluß kleiner Gruppen von Kriminologen und von Sozialwissenschaftlern, die eine Verbesserung des Strafvollzugs anstreben, ist unter diesen Umständen recht gering einzuschätzen.

Das Außenfeld um die Institution Strafvollzug liefert nach allem keine wirkungsvollen Ansatzpunkte, da derzeit keine breiten politischen Strömungen erkennbar sind, innerhalb derer auch die Entwicklung des Vollzugs Bedeutung erhielte. Es bleibt das Spannungsfeld der Anstalt selbst mit seinem strukturellen Grundkonflikt zwischen freien Bediensteten und unfreien Insassen sowie mit verschiedenen Subsystemen im Personal: Anstaltsleitung und Verwaltung, dem Stab der sozialen Fachdienste, dem allgemeinen Vollzugsdienst und dem Werkdienst. Die angeführten Gruppen unterscheiden sich durch ihre soziale Lage bzw. durch ihre je spezifische Stellung zum Gefangenen. Naheliegend erscheint zunächst, daß der strukturelle Grundkonflikt zwischen Insasse und Personal der stärkste Ursachenkomplex einer institutionellen Veränderung sein könnte. Dem entspricht die Anschauung, daß die institutionelle Entwicklung identisch mit der Emanzipation der Gefangenen sein könnte oder daß zumindest die Insassen die bedeutsamste pressure-group sein könnten.

Derartige emanzipatorische Bewegungen werden seit Ende der sechziger Jahre im Zuge einer an Randgruppen orientierten reformerischen oder sich als revolutionär verstehenden Politik immer wieder neu angestoßen. Ihr systemkonformer Ausdruck ist die Gefangenenmitverantwortung, als Soll-Vorschrift im § 160 StVollzG kodifiziert, bisher in einem Teil der Anstalten eingeführt und unter höchst unterschiedlichen Bedingungen tätig. Höchst umstritten sind gelegentliche Widerstandsaktionen, Hunger- und Sitzstreiks von Gefangenen, unter anderem angeregt durch Agitation und Beifall einer Vielfalt außenstehender politischer Kleingruppen, denen ein entsprechend vielfältiges Spektrum größerer und kleinerer Presseorgane zur Verfügung steht.

Grundlage linksextremer Institutionskritik und Agitation im Gefängnis ist die Prämisse, daß Kriminalität wie auch die Situation des Gefangenen Phänomene politischer Art seien. Die Lage der Gefangenen in den Vollzugsanstalten wird als charakteristisch, ja als exemplarisch für eine allgemein bestehende Unterdrückung angesehen, die vom herrschenden politischen System ausgeht. Es wird daher als nutzlos betrachtet, von diesem selbst entscheidende Verbesserungen zu erwarten. Notwendige Veränderungen, die Aufhebung der Unterdrückung, könne, wenn überhaupt, nur Ergebnis der Gefangenenbewegung selbst darstellen, allenfalls in Zusammenarbeit mit solidarischen „Knastgruppen" außerhalb der Anstalten.

Die beschriebene Auffassung ist das ideologische Extrem emanzipatorischer Ansätze. Sie wurde wohl am reinsten von dem 1976 verbotenen Gefangenenrat mit Sitz in Frankfurt vertreten, der die Gefangenenbewegung als selbständigen Teil einer gesamtgesellschaftlichen Systemänderung darstellt. Im „Nachrichtendienst" Nr. 1/1973 schreibt der Gefangenenrat: „Wir fordern die Abschaffung der Internierung einer ökonomisch, politisch und rechtlich entwerteten Klasse in den Strafanstalten, psychiatrischen Haftanstalten, Fürsorgeanstalten; wir fordern die Abschaffung der Verurteilung und Einsperrung von Menschen, die durch ihre Herkunft vorbestimmt ist"[192]. Die Selbstbefreiung der Gefangenen wird als gesetzmäßiger Ablauf in drei Schritten dargestellt: Die erste Phase wird in den Aktionen von Querulanten gesehen, eine zweite in der politischen Organisation der „Proletarischen Gefangenen und des Lumpenproletariats" und eine dritte in der Militanz der politischen Organisation des Lumpenproletariats[193]. Die Vorstellung einer emanzipatorischen Gefangenenbewegung wird in den verschiedensten Spielarten immer wieder neu vorgetragen. Grundsatzstreitigkeiten ergeben sich aus der unterschiedlich bewerteten Rolle der politisch motivierten und der sogenannten sozialen Gefangenen oder aus der Beziehung zwischen Betreuungsgruppen und Gefangenen u. a.

Der wohl entscheidende Irrtum derart extremer emanzipatorischer Ansätze liegt darin, daß die Situation des Gefangenen in den Vollzugsanstalten als grundlegend politisches Merkmal betrachtet wird. Das ist sie unter anderem

---

192 Nach Kollektiv Rote Hilfe (Hrsg.): Entwurf einer Magna Charta, Selbstverlag München o. J. (im Handel 1980), S. 11.
193 Vgl. Die drei Schritte der Gefangenenbewegung, in: Nachrichtendienst der Gefangenenräte Nr. 8, April 1975, S. 18 ff.

sicher auch. Die Situation des Gefangenseins als Folge einer strafrechtlichen Verurteilung ist aber, im Vergleich sämtlicher heutiger Staatswesen, politisch invariabel; sie ist ein strukturelles Faktum. Mag es im Gefängnis interne „Freiheit", freie Vereinbarung zwischen Gefangenen und Personal geben, die These von einer selbständigen Gefangenenbewegung im Sinne einer möglichen Selbstbefreiung ist ein Widerspruch in sich und durch kein existierendes System oder realistisches politisches Programm abdeckbar. So notwendig die Beteiligung von Gefangenen bei der Entwicklung der Anstalten ist, so strukturwidrig ist die Vorstellung, daß sie von ihnen allein getragen werden könne.

Gefangene bilden keine Gesellschaftsklasse im soziologischen Sinn des Wortes. Zwar ist ihre Situation in ökonomisch einschneidender Weise geprägt, aber sie sind als Internierte eben nicht Angehörige einer sich generativ erneuernden Sozialschicht, wie etwa Leibeigene und Sklaven in der Geschichte es waren. Unter anderem deswegen begreifen sie ihren Zustand als passager und bestimmen selbst im Fall der lebenslänglichen Strafe ihren sozialen Standort von ihren Außenverhältnissen her, ihr stärkstes Motiv ist nicht die Umgestaltung ihrer Gefängnissituation, sondern deren Beendigung durch Entlassung im eigenen individuellen Fall. Eine antistrukturelle Zielsetzung wie die der selbständigen institutionellen Entwicklung wirkt unter diesen Voraussetzungen denkbar unüberzeugend und wird allenfalls solange eingenommen und für wahr gehalten, als eine aufgrund besonderer Konflikte entstandene Widerstandsaktion anhält. Der Insasse erlebt sich nicht nur als Gefangener der Anstalt, in der er sich gerade befindet, er ist Gefangener einer Institution, die Teil der gesamten Gesellschaft darstellt. Gefängnisse öffnen sich erfahrungsgemäß nur bei gesamtgesellschaftlichen Umwälzungen größten Ausmaßes – und dann nur kurzfristig.

Der institutionellen Veränderung von der Basis der Insassen her sind nach allem entschiedene Grenzen gesetzt. Keinesfalls können die Insassen zu selbständigen Trägern einer durchgreifenden Umgestaltung werden, das mag – was hier nicht überprüfbar ist – bei einem Teil der Patienten von psychiatrischen Anstalten der Fall sein, die Verhängung einer Freiheitsstrafe steht dem als eindeutige Zwangsmaßnahme entgegen. Emanzipation und Freiheitsentzug lassen sich nicht verbinden, wenn auch Möglichkeiten der Überführung von Zwang in unterschiedlich abgestufte vertragsähnliche Beziehungen zwischen Institution und Gefangenen bzw. bedingt Entlassenen möglich sind. Der im offenen Vollzug mögliche Freigang, auch die Bewährungsauflage sind Beispiele für eine Umgestaltung physischen Zwangs, wie es das Einsperren letztlich darstellt, in mehr oder weniger strikte Verhaltenserwartungen bei größeren Freiräumen.

Die Auswirkungen einer selbständigen Vereinstätigkeit von Gefangenen für die Veränderung des Justizvollzugs bleibt abzuwarten. 1980 wurde von Gefangenen der Vollzugsanstalt Berlin-Tegel ein Verein zur Förderung eines gesetzmäßigen Strafvollzugs e. V. gegründet. Charakteristikum dieser Verbindung ist die arbeitskampffähige Konfrontation gegenüber Anstaltsleitung und Personal sowie der Versuch der politischen Kooperation mit außerparlamentarischen Gruppen im Sinne der Politisierung der eigenen kriminellen Devianz. So aus einem Rundschreiben des Vereins zur Förderung eines gesetzmäßigen Strafvollzugs (VGST) vom 24. 6. 1980 an die „Freunde aus der anti-AKW-Bewegung, den Bürgerinitiativen, der Frauenbewegung usw.": „Eure Auseinandersetzung für eine lebenswertere Umwelt, für eine Welt, in der der Mensch und nicht Technik und Fortschritt das Maß aller Dinge darstellt, findet auch bei uns hier im Knast starke Anteilnahme. So verschieden auch die Konfliktfelder in Euren und unseren Kämpfen sind, haben wir dennoch die gleichen Gegner. ..."

Typisch für Aktivitäten der angeführten Art ist ihr sporadisches Auftreten und die mangelnde Kontinuität. Sie sind an individuelles Engagement gebunden, abhängig vom wechselnden Interesse kleiner Außengruppen für Gefangenenprobleme und nicht zuletzt von der Institution behindert. Eine Institution, zu deren nicht nur legitimen, sondern auch essentiellen Merkmalen Freiheitsentzug und damit Zwang gehört, kann nicht die gleichen politischen Austragungsformen von Konflikten übernehmen wie außerhalb. Sie kann derartige Aktivitäten in der Regel nicht fördern und muß ihnen dann entgegentreten, wenn institutionell bedeutsame Kontrollansprüche gefährdet sind. Veränderungen müssen notwendig von den Mitgliedern der Institution getragen werden, die ihrer Aufgabe nach den Freiheitsentzug durchzuführen und gegenüber Staat und Gesellschaft zu gewährleisten haben.

Ist die Insassenschaft als eigenständiger Träger institutioneller Entwicklungen aufgrund ihrer strukturnotwendigen Situation der Unfreiheit weitgehend ausgeschlossen, so sind auch einer Veränderung von der Spitze her — sei es von der des organisatorischen Liniensystems aus Anstaltsleitung und Verwaltungsdienststellen oder vom Stab der sozialen Fachdienste — enge Grenzen gesetzt. Die Durchführung von Veränderungen macht in der Regel um so mehr Angst, je mehr eine Position Erwartungsschnittpunkt mit entsprechenden Verlustrisiken an Status und sonstigen Privilegien darstellt. Dies gilt überwiegend für die Situation des Anstaltsleiters. Innerhalb einer durch Gesetzes- und andere Vorschriften überstrukturierten Institution, zwischen externen und internen restriktiven Erwartungen einerseits und dem starken Bedürfnisdruck der Insassenschaft andererseits, ist sein Handlungsspielraum stark eingeengt.

Veränderungen unterliegen daher den Einschränkungen dieses engen Handlungsspielraums. Es kommt hinzu, daß der Anstaltsjurist aufgrund seiner Ausbildung in Gesetzeswissen und dessen vor allem kasuistischer Anwendung zwar die tradierte Verwaltungsorganisation beherrscht, diese aber schwer variieren kann, gerade wenn es um Veränderungen tradierter Verwaltungsstrukturen ginge. Abgesehen von individuellen Ausnahmen ist die Spitzengruppe der Anstalten daher alles andere als veränderungsfreundlich. Der Anstaltsjurist wie auch die höheren Chargen der juridisch gebildeten Verwaltungsdienste, deren Fachkenntnisse für eine gut funktionierende Organisation gar nicht hoch genug eingeschätzt werden können, sind daher weit überwiegend an der Erhaltung des Status quo interessiert. Anstaltsleitung ist für sie ein Problem der Durchsetzung traditioneller Ziele und der Erhaltung des inneren institutionellen Gleichgewichts.

In der Anstaltsleitung besteht nach allem ein Mißverhältnis zwischen zwar hoher Anerkennung und Durchsetzungsmöglichkeit einerseits, aber geringem Handlungsspielraum andererseits. Der Sozialstab, bestehend aus Psychologen,

Sozialarbeitern, Sozialpädagogen, Lehrern, Geistlichen, teilweise auch Soziologen, ist nach Calliess (zitiert bei Ohler) die „am wenigsten definierte Gruppe" der Anstalt. Ohler führt dazu weiter aus: „Da der Gesetzgeber selbst keine exakten Anleitungen zum Vollzugsziel der Resozialisierung an die Hand gibt, muß sich der einzelne selbst die Selektionskriterien für die Auswahl der ‚richtigen' Handlungen aus der Vielzahl der möglichen aufstellen. Dieser Vorgang der Selektion ist also nicht institutionalisiert, sondern dem persönlichen Engagement eines jeden Mitglieds des Sozialstabs überlassen"[194].

Die berufliche Situation des Sozialstabs ist damit der der Anstaltsleitung diametral entgegengesetzt: Es bestehen wenige formalisierte Handlungserwartungen, Entscheidungsüberlastung hinsichtlich der eigenen Rollendefinition sowie ein unbestimmter und dadurch weiter Handlungsspielraum bei geringer Durchsetzungsmöglichkeit. Eine berufliche Position dieser Art muß vom Rollenträger selbst wie von seinen Partnerrollen her in hohem Grad als unverbindlich erlebt werden. Erwartungsunsicherheit nicht nur hinsichtlich der zu übernehmenden Aufgaben, sondern auch hinsichtlich des eigenen Status sind die Folge. Für den Fall der Veränderung ist zumal bei dieser Gruppe geringer Größenordnung die erforderliche Anerkennung und Geltung von anderen Bedienstetengruppen her unwahrscheinlich. Allerdings hat der Stab der Fachdienste durch seine stärkere Identifikation mit dem Resozialisierungsziel die Chance, die künftige Zielausrichtung der Institution zu repräsentieren und dadurch zunehmend an Geltung zu gewinnen.

Es bleibt der allgemeine Vollzugsdienst als zahlenmäßig stärkste Gruppe im Personal, die gleichzeitig den engsten Kontakt mit den Gefangenen hat. Charakteristischerweise ist es die Gruppe, die für die Außenwelt am meisten für die Institution steht: Ähnlich wie die Insassen erleben sie aus verwandten Ursachen etwas von der Diskrimination der Gesellschaft, aus deren Sicht sie die „Wärter", die „Schlüsselknechte", kurz die Menschen darstellen, die sich nicht zu gut sind, eine unangenehme Aufgabe durchzuführen. Im Kontakt mit Gefangenen geben sie den Druck der Gesellschaft an die Insassen weiter. Als willfährige oder ohnmächtige Vollstrecker der gesellschaftlichen Strafwünsche produzieren sie mit ihrem eigenen konservativen Rollenbild die gesellschaftliche Geringschätzung mit, deren Gegenstand sie sind.

Zu früheren Zeiten eines strengeren Vollzugs, in dem Diskrimination der Gefangenen noch deutlicher wurde, – so in der Gefangenenanstalt Landsberg a. L. vor dem Ersten Weltkrieg – waren die Aufseher mit den Gefangenen während ihrer Arbeitszeit hinter den Gittern eingesperrt, welche die Verwaltung vom Gefängnisbau trennte. Der Angehörige des Aufsichtsdienstes mußte, um während der Arbeitszeit den Verwaltungstrakt betreten zu können, jeweils eine Erlaubnis dazu einholen. Heutige Zeiten sind weniger drastisch, aber mit der einseitigen Identifikation einer Berufstätigkeit mit Sicherungsfunktionen über Menschen und mit Einsperraktivitäten koppelt sich noch heute eine mehr oder weniger sublime Distanzierung seitens der Angehörigen anderer Berufsgruppen.

---

194 Wolfgang Ohler, a.a.O., S. 54.

In der sozialpsychologischen Situation des allgemeinen Vollzugsdienstes und mit ihm teilweise des Werkdienstes spiegelt sich daher auf eigentümliche Weise die Lage der Institution Strafvollzug im Ganzen der Gesellschaft: Gefängnis ist sowohl Ausdruck der Bestrafungswünsche der Gesellschaft als auch insgeheim verachtete Einrichtung. Im Grunde liegt hier die Schwachstelle der Institution. Dieser innere Gegensatz kann in *der* Gruppe zum bewegenden Moment der Entwicklung werden, in der er sich trifft. Dies ist beim allgemeinen Vollzugsdienst, der einflußstärksten, wenn auch nicht -mächtigsten Personalgruppe der Fall. Üblicherweise kompensiert der allgemeine Vollzugsdienst seinen geringen öffentlichen Status durch Betonung der anstaltsinternen Hierarchie: d. h. durch deutliche Unterscheidung vom Status des Gefangenen und engen Anschluß an diesbezügliche Erwartungen der hierarchischen Spitze. Eine Änderung dieses kompensatorischen und im Hinblick auf öffentliche Anerkennung ständig erfolglosen Mechanismus ist nur dann zu erwarten, wenn der allgemeine Vollzugsdienst sich dieser Situation bewußt wird und von daher zu einem anderen beruflichen Selbstverständnis findet.

Der Angelpunkt einer positiven und erfolgreichen Entwicklung des Justizvollzugs liegt somit darin, daß das breite Personal den Zusammenhang zwischen geringem gesellschaftlichem Ansehen · und einseitig auf Schließ- und Bewachungsfunktionen ausgerichteter Tätigkeit erfaßt und gleichzeitig einen Weg zu einer beruflichen Neuorientierung anstrebt. Eine derartige Entwicklung liegt langfristig gesehen im berufsständischen Eigeninteresse besonders des allgemeinen Vollzugsdienstes sowie des Werkdienstes und könnte daher als gewerkschaftliches Anliegen sowohl durch berufspolitische Zielsetzungen als auch entsprechende Aufklärung betrieben werden. Angehörige des allgemeinen Vollzugsdienstes sollten Betreuungs- und Behandlungsfunktionen übernehmen, wo sich diese anbieten. Dabei sollte gleichzeitig der Zusammenhang zwischen dieser Art der Tätigkeit und beruflicher Aufwertung verdeutlicht werden.

Das ist nicht ohne weiteres und ohne die Gefahr gegenteiliger Ergebnisse möglich. Wo kleine Gruppen des allgemeinen Vollzugsdienstes und des Werkdienstes sich im Sinne einer sozialintegrativen Behandlung von Insassen betätigen, ist der strukturkonforme Gegendruck konservativer Rollenerwartungen wahrscheinlich. Da die von maßgeblichen Mitgliedern der Institution überwiegend gehegten Erwartungen gegen die Änderung oder gar Ausweitung von Aktivitäten gerichtet sind, kurz den Status quo zu erhalten suchen, werden Bedienstete mit anderer beruflicher Orientierung gern zu Außenseitern gestempelt bzw. als Randgruppen definiert. Nur so kann nämlich die intendierte Änderung des sozialen Systems neutralisiert werden. Eine Institution, zu deren wichtigen Funktionen die Darstellung von sozialen Unterschieden gehört, kann ihrer Eigenart nach Randgruppen im Personal erstaunlich gut „integrieren", ohne sich selbst zu ändern. Weder erfassen damit die Anstalt als Ganzes noch die als Außenseitergruppe gekennzeichneten Bediensteten selbst den emanzipatorischen Akzent der neuen beruflichen Orientierung, sondern einseitig Mehrbelastung und Konfliktsteigerung im Personal.

Um progressive Aktivitäten unter den Angehörigen des allgemeinen Vollzugsdienstes und ein neues berufliches Selbstverständnis auf breiter Basis zu fördern, könnten die dahingehenden Motive verstärkt werden. Materielle Anreize durch Zulagen für Betreuungsarbeiten wären eine Möglichkeit der Verstärkung. Langfristig günstiger erschiene es jedoch, wenn über Betreuungs- und Behandlungstätigkeiten berufliche Qualifizierung und beruflicher Aufstieg in den gehobenen, wenn nicht höheren Dienst möglich gemacht würde. Geeignete Auffangbasis für einen derartigen beruflichen Aufstieg wären aber gerade die sozialen Fachdienste. Der Schwerpunkt ihrer Tätigkeit besteht in der Betreuung und Resozialisierung von Gefangenen. Ihr Aufgabenbereich stellt — wenn auch unter anderer Zielsetzung — vielfach eine natürliche, wissenschaftlich ausgeweitete bzw. vertiefte Fortentwicklung der beruflichen Alltagserfahrungen des allgemeinen Vollzugsdienstes dar. Für qualifizierte und interessierte Bedienstete könnte über entsprechende Zusatzausbildung, über ein Fachhochschul- oder Hochschulstudium ein Zugang zum gehobenen oder auch höheren Dienst geschaffen werden.

Derartige Zukunftsperspektiven sind geeignet, das berufliche Selbstverständnis zu ändern, sofern sie durch entsprechende Förderung und Ausbildungseinrichtungen für einen nicht zu geringen Anteil der Angehörigen des allgemeinen Vollzugsdienstes und des Werkdienstes realistisch erscheinen. Natürlich würde sich mit der Zugangsmöglichkeit des allgemeinen Vollzugs- und Werkdienstes zu den sozialen Fachdiensten auch deren Selbstverständnis verändern. Der damit verbundene Zuwachs an institutioneller Erfahrung von der Basis her, aber auch die soziologischen Konsequenzen wären jedoch nicht ungünstig. Im Hinblick auf seine schichtsoziologischen Voraussetzungen erscheinen der allgemeine Vollzugs- und der Werkdienst bei entsprechender individueller Eignung für kriminaltherapeutische Aufgaben durchaus qualifiziert. Nach ihrer sozialen Herkunft stehen diese Bedienstetengruppen in der Regel dem Gros der Insassen, das aus der sozialen Unterschicht stammt, am nächsten. Daraus resultieren günstigere Voraussetzungen für emotionale Übertragungen, für wechselseitige Identifikation und Verständigung, als es etwa bei den überwiegend Mittelschichtangehörigen des gehobenen und höheren Fachdienstes der Fall sein kann. Ganz abgesehen davon sind allgemeiner Vollzugs- und Werkdienst durch ihre Berufspraxis oft besser und detailreicher über die Probleme der Internierten informiert. Die soziale Diskrimination, die der Angehörige dieser Bedienstetengruppe im restriktiven Vollzug oft ausübt, ist das Negativ seiner Nähe und unbewußten Identifikation mit dem Gefangenen als Mitglied einer ähnlichen Sozialschicht. Im Falle der beruflichen Umorientierung würde diese Identifikation zur positiven Chance, im Fall der Therapie würde sie die erforderliche Übertragung weit besser ermöglichen.

Die wichtigste Konsequenz eines in der beschriebenen Art veränderten beruflichen Selbstverständnisses im allgemeinen Vollzugs- und im Werkdienst ergäbe sich für die als ‚institutioneller Zielkonflikt' bekannte Polarität zwischen Resozialisierungs- und Sicherungsaufgaben. Gegenwärtiges Charakteristikum dieses Zielkonflikts ist die überwiegend schwache Vertretung *der* Kräfte im Personal, die sich in ihrer beruflichen Aufgabensetzung mit dem Ziel der Resozialisierung identifizieren. Im wesentlichen sind dies die sozialen Fachdienste, deren Einfluß und Gewicht gering ist. Das gesamte organisatorische Liniensystem, von der personalen Basis über die Verwaltungsdienststellen bis hin zu den Aufsichtsbehörden an Vollzugsämtern und Ministerien, zeigt einseitig stärkere Zielrepräsentanz für die Freiheitsstrafe als Verwahr- und Sicherungsaufgabe. Der Zielkonflikt ist damit nicht struktureller Art; er ist organisatorisch gesehen ein Randphänomen, in der Regel führt er zur Isolation und Abwertung von Resozialisierungsaufgaben und stabilisiert indirekt die traditionelle Zielausrichtung.

Es wäre illusorisch anzunehmen, daß das ungleich stärkere, am Status quo orientierte organisatorische Liniensystem sich plötzlich anderen Zielen verpflichtet fühlte und die Grundsätze des Strafvollzugsgesetzes in den Mittelpunkt institutioneller Zielausrichtung stellen würde. Als erstes ist daher erforderlich, den bestehenden Zielkonflikt in eine andere Qualität zu bringen, ihn nicht allein als Polarität zwischen einflußschwachen Fachdiensten und starker Gesamtstruktur bestehen zu lassen, sondern ihn innerhalb des Liniensystems selbst anzusiedeln, ihn dadurch zum strukturellen Konflikt werden zu lassen und darüber hinaus zu einem Gegenstand der Auseinandersetzung zwischen den Behörden als Arbeitgebern und den Bediensteten als Arbeitnehmern.

5. Eine sich verändernde Institution

Man mag bei den im Anschluß an die Analyse von Strafurteil und Strafvollzug erfolgten Vorschlägen kriminaltherapeutische Konzepte oder auch grundlegende Gesetzesvorschläge vermissen. Rein sachlich gesehen wären Gedanken oder Folgerungen derartigen Inhalts sicher nicht überflüssig; sie erscheinen jedoch — soweit die Wirkung von Geschriebenem überhaupt absehbar ist — in der gegenwärtigen rechtspolitischen Situation unzeitgemäß. Die allgemeine Reformbewegung der letzten beiden Jahrzehnte ist abgeebbt; für kriminaltherapeutische Methoden und für an sich notwendige weitere umfassende Gesetzesänderungen fehlen zunächst die Menschen, die ihre Notwendigkeit erkennen und die zu ihrer Durchführung bereit sind.

Die Erfahrungen der Strafrechts- wie der Strafvollzugsreform haben gezeigt, daß die mit Gesetzen intendierten Entwicklungen auf rechtlicher Ebene an der Gesamtstruktur des Gesetzeswerkes scheitern. Hans-Ludwig Schreiber stellt das auch für das Strafverfahren selbst fest, wenn er schreibt: „Das bisherige System ist überwiegend retrospektiv angelegt, auf eine sorgfältige Rekonstruktion in der Vergangenheit liegender Taten, für die ein gerechter Schuldausgleich zu finden sei. Die Verfahrensstruktur ist noch weitgehend vom Vergeltungsgedanken beherrscht"[195]. Notwendig erscheinen daher bis auf weiteres Basisprogramme, die Menschen und Mittel aktivieren könnten. Detaillierte inhaltliche Systeme, wie etwa der Alternativentwurf eines Strafvollzugsgesetzes, bewegen zu wenig Interessen. Sie haben ferner den Nachteil der Bestimmtheit, wo die Entwicklung angesichts der unvollständigen Erfahrungen offen sein sollte.

Die Strafrechtspflege betrifft keineswegs nur die Feststellung und Sanktionierung kriminell auffälliger Menschen. In ihr treffen sich weitere gesellschaftspolitische Anliegen und Aufgaben, zu deren Lösung die Strafrechtspflege mit beitragen oder die sie mit versäumen kann. So ergeben sich mit der Praxis des Justizvollzugs und seiner Veränderung notwendig Erfahrungen über Institutionen, die Menschen umfassend versorgen, ihnen ein sinnvolles oder auch nur sinnleeres Leben ermöglichen. Unsere totalen Institutionen, wie man sie zu Recht nennt, sind — nicht nur im Bereich der Justiz — noch weitgehend primitiv. Wir bewältigen noch allzu wenig die prinzipielle Spannung zwischen organisatorisch notwendiger Reduktion von Komplexität und der für ein individuell menschliches Leben notwendigen Vielfalt.

Rechtsprechung und Justizvollzug sind Teil unserer gesellschaftlich zunehmend wichtiger werdenden Minderheitenpolitik. Nicht nur daß viele Randgruppen vermehrt in der Gefahr krimineller Devianz und auch der Verfolgung stehen; der kriminell Auffällige ist durchaus auch ein Vertreter einer eigenen Minderheit. Bei ihm stellt sich das Problem der Diskrimination in spezieller Form, da die Unterscheidung zwischen legitimer Sanktion und illegitimer

---

195 Hans-Ludwig Schreiber (Hrsg.): Strafprozeß und Reform, Darmstadt 1979, S. 24.

Stigmatisierung zu den Grundfragen einer wirkungsvollen und humanen Kriminalpolitik gehört. Schließlich prägt Strafrechtspflege in besonderer Weise das gesellschaftlich kultivierte Menschenbild, nicht das gern gehegte Ideal von Philosophen und Festrednern, auch kaum das des armen, gefallenen Bruders. Strafrechtspflege macht das negative Menschenbild unserer Zeit konkret. Sie zeigt den Menschen auf gesteigerte Weise als Objekt von Bürokratie und Kontrolle.

Angesichts dieser Verhältnisse und der gesellschaftlich zentralen Bedeutung der Strafrechtspflege kommt es nicht nur auf gute Gesetze an. Sie allein bewirken auf Dauer nichts anderes als neue Erstarrung. Notwendig erscheint gerade für den Justizvollzug eine Institution, die Wachstum und Veränderung nach eigenen Erfahrungen zuläßt. Institutionelle Entwicklung ergibt sich aus systemimmanenten Interessengegensätzen, die es aufzuweisen und zu aktivieren gilt.

Freiheitsentzug wird als letzte Alternative bei der Bewältigung von sozialen Konflikten, die durch kriminelle Handlungen gekennzeichnet sind, für den oder die jeweiligen Täter unvermeidbar bleiben. Andere Legitimationen für das Strafurteil als die durch den scheinkausalen Schuldbegriff werden zu erwägen sein, ebenso andere Kriterien für die Sanktionierung. Kriminaltherapie im Freiheitsentzug ihren ihr gemäßen regulären Rahmen zu geben, ist dringendes Gebot der Entwicklung.

Der offenkundigste Widerspruch in unserem so widerspruchsträchtigen Strafvollzugsgesetz besteht zwischen dem Vollzugsziel des § 2 auf Befähigung des Insassen zu einem Leben ohne Straftaten und seiner weiteren gesetzlichen Ausgestaltung. Es ist im wahrsten Sinne des Wortes ein Schildbürgerstreich, daß neben der Grundsatzregelung nach § 2 keine weitere Gesetzesvorschrift besteht, die einer kriminaltherapeutischen Veranstaltung, d. h. Gruppen- und Einzeltherapie, organisatorisch die gleiche Chance der Durchführung gäbe, wie es für behandlungsunspezifische Produktions- und Ausbildungsaufgaben der Fall ist. Eine Gesetzesnovelle zu diesem Gegenstand ist unerläßlich.

Darüber hinaus wäre es jedoch ein grundlegendes Mißverständnis und hochproblematisch, wollte man auf Dauer die strafrechtlich begründete Internierung voll mit dem Behandlungsauftrag gleichsetzen. Strafrechtliche Sanktion kann angesichts der durch unsere Verfassung anerkannten Vorstellung eines letztlich freien, sich selbst bestimmenden Menschen auch in der Situation des Freiheitsentzugs nicht als staatlich verordnete Umerziehung definiert werden, ebensowenig wie sie aus anderen Gründen ein säkularisiertes Gottesurteil in der Weise des Schuldstrafrechts darstellen darf. Strafrechtliche Sanktion setzt Grenzen für formale, zeitlich befristete staatliche Kontrolle nach dem historisch und zeitgeschichtlich gewordenen Grundsatz der Verhältnismäßigkeit. Lediglich in dieser notwendig inhaltsleeren Form erscheint die Institution „Freiheitsstrafe" auf Dauer entwicklungsfähig und kann den historisch und kulturell wechselnden Bedürfnissen der davon Betroffenen wie auch der Gesamtgesellschaft gerecht werden.

Literaturverzeichnis

Allport, Gordon W., Persönlichkeit, Stuttgart 1949.
Aristoteles, Nikomachische Ethik, hrsg. von Ferdinand Schöningh, Paderborn 1956.
Basaglia, Franco (Hrsg.): Die negierte Institution oder die Gemeinschaft der Ausgeschlossenen, Frankfurt a. M. 1971.
Beccaria, Cesare, Über Verbrechen und Strafen, hrsg. von Wilhelm Alff, Frankfurt a. M. 1966.
Blau, Günter, Die Wechselwirkungen zwischen Strafurteil und Strafvollzug, in: Monatsschrift für Kriminologie und Strafrechtsreform 6 (1977), S. 329 – 346.
Böhm, Alexander, Strafvollzug, Frankfurt a. M. 1979.
Bruns, Hans-Jürgen, Strafzumessungsrecht, Köln 1967.
Bruns, Hans-Jürgen, Strafzumessungsrecht, in: Recht, Fischer-Lexikon, hrsg. von Badura / Deutsch / Roxin, Frankfurt a. M. 1971, S. 252 – 260.
Bundesministerium der Justiz (Hrsg.): Recht – Informationen des Bundesministeriums der Justiz, Bonn 1980, Nr. 9/10.
Calliess, Rolf-Peter, Strafvollzugsrecht, Reinbek 1978.
Calliess, Rolf-Peter, Theorie der Strafe im demokratischen und sozialen Rechtsstaat, Frankfurt a. M. 1974.
Calliess, Rolf-Peter / Müller-Dietz, Heinz, Strafvollzugsgesetz – erläutert von Rolf-Peter Calliess und Heinz Müller-Dietz, 3. neubearbeitete Aufl., München 1983.
Cassirer, Ernst (Hrsg.), Immanuel Kants Werke, Berlin 1972.
Das Alte Testament, hrsg. von Hamp, Vinzenz und Stenzel, Aschaffenburg 1955.
Dechêne, Hans Ch., Verwahrlosung und Delinquenz, München 1975.
Domke, Helmut, Burgund, München 1963.
Dreher, Eduard, Strafgesetzbuch und Nebengesetze – erläutert von Eduard Dreher, fortgeführt von Herbert Tröndle, 41. Aufl. München 1983.
Dünkel, Frieder / Rosner, Anton, Die Entwicklung des Strafvollzugs in der Bundesrepublik Deutschland seit 1970 – Materialien und Analysen, Freiburg 1981.
Engisch, Karl, Einführung in das juristische Denken, Stuttgart 1964.
Etzioni, Amitai, Soziologie der Organisationen, München 1969.
Fikentscher, Wolfgang, Methoden des Rechts in vergleichender Darstellung, Bd. 1, Tübingen 1975.
Foucault, Michel, Überwachen und Strafen – die Geburt des Gefängnisses, Frankfurt a. M. 1977.
Freud, Sigmund, Das Unbehagen in der Kultur, in: Abriß der Psychoanalyse / Das Unbehagen in der Kultur, Frankfurt a. M. 1977.
Freud, Sigmund, Totem und Tabu, in: Fragen der Gesellschaft, Ursprünge der Religion, Studienausgabe Bd. IX, Frankfurt a. M. 1974.
Gahlen, John, Gedanken zur Neuordnung des Arbeitswesens im Strafvollzug unter Einschluß der Frage des Arbeitsentgelts, in: Zeitschrift für Strafvollzug 1 (1970).
Gallmeier, Michael, Zur Psychologie des Strafvollzugsbeamten, unveröffentlichtes Manuskript.
Gefangenenrat Frankfurt, Büro Galler (Hrsg.), Die drei Schritte der Gefangenenbewegung, in: Nachrichtendienst der Gefangenenräte, Frankfurt a. M., Nr. 8, April 1975.
Goffman, Erving, Asyle. Über die soziale Situation psychiatrischer Patienten und anderer Insassen, Frankfurt a. M. 1973.
Graul, Hans-Joachim, Der Strafvollzugsbau einst und heute, Düsseldorf 1965.
Harbordt, Steffen, Die Subkultur des Gefängnisses, Stuttgart 1967.
Hassemer, Winfried, Kausalität, in: Handlexikon zur Rechtswissenschaft, hrsg. von Axel Görlitz, Reinbek 1974.
Hellmer, Joachim (Verf. und Hrsg.), Recht – Fischer-Lexikon, Frankfurt a. M. 1961.
Hentig, Hans von, Die Strafe (2 Bde.), Berlin – Göttingen – Heidelberg 1954.
Heurgon, Jacques, Die Etrusker, Stuttgart 1971.

Hirschberg, Max, Das Fehlurteil im Strafprozeß, Stuttgart 1960.
Hofstätter, Peter R., Gruppendynamik, Reinbek 1957.
Hohmeier, Jürgen, Aufsicht und Resozialisierung, Stuttgart 1973.
Hoppensack, Hans-Christian, Über die Strafanstalt und ihre Wirkung auf Einstellung und Verhalten von Gefangenen, Göttingen 1969.
Homans, George Caspar, Theorie der sozialen Gruppe, Köln 1962.
Jaspers, Karl, Vom Ursprung und Ziel der Geschichte, Frankfurt / Hamburg 1955.
Kaufmann, Arthur (Hrsg.), Die Strafvollzugsreform, Karlsruhe 1971.
Kerner, Hans-Jürgen, Verbrechenswirklichkeit und Strafverfolgung, München 1973.
Kollektiv Rote Hilfe München (Hrsg.), Entwurf einer Magna Charta, München o. J.
Krachutzki, Heinz, Strafvollzug an Lebenslänglichen, in: Strafvollzug in Deutschland, hrsg. v. Dietrich Rollmann, Frankfurt a. M. 1967, S. 136 – 145.
Lepsius, Rainer M., Industrie und Betrieb, in: Soziologie – Fischer Lexikon, hrsg. von René König, Frankfurt a. M. 1967.
Lüderssen, Klaus, Strafrecht, in: Handlexikon zur Rechtswissenschaft, hrsg. von Axel Görlitz, Reinbek 1974, S. 474 – 480.
Luhmann, Niklas, Rechtssoziologie, Bd. 1 und 2, Reinbek 1972.
Mayntz, Renate, Soziologie der Organisation, Reinbek 1963.
Marx, Karl, Das Kapital – Kritik der politischen Ökonomie, Bd. I, Frankfurt / Berlin / Wien 1969.
Moser, Tilmann, Repressive Kriminalpsychiatrie, Frankfurt a. M. 1971.
Müller-Dietz, Heinz, Strafe und Strafbewältigung in rechtlicher Sicht, in: Versöhnen durch Strafen? – Perspektiven für die Straffälligenhilfe, Wien / Göttingen 1979, S. 23 bis 52.
Müller-Dietz, Heinz, Strafbegriff und Strafrechtspflege, Berlin 1968.
Müller-Dietz, Heinz, Vollzugsziel und innerer Aufbau der Vollzugsanstalten, in: Zeitschrift für Strafvollzug und Straffälligenhilfe 4 (1975), S. 204 – 212.
Müller-Dietz, Heinz, Probleme der Strafzumessung – Sanktionsauswahl, -bemessung, Prognose –, in: Recht und Gesetz im Dialog, Bd. 104 der Schriftenreihe: Annales Universitatis Saraviensis, Köln 1982, 43 – 76.
Ohler, Wolfgang, Die Strafvollzugsanstalt als soziales System, Heidelberg / Karlsruhe 1977.
Opp, Karl-Dieter / Peukert, Rüdiger, Ideologie und Fakten in der Rechtsprechung, München 1971.
Ortner, Helmut (Hrsg.), Freiheit statt Strafe – Plädoyers für die Abschaffung des Gefängnisses, Frankfurt a. M. 1981.
Pilgram, Arno / Sievert, Heinz, Plädoyer für bessere Gründe für die Abschaffung der Gefängnisse und für Besseres als die Abschaffung der Gefängnisse, in: Freiheit statt Strafe, hrsg. von Helmut Ortner, Frankfurt a. M. 1981, S. 133 – 154.
Popitz, Heinrich, Über die Präventivwirkung des Nichtwissens – Dunkelfeld, Norm und Strafe, in: Recht und Staat in Geschichte und Gegenwart, Tübingen 1968.
Rein, Wilhelm, Kriminalrecht der Römer (Nachdruck der Leipziger Ausgabe von 1844), Aalen 1962.
Rusche, Georg / Kirchheimer, Otto, Sozialstruktur und Strafvollzug, Frankfurt a. M. 1974.
Sack, Fritz, Probleme der Kriminalsoziologie, in: Handbuch der empirischen Sozialforschung, Bd. 12, hrsg. von René König, Stuttgart 1978, S. 192 – 528.
Schönke, Adolf / Schröder, Horst, Strafgesetzbuch Kommentar, 18. Aufl. München 1976.
Schönke, Adolf / Schröder, Horst, Strafgesetzbuch Kommentar, 21. Aufl. München 1982.
Schreiber, Hans-Ludwig (Hrsg.), Strafprozeß und Reform, Darmstadt 1979.
Sievert, Rudolf, Zur Geschichte der Reformversuche im Freiheitsstrafvollzug, in: Strafvollzug in Deutschland, hrsg. von Dietrich Rollmann, Frankfurt a. M. 1967, S. 43 bis 55.
Störig, Hans-Joachim, Kleine Weltgeschichte der Philosophie (2 Bde.), Frankfurt a. M. 1976.
Treiber, Hubert: Widerstand gegen Reformpolitik – Institutionelle Opposition im Politikfeld Strafvollzug, Düsseldorf 1973.

Wagner, Georg, Aufgaben und Probleme des Psychologen im Strafvollzug, in: Kriminalpsychologie — Grundlagen und Anwendungsbereiche, hrsg. von Friedrich Lösel, Weinheim / Basel 1983, S. 209 — 217.
Wagner, Georg, Psychologie im Strafvollzug, München 1972.
Waldmann, Peter, Zielkonflikte in einer Strafanstalt, Stuttgart 1968.
Werner, Heinz, Einführung in die Entwicklungspsychologie, Leipzig 1933.
Wetter, Reinhard / Böckelmann, Frank (Hrsg.), Knastreport, Frankfurt a. M. 1972.
Windelband, Wilhelm, Lehrbuch der Geschichte der Philosophie, Tübingen 1957.
Wolf, Birgitta (Hrsg.), Die vierte Kaste, Hamburg 1963.
Würtenberger, Thomas, Kriminalpolitik im sozialen Rechtsstaat, Stuttgart 1970.
Würtenberger, Thomas, Ziel des Strafvollzugs, in: Tagungsberichte der Strafvollzugskommission, Bd. VI, hrsg. vom Bundesministerium der Justiz, Bonn 1969, S. 72 — 94.

Sachregister

Abwehrmechanismen 119
Achsenzeit 34 ff.
Affektbesetzung 127
Aggressionswünsche 108, 140
Allbeseeltheit, Allbeseelung 32, 35
Alternativentwurf 164 f.
Angleichung individueller Bedürfnisse 87 f.
Animismus 26, 34
Anstaltsleiter (-leitung, -vorstand) '59, 62, 112, 134 f., 140, 168, 171
Anstaltsstruktur 62 ff., 68
Anthropomorphismus 33
Anweisungsbefugnis 73
Arbeitsdisziplin 97
Arbeitsverwaltung 140
Arbeitswelt 96, 100, 113
Archipel ‚Gulag' 97
Architektur, architektonisch 63, 85 – 91, 103, 115, 138, 143, 161, 166 f.
Ärmlichkeit 89 f.
Ärztlicher Dienst 140
Assoziation 28 ff.
Aufsichtsbeamte (auch allgemeiner Vollzugsdienst) 88, 108 f., 112 ff., 119 ff., 124, 134 ff., 168, 172 ff.
Aufsichtsdienstleitung 140
Außendruck, wirtschaftlicher 100
Austausch, bedürfnisbestimmter 100 f.
Autonomie, funktionelle 103

Bauliche Anlagen 167
Bau von größeren Anstalten 93
Begründungslast 72
Behandlung
   Arbeit als – 65 f., 78 f.
   kriminaltherapeutische 66, 79, 176
   Urlaub als – 78 f.
Behandlungsauftrag 177
Behandlungsfunktion 173
Behandlungsgedanke 122, 160
Behandlungsideologie 64
Behandlungstätigkeiten 174
Behandlungsvollzug 64, 79
Besserungsgedanke, Geschichte des – 81 f.
Bestimmungsleistungen 155 f., 158
Bestrafung 28, 109, 132
– als expressiv-ritueller Akt 54 ff.
Bestrafungswünsche 173
Betreuungs- und Behandlungsgruppen 59 f., 63, 79

Betriebsformen 97 ff.
bürokratische Abläufe 87 ff.

cultural lack 44
custodiale Aufgaben 117

Deprivation, sensorische 89
Desorganisation 80, 135
Determinismus, Deterministen 18, 41
Devianz, deviant 105, 109, 148 f., 161, 170, 176
Dienstzimmer 88
Diskrimination, Diskriminierung 96, 108, 126, 133 f., 143, 148, 163, 174, 176
Diskriminierung, sekundäre 108 f., 120, 172
Distanzierung 93, 108, 172
Disziplinaranlage 142
Dreistufentheorie 52 ff., 143
Dunkelfeld 106 f., 131
Dynamik, soziale 102
Dyskausalität, dyskausal 3, 7 f., 10 f., 12, 43, 160 (s. auch Scheinkausalität)

Eigenbetriebe 97, 99
Eigentum, Verfügung über – 74 f., 101, 127
Einsperraktivität 118
Emanzipation des allgemeinen Vollzugsdienstes 173
Entlassung zur Bewährung 159
Entscheidung (und Zusammensetzungen) 51 f., 78 f., 80 f., 82 f., 140 f., 158 f., 161, 164
Erbsünde 31
Erleben und Verhalten 33, 133
Ersatzsubjekt 120
Erwartungen, kognitive und normative 27

Fachdienst(e) 95, 137, 168, 172, 174 f. (s. auch Sozialstab)
Flächennutzungspolitik 93
Freiheit 84, 123, 170
Freiheitsentzug 116, 118, 154, 170 f.
Freiheitsstrafe 1 ff., 5, 7, 11, 21, 51, 90, 129 f., 150, 156 f., 161, 177
Funktion, konfliktlösende 144
Funktionalismus, architektonischer 86 f.

Gefangene (auch Anstaltsinsassen)
— als Gesellschaftsklasse 170
— Basispersönlichkeit 74, 76
— Bedürfnisentwicklung 101
— Bedürfnisdruck 171
— Bedürfnisse 81, 91
— Durchsuchung 67, 72
— Emanzipation 168 ff.
— Freiräume 74, 76 f., 123, 170
— Gefährlichkeit 166
— Mitverantwortung 59, 63, 169
— Rechtsstellung 68 f.
— Rückwendung, psychische 128 f.
— Selbstbeschäftigung 76
— Selbstbestimmung 74 ff., 118
— Tageseinteilung 73, 75
— Tagträume 128 f.
— Tätowieren 129
— Vereinstätigkeit 170 f.
Gefängnisbesichtigung 110, 123
Gefängnisordnung 126
Gefängnisbau und Standort 92 f.
Gemeinschaft, problemlösende 164
Gericht (auch Strafgericht) 1, 6, 10
Gesamtsystem, ökonomisches 99
Gewalt 73
Gewaltverhältnis 116, 135
Gewissensentwicklung 15, 19
Gewissenskonflikt 19
Gleichbehandlung 94
Gnadenpraxis, unterschiedliche 150
Grundprozeß, sozialer 100 f.

Handlungsidentifikation 20
Handlungsorientierung 54
Hauptverhandlung 1, 12, 14, 160
— Zweiteilung der — 162 f.
Haushaltmittel 165
Haushaltpolitik, Doppelstrategie 94

Identifikation 20, 105, 137, 163, 172, 174
Ideologie, berufsinterne 135 f.
Ideologie und Wirklichkeit 83
Indeterminismus 18
Industriebetrieb 134
Ineffizienz, gesetzliche 84
Informationsinteresse und Kriminalität 104 f.
Institution(en) 145, 163 f., 168, 171, 174
— totale 57, 117, 163, 176
Institutionsfeindlichkeit 117
Interaktion, machtlose 140
Interessengegensätze 177
Interessenidentifikation 91 f.
Interessenzusammenschluß 135
Internierung 101 f., 144, 145, 157, 160, 161, 169, 171

Intimität 89
Investitionen 91, 95, 98, 100, 138, 165 f.

Jahresdurchschnittsbelegung der Vollzugsanstalten in der Bundesrepublik Deutschland 95
Jurist (auch Anstalts-, Vollzugs-) 13, 135 f., 171
Justizorgane 147

Kausalität 26, 32, 36, 37
Klassenjustiz 9, 14
Klassifizierung, rationale 138 f.
Kleinentscheidungen 118
Knastgruppe 169
Kollektivschuld 31 f.
Kompensationsbedürfnis 127
Konfliktregelungspotential 83
Konservativismus aus Komplexität 145 f.
Konsum(-angebot) 100, 102, 127, 140
Kontrollarchitektur 86 ff.
Kontroll- und Versorgungssystem 88
Kriminalpsychologie und -therapie 145
Kriminalpolitik 177
Kriminologischer Dienst 65

labeling approach 117, 148, 163
Lebensstandard 90, 92, 94
Legitimationskrise der Schuld 148, 152
Lehrer (auch Anstaltslehrer, Pädagogen) 62 f., 95, 112, 137, 140, 172
Leistungen des Suchens und Findens 155
Liniensystem 135, 140, 175
Lockerungen (des Vollzugs) 71, 95
Logik (situative) 95, 125
Lumpen(-komplex) 114 f., 120 ff., 123
Lumpenproletariat 169

Manufaktur 2, 97
Massierung kriminell Auffälliger 109
Mathematik 2 f., 5, 7, 25
Mechanismus der Lebensbewältigung 126
Medienfigur 109 f.
Menschenbild 20, 36, 168, 177
Merkantilismus 96
Mittelzuweisung, sozial-strukturelle Funktion 94 f.

Norm und Wissen 28
Normen, soziale 106

Objektbeziehung 127
Objektivierung, Objektcharakter 75, 116 ff., 126, 140
Organisation, betriebliche 96
— in extremer Form 138 ff.
— problematische und ideale 64
Organisationsanalyse 70

Personal (auch Gefängnis-) 63, 116, 118, 123, 133, 168, 173
— Mittlerrolle des — 134
— Vermittlungsfunktion des — 91
Personalangehörige 88
Personalmehrung 95
Persönlichkeit, Objektcharakter der — 75
Persönlichkeitsbildung 66
Pfarrer (auch Anstaltspfarrer, Geistliche) 112, 137, 140, 172
Philosophie 35 ff., 39, 42
Physik, archaische 29
Prädestinationslehre 41
Produktionsstätte 91
Produktivität, Produktivkraft der Insassen 75, 91, 98, 117
Projektion 7 f., 129, 145
Prophetie 29
Psychiater 12
Psychologe(n) (auch Anstalts-, Gefängnispsychologen) 62, 95, 112, 120, 137, 140, 164, 171 f.
Punktstrafe, Theorie der — 156

Randgruppe 169, 173, 176
Rationalisierung (psychische) 45
— im Strafvollzug 168
Rechtsbehelfe 69
Rechtsentwicklung 44, 152
Rechtsgüterschutz 53
Rechtskultur 25 f., 30, 34, 35, 143, 149
Rechtsprechung 4, 10, 13, 16, 23, 49 f., 103, 107, 143, 146, 151, 156, 160, 176
Reduktion 75, 85, 101, 176
Reform (auch Gefängnisreform) 1, 82, 95, 135, 161 f., 163 f., 167, 176
Resozialisierung 22, 57, 117, 134, 143 f., 145 f., 149, 160 f., 172
Resozialisierungsaufgaben 175
Resozialisierungsideologie 121
Rezeption (des Römischen Strafrechts) 40
Richter (auch Strafrichter) 4 f., 7, 10 bis 14, 49, 136, 146, 153
Rollenansatz 117
Rollenkonflikt 136 f.
Rollenüberlastung 135
Rollenzuschreibung 126
Rückkopplung von Verläufen 84

Sachverständigengutachten 15
Sachzwang 138, 166
Sanktion 11 f., 26, 73, 106, 177
Sanktionsmöglichkeiten 162 f.
Scheinkausalität (auch scheinkausal) 143, 146, 155, 177
Schichtintegration 137
Schulderleben 23 f., 129 ff.

Schuldfähigkeit 23
Schuldmiasma 32
Schuldrahmen oder Spielraumtheorie 156
Schuldtheorie 24, 34, 38, 46 ff.
Schuldunfähigkeit 15 f., 19, 46
Selbstbewußtsein, berufliches 136
Selbstinstitutionalisierung 62 f.
Selbstverständnis, berufliches 136, 174
Sicherheit und Ordnung 67, 73, 85, 94, 121 ff.
Sozialarbeiter (auch Fürsorger, Sozialpädagoge) 63, 95, 112, 137, 140, 172
Sozialisation, Sozialisierung 8, 11, 110 ff., 115, 120, 127, 132 f.
Sozialstab 171 f.
Sozialsystem ‚Gefängnis' 133
Sozialtherapeutische Anstalt 150
Soziologen 95, 137, 140, 172
Sprachmerkmale, berufliche 116
Status 173
— sozial-ökonomischer 91, 94
Statuseinschränkung 96
Status quo 81, 84, 135, 151, 171, 173, 175
Statusunterschiede 89 f.
Stereotyp (auch stereotype Sichtweise) 10, 110, 115 f., 168
Sternbau, panoptischer 89
Strafbegründungsschuld 14 f., 24, 34
Strafe als Disziplinierungs- und Überwachungsprozeß 121 f.
Strafdauer als Vorschlagsgröße 160
Strafrechtspflege 176 f.
Straftheorie
— absolute 22, 45
— relative 46
Strafurteil
— und Sanktionsbedürfnisse 12
— und Schulderleben 131
Strafverfahren 13, 176
Strafvollzug als Politikfeld 93 f.
— Entwicklungsrückstand des — 144
Strafvollzugsgesetz
— Abschnitte 58
— Entscheidungsmodelle 63 f.
— Handlungsanweisungen 70, 78 ff.
— Organisation von Behandlungsveranstaltungen 61, 177
— Ziel-Mittel-Relation 59 ff., 67 f.
— zielneutrale Vorschriften 61
Strafwillen 122
Strafzumessung 4 — 14, 146, 156 f., 161 f.
— und Berücksichtigung von Strafwirkungen 50 f.
Strafzwecke 136
Struktur und Prozeß des Vollzugs 57 f., 164
Strukturkonflikt 80, 136
Strukturverfestigung 80

Subkultur 77, 123 ff., 126 f.
Subjektverschiebung 116
Sühne 21
Systemanalyse 70
System, quasiständisches 136
— simultanes 82, 144, 146
— der Wegnahme und Verteilung 125 f.

Tabu, tabuierte Handlung 26 ff., 45
Teleologie 38
Tierprozesse 30 f., 41
Totalphänomen 143
Traumarbeit und Gesetzgebung 81

Über-Ich 107 f.
Übermaß der Mittel 132 f.
Überordnung (des Personals) 73
Unterwerfung 121 f., 132
Urlaub aus der Haft 59 f., 78
Ursachen und Schulderfassung 26

Veranstaltungen, arbeits- und kriminaltherapeutische 62, 75
Verdinglichung (s. auch Objektivierung) 116 f.
Vergangenheitsbewältigung 54
Vergünstigungen 125
Verhaltenstransparenz 106
Verhältnismäßigkeit, Grundsatz der — 22, 158
Versorgung, Versorgungszentren 87, 102, 140
Verwaltung 62, 168, 172

Verwaltungsaufbau 140
Verwaltungsdienststellen 171, 175
Vollzug, behandlungsorientierter 80
— offener 59 f., 67, 72, 151
Vollzugsablauf 58 ff.
Vollzugspersonal s. Personal
Vollzugsziel 58, 68, 79, 81

Wandlungsprozeß, sakramentaler 153
Weltauffassung, archaische 32
Widerspruch, gesetzesimmanenter 84
Widerstand, Widerstandsaktionen 136, 169
Willensfreiheit bzw. freier Wille 18, 24, 34, 38 f., 41, 43, 45, 127
Wirtschaftsverwaltung 140

Zeit als menschliche Entwicklung bzw. Eigenaktivität 54 ff., 111, 115
Zeit als Tauschwert 55 f.
Ziel des Strafvollzugsgesetzes (s. auch Vollzugsziel) 56, 65
— organisatorisches 69 f.
— Prioritäten 64
— Schutz der Allgemeinheit als — 66 ff.
— Sicherung und Resozialisierung als — 63 f.
— Verfehlung des — 79
Zielkonflikt 174 f.
Zwang 73, 88, 90, 93, 101, 123, 170
Zwangsarbeit 97
Zwangsassoziation 103
Zwangsobjekt 117 f.
Zwangssystem 136